중국 한국어학습자를 위한
한국어 근의 문법 비교 연구
韩国语近义语法比较研究

| 저자소개 |

董棟 동동

青岛大学外国语学院朝鲜语专业(文学学士)
韩国国立庆尚大学国语国文专业(文学硕士)
韩国庆熙大学国际语言文化专业(文学博士)
现任青岛滨海学院外国语学院朝鲜语专业 副教授
青岛大学外国语学院朝鲜语专业联合培养硕士生导师

研究领域_ 韩国语教育、韩中翻译

项目_ 主持省市级人文社科课题5项

专著_ 『한국어 쓰기 교육에서의 교사 피드백 효과 연구』
　　　『공공표지어 한국어 번역 규범 연구』
　　　『응급 안전 안내 지침서』

译著_ 『백설 까마귀』

教材_ 『표준한국어발음론』
　　　『TOPIKII 중·고급 한국어 능력시험 문법 교정』

论文_ 「포스트 코로나 시대 한국어 쓰기 교육 중 교사 피드백 방식에 대한 탐색 연구」
　　　「면담 피드백이 한국어 학습자의 쓰기 내용 향상에 미치는 영향」
　　　「山东省公共场所标识语韩文译写规范化研究」
　　　「窗口语言外宣翻译过程中"译者中心"的生态翻译学解读」
　　　「生态翻译学视角下公共标识语韩译的"三维"转换」

중국 한국어학습자를 위한
한국어 근의 문법 비교 연구
韩国语近义语法比较研究

초판 인쇄 2022년 10월 31일
초판 발행 2022년 11월 11일

지은이　董栋
펴낸이　박찬익
편집　이기남
책임편집　권효진
펴낸곳　㈜**박이정**　▌주소 경기도 하남시 조정대로 45 미사센텀비즈 F827호
전화　031-792-1195　▌팩스 02-928-4683
홈페이지　www.pjbook.com　▌이메일 pijbook@naver.com
등록　2014년 8월 22일 제2020-000029호
ISBN　979-11-5848-834-5 (93710)

* 책의 정가는 뒷표지에 있습니다.

중국 한국어학습자를 위한

한국어 근의 문법 비교 연구

韩国语近义语法比较研究

董栋 著

　문법 공부는 외국어 학습자들이 가장 지루해 하는 학습 영역으로 꼽아 왔다. 또한 수업 과정에서 교사의 문법에 대한 설명을 수업의 가장 중점에 둘 것인지도 한·중 양국 교육계의 논쟁거리 중 하나이다. 문법의 상세한 설명을 고집하는 학자들은 한국어를 정확하고 유창하게 표현하려면 문법을 정확하게 아는 것이 필수적으로 선행되어야 하기 때문에 문법 강의를 수업의 중점으로 삼아야 한다고 주장하고 있다. 필자 역시 그렇게 보고 있다. 이러한 생각을 가진 학자들을 중심으로 문법 강의를 중점으로 둔 교수법도 여럿 개 제시됐다. 하지만 최근 몇 년 사이 외국인의 한국어 학습 목적은 원활한 의사소통에 목적을 둬야 하며 이 목적만 달성된다면 문법의 정확성은 다소 간과해도 괜찮다는 학자들의 주장들이 제기됐다. 이들은 충분한 어휘 량과 정확한 발음과 억양이 학습의 관건이라고 생각한다. 이렇게 서로 다른 견해로 인해 외국어로서의 한국어 학습에서 문법 교육의 중요성이 지니는 위치를 학계적으로도 명확하게 아직은 결론 낼 수 없다고 보여진다.

　필자는 앞서 언급한 바와 같이 한국어 교육에서 문법의 역할을 소홀히 해서는 안 된다고 주장한다. 단어를 사람 몸의 근육 조각에 비유하면 문법은 몸 전체를 지탱하는 뼈와 같은데 뼈가 튼튼해야 표현하려는 문장을 더 입체적으로 더 잘 완성시킬 수 있기 때문이다. 문법 공부는 무작정 외우는 것이 아니라 기교와 방법을 터득해야 한다. 그 기교와 방법으로 명명기억법(命名记忆法), 연결기억법(串联记忆法), 예문기억법(例句记忆法) 등으로 예를 들 수 있다.

명명기억법(命名记忆法)은 문법을 더 쉽게 기억하기 위해 중국어로 번역할 수 있는 문법은 중국어로 직접 명명하는 것이다. 연결기억법(串联记忆法)은 의미가 비슷한 문법을 집중적으로 귀납 정리하여 상황에 적합하게 골라서 사용할 수 있게 하는 것이다. 그리고 예문기억법(例句记忆法)은 문법을 서로 다른 장면에 넣고 가장 전형적인 예문을 이해하고 외우게 함으로써 이 문법을 일상 대화에서 활용할 수 있도록 하는 것이다. 이렇게 기교만 익히면 문법 공부는 어려운 일이 아니다.

　　최근 10년 간 일선 강의 현장에서 필자는 학생들이 실제 문법을 사용할 때 흔히 나타나는 오류가 유사문법 혼용 현상이라는 사실을 발견했다. 여기서의 유사성이란 의미의 유사성이며, 형태상의 유사성은 아니다. 의미적으로 유사하더라도 각각의 문맥에 맞는 문법을 사용해야 하는데 학습자들은 의미상의 유상성으로 인해 선별적 사용에 어려움을 갖는다. 한국어능력시험 읽기 영역에서도 유사문법을 선별해 내도록 하는 객관식 문항이 적지 않다.

　　이에 일선 교사로서 학생들이 문법에 대한 이해를 넓히고, 나아가 의미가 비슷한 문법의 동질성을 명확히 파악해 문법 학습의 능동성을 갖도록 하며, 현재 한국어교육 학계에서 근의 문법 비교에 관한 연구가 많지 않은 현실에 착안해 이 책을 집필하게 되었다. 본서가 한국어 학습자들에게 조금이나마 도움이 되길 바란다.

　　마지막으로 이 책이 나오기까지 많은 도움을 주신 중국 곡부사범대학교 김동국 교수님께 감사를 드린다. 또한 이 책의 출판을 허락해 주신 박찬익 사장님을 비롯한 박이정출판사 직원분들께도 감사를 드린다. 필자의 부족함으로 인해 쓰는 과정에서 누락이나 오류가 생긴 부분은 다시 개정할 수 있도록 독자분들의 귀한 의견을 바라마지 않는다.

2022년 9월
중국 산동성 칭다오시에서
동동

　　语法的学习一直被外语专业的学生认为是最枯燥无味的学习内容之一，而教学过程中教师是否要将语法讲授作为课堂教学重点也一直是中韩两国教育界争论的话题之一。坚持精讲语法的学者认为，如果想要准确、流畅地表达韩国语，熟练、准确地运用语法是必备技能之一，因此要将语法讲授作为课堂讲授的重点之一。并基于此提出了诸多围绕语法教学的教授法。但是近几年，又有学者提出，外国人学习韩国语的目的无非就是交流，只要能达到沟通、交流的目的，完全可以忽略语法的准确性。他们认为充足的单词量和地道的发音语调才是学习的关键。由此可见，学界对于语法地位的衡量仍然是众说纷坛，没有定论。

　　编者认为，在韩国语的表达中，语法的作用不可忽略。如果将单词比喻做人身体的一块块肌肉，那语法就是骨骼，支撑起整个身体的框架，让表达出来的句子更加完整、立体和统一。语法学习不是死记硬背、生搬硬套，需要掌握技巧和方法。比如命名记忆法，为了便于语法记忆，将语法中能用中文对应翻译的语法，直接给予中文命名；比如，串联记忆法，即将意义相近的语法集中归纳总结，不同场合择优使用；比如例句记忆法，将语法放入不通场景的句子中，通过理解、背诵例句的方式最终达到记住并在日常对话中活用的目的。只有掌握技巧，那么语法学习起来就不是一件难事。

　　在近十年的一线教学过程中，编者发现，学生在实际使用语法时，经常会出现的错误就是"相似语法混用"的现象。这里的相似，指的是意义的相似，而不是形态上的相似。即，即使拥有相同意思的语法，因为语境不同，而要做出正确的选择。在韩国语能力考试阅读部分中，也有不少让考生正确选择可替换的相似语法的客观题。因此，作为一线教师，为了能让学生加深对语法的理解、进而清晰明确地掌握意义相近语法的异同点，获得学习语法的主动性，同时着眼于目前韩国语教学学术界相近语法比较研究不多的现状，决定编撰此书，希望能对学习韩国语的人士起到一点帮助。

最后，衷心感谢在本书撰写过程中给予无私帮助与专业指点的曲阜师范大学金东国教授，衷心感谢同意出版该书的博而精出版社朴赞益代表理事以及出版社的各位老师，在此向您们表达深深的谢意。由于编者水平有限，在编写过程中难免疏漏，恳请读者在使用中提出宝贵的意见，以便再版修订。

2022年 9月
于中国山东省青岛市
董栋

　　본서는 근의 문법 143쌍은 비슷한 의미에 따라 분류하고 그 순서에 따라 심화, 첨가(遞進 增添) 2례; 대립, 대조(转折 对立) 2례; 정도, 기준(程度 基准) 4례; 추측, 짐작(推測 揣測) 4례; 순서, 동시(顺序 同时) 7례; 목적, 의도(目的 意图) 9례; 간접인용(间接引用) 1례; 당연, 반복(当然 反复) 5례; 한정, 포함(限定 包括) 4례; 지속, 진행(持续 进行) 3례; 전제, 조건(前提 条件) 1례; 가정, 양보(假设 让步) 12례; 이유, 원인(理由 原因) 12례; 사동(使动) 3례; 결과, 완료(结果 终结) 5례; 확인, 의문(确认 疑问) 5례; 희망, 요구(希望 要求) 7례; 변화, 중단(变化 中断) 4례; 시간, 시제(时间 时态) 1례; 선택, 나열(选择 罗列) 5례; 비교, 유사(比较 相似) 8례; 회상, 추억(回想 回忆) 4례; 감탄, 의아(感叹 惊讶) 2례; 자격, 수단(资格 手段) 1례; 계기, 배경(契机 背景) 7례; 발견, 인식(发现 认识) 8례; 수식, 소유(修饰 所有) 2례; 부여, 수용(给予 接受) 3례; 출처, 도달(出处 到达) 4례; 대상, 근거(对象 根据) 5례; 능력, 방법(能力 方法) 1례 등 총 146례로 구성되어 있다.

　　본서에서는 2개 근의 문법의 공통점과 차이점을 학습자들이 알아보기 쉽도록 하기 위해 도표의 형식으로 설명하였다. 도표의 순서는 두 근의 문법의 해당 문법에 대한 설명, 두 문법의 공통점에 대한 설명 및 예문 전시, 이어서 두 문법의 차이점에 대한 설명 및 예문 전시, 마지막으로 연습 문제 2개를 제공하였다. 연습 문제의 답안은 이 책의 뒤의 부분에 부록 1로 제공되어 있다.

　　문법의 분류에는 크게 '의미적 분류'와 '형태, 통사적 분류' 두 가지 방법이 있다. '의미적 분류'는 앞뒤 문장이 어떠한 의미 관계로 이어지는가를 바탕으로 한 분류이고, '형태와 통사적 분류'는 과거시제와 결합할 수 있는지 명령문과 함께 쓰일 수 있는지와 같은 내용들을 바탕으로 한 분류이다. 외국인을 위한 한국어 문법 교육에서는 이 두 가지 모두 중요하다. 분서는 근의 문법에 대한 비교 연구인만큼 목록은 의미적으로 분류하였고 내용 설명 부분에서 형태적과 통사적으로 설명과 함께 살펴보았다.

각 제시된 예문 뒤에 부호 표시가 있는데 각 의미는 다음과 같다.
(O) 정확한 문장
(X) 틀린 문장
(?) 어색한 문장

해당 문법을 더 빠르고 쉽게 찾아 볼 수 있도록 본서에서는 맨 뒤 부분에 부록 2 형식으로 가나다순으로 배열된 근의 문법 검색이 제공되어 있다.

本书为"山东省高等学校青创科技支持计划项目(2021RW045)"结项成果
본서는 '산동성 고등교육기관 청년혁신 과학기술 지원계획프로젝트(2021RW045)'의 성과물 임.

| 차례 |

18

심화 첨가 递进 增添

'심화 첨가'의 의미를 가진 문법을 포함한 문장은 후행 절 문장이 선행 절 문장보다 정도가 더 높아지거나 의미가 더해진다는 것이며 '-(으)ㄴ/는 데다가', '-(으)려니와', '-거니와' 등이 이에 속한다.

    (1) 가. 요즘은 몸도 <u>아프거니와</u> 사업까지 잘 안되니까 의욕이 생기질 않아.
        나. 저는 술을 <u>좋아하는 데다가</u> 친구가 많아서 거의 매일 술을 마셔요.
        다. 모르는 사람들도 <u>많으려니와</u> 거리도 멀어서 안 가기로 했다.

(1가)는 몸도 아픈 데다가 사업까지 안돼서 두 가지 안 좋은 일이 겹쳐서 더욱 의욕이 생기지 않는다는 의미를 나타낸다. (1나)는 술을 마시는 이유로 술을 좋아하고 거기에 술을 같이 마실 친구가 많다는 것을 이야기하고 있다. 그리고 (1다)에서는 거기에 안 간다는 이유로는 모르는 사람이 많은 데다가 거리까지 멀기 때문이다.

'심화 첨가' 부분에서는 '-거니와'와 '-(으)ㄴ/는 데다가', '-(으)려니와'와 '-거니와' 두 쌍의 근의 문법을 다루어 공통점과 차이점에 대해 비교하고 설명하겠다.

1. '-거니와' & '-(으)ㄴ/는 데다가'

문법 설명	**-거니와** 앞 절의 사실을 추측하여 인정하면서 관련된 다른 사실을 이어 준다. 表示推测并承认前句的事情，着叙述后句与之相关联的其他事实。 **-(으)ㄴ/는 데다가** 앞의 내용을 인정하면서 뒤의 사실을 덧붙임을 나타낸다. 주로 앞의 사실에 더해 뒤의 사실까지 있어서 더 어떠하다는 것을 말할 때 쓴다. 表示说话者既承认前句的内容，又要补充说明后句的事实，叙述在前句基础上又加上后面的事实会产生怎样的结果。
공통점	**앞의 상태와 행위에 다른 상태나 행위가 덧붙음을 나타낸다는 점에서는 비슷하다.** 两者都表示在前一状态和行为上又增加了其他状态或行为。 ㉠ 선희는 얼굴도 예쁘**거니와** 마음씨가 착해서 인기가 최고다. (O) 선희는 얼굴이 예쁜**데다가** 마음씨가 착해서 인기가 최고다. (O) 善姬不但长得漂亮，而且人还善良，所以非常招人喜欢。 열이 많이 나**거니와** 기침도 많이 해요. (O) 열이 많이 나**는 데다가** 기침도 많이 해요. (O) 发烧也很厉害，咳嗽也很厉害。
차이점	**'-거니와'는 앞 뒤 절의 두 사실이 나열된다는 의미로 뒤의 내용을 더 강조한다는 것을 나타내지만 '-(으)ㄴ/는 데다가'는 앞의 상태나 행위에 뒤의 상태나 행위가 덧붙여져서 정도가 더욱 심해짐을 나타낸다.** '-거니와'多用于并列前后两个句子中的事实且更强调的是后面的事实;而'-(으)ㄴ/는 데다가'则表示在前一状态或行为上又增加了其他的状态或行为，使得程度越来越深。

심화 첨가(递进 增添) 21

예 어제는 숙제 하**거니와** 추석 야회에까지 가서 바빠 죽을 뻔 했어요. (?)
어제는 숙제 **한 데다가** 추석 야회에까지 가서 바빠 죽을 뻔 했어요. (더 자연스러움) (O)
昨天，又做作业又要参加中秋晚会差点累死了。
나도 어리석이**거니와** 너는 더 어리석다. (O)
나도 어리석**인 데다가** 너는 더 어리석다. (X)
我是蠢，但是你比我更蠢。

'-거니와'는 객관적인 서술이 더 많지만 '-(으)ㄴ/는 데다가'는 주관적 판단이 있으며 정도가 심하다는 생각이 포함되어 있다. 보통 안 좋은 일을 서술할 때 많이 쓴다.
通常的情况下 -거니와'只是客观叙述，而'-(으)ㄴ/는 데다가'加上一点主观判断，程度比较深，通常描述不好的情况的时候多一些。

예 이 식당은 더럽**거니와** 음식까지 맛이 없어요. (?)
이 식당은 더러**운 데다가** 음식까지 맛이 없어요. (더 자연스러움) (O)
这个饭店不仅脏，菜也做得真糟糕。

얼굴도 예쁘**거니와** 솜씨도 좋아서 친구들한테 인기가 많다. (O)
얼굴도 예**쁜 데다가** 솜씨도 좋아서 친구들한테 인기가 많다. (?)
脸长的好看，受益也好，所以很受欢迎。

연습해 보세요.

(1) 이 번 사고로 손해를 본 돈도 돈(이거니와/인데다가) 인명 피해가 너무 커서 뉴스까지 나왔다.

(2) 그 아이가 잘못(했거니와/한 데다가) 너는 더 잘못했다.

2. '-(으)려니와' & '-거니와'

문법 설명	**-(으)려니와** 앞 절의 사실을 추측하여 인정하면서 관련된 다른 사실을 이어 준다. 表示推测假设前句的事实，并继续说与此相关联的其他事实。 **-거니와** 앞의 내용을 인정하면서 뒤의 사실을 덧붙임을 나타낸다. 주로 앞의 사실에 더해 뒤의 사실까지 있어서 더 어떠하다는 것을 말할 때 쓴다. 表示说话者既承认前句的内容，又要补充说明后句的事实，叙述在前句基础上又加上后面的事实会产生怎样的结果。
공통점	**두 문법은 모두 앞의 내용을 인정하면서 이와 관련된 내용을 뒤에 덧붙이는 의미를 나타낸다.** 两个语法都有在承认前句内容的基础上补充后句内容的意思。 ⓔ 그 친구는 얼굴도 예쁘**거니와** 마음씨까지 착해서 인기가 많은 편이에요. (O) 그 친구는 얼굴도 예쁘**려니와** 마음씨까지 착해서 인기가 많은 편이에요. (O) 那个朋友长得漂亮再加上心地又很善良，所以人气挺高的。 올해 여름은 덥기도 하**거니와** 비도 많이 내릴 거야. (O) 올해 여름은 덥기도 하**려니와** 비도 많이 내릴 거야. (O) 今年夏天很热，雨也会下很多的。
차이점	**'-(으)려니와'는 추측의 뜻이 '-거니와'보다 더 강해 '-겠거니와'와 의미가 비슷하기 때문에 1인칭 주어일 때는 잘 쓰이지 않는다. 그러나 '-거니와'는 1인칭 주어일 때도 잘 쓰인다.** '-(으)려니와'多了一层说话者推测的意思，与'-겠거니와'的意义相似，所以不用于主语为第1人称的句子中，但是'-거니와'经常用在主语为第1人称的句子中。

◉ 요즘 몸도 아프**거니와** 사업까지 잘 안 되니까 의욕이 생기질 않아. (O)

요즘 몸도 아프**려니와** 사업까지 잘 안 되니까 의욕이 생기질 않아. (X)

我最近身体不舒服，又加上事业不顺利，所以没什么欲望。

아르바이트도 하**거니와** 기말시험이 겹쳐서 눈코 뜰 새가 없어요. (O)

아르바이트도 하**려니와** 기말시험이 겹쳐서 눈코 뜰 새가 없어요. (X)

又打工，又加上期末考试，忙得不可开交。

'-거니와'는 뒤의 내용을 끌어내기 위하여 그와 관련된 내용을 제시할 때 주로 '다시 말하다, 다시 설명하다, 거듭 말하다, 거듭 덧붙이다'등 동사와 함께 쓰이지만 '-(으)려니와'는 이런 용법이 없다.

'-거니와'表示说话者为引出下文，先提示与之相关联的内容，同时引起对方注意。主要用在'다시 말하다, 거듭 말하다, 고백하다, 덧붙이다'等动词后面，但是'-(으)려니와'就没有这样的用法。

◉ 거듭 덧붙이**거니와** 이번 프로젝트는 꼭 기한 내에 완성해야 합니다. (O)

거듭 덧붙이**려니와** 이번 프로젝트는 꼭 기한 내에 완성해야 합니다. (X)

再次重申，这次的项目务必在期限之内完成。

거듭 부탁드리**거니와** 이번 회의는 매우 중요하니 모두 참석해 주시면 감사하겠습니다. (O)

거듭 부탁드리**려니와** 이번 회의는 매우 중요하니 모두 참석해 주시면 감사하겠습니다. (X)

再次拜托，这次会议很重要，请大家务必出席。

연습해 보세요.

(1) 다시 한 번 말하(거니와/려니와) 내일은 절대 늦으시면 안 됩니다.

(2) 거듭 부탁드리(거니와/려니와) 이번 회의는 매우 중요하니 모두 참석해 주시면 감사하겠습니다.

대립 대조 转折 对立

'대립 대조'의 의미를 가진 문법은 일반적으로 앞 문장과 뒤 문장의 내용이 서로 반대된다는 것이다. '-(으)나', '-지만' 등이 이 분류에 속한다.

(2) 가. 설탕은 물에 잘 녹으나 기름은 잘 녹지 않는다.
    나. 설탕은 물에 잘 녹지만 기름은 잘 녹지 않는다.
    다. 형은 돌아왔지만 동생은 돌아오지 않았다.
    라. 형은 돌아왔으나 동생은 돌아오지 않았다.

'대립 대조' 의미를 갖는 문법은 위의 예문에서 볼 수 있듯이 앞 문장과 뒤 문장을 서로 대립적으로 연결한다. (2가)에서는 '설탕이 물에 잘 녹는다'라는 사실과 '기름이 물에 잘 녹지 않는다'라는 사실이 대립하고 있으며, (2다)에서는 '형이 돌아왔다'라는 사살과 '동생이 돌아오지 않았다'라는 사실이 대립하고 있다. 위의 두 가지 어미는 대개의 경우 서로 바꾸어 쓸 수 있다. 그러나 서로 바꿔 쓸 수 없는 경우도 있는데 아래 예문과 같다.

(3) 가. 나도 시험을 잘 봤지만 동생이 나보다 더 잘했는걸요. (O)
    나. 나도 시험을 잘 봤건만 동생이 나보다 더 잘했는걸요. (X)

(4) 가. 실례지만 길 좀 여쭤보겠습니다. (O)
    나. 실례나 길 좀 여쭤보겠습니다. (X)

(3가)와 (3나), 그리고 (4가)와 (4나)는 같은 대립 의미를 가진 문법이지만 서로 바꿔 쓸 수 없는 예문이다. 왜 서로 바꿔 쓰면 안 되는지에 대해서 이 부분에서 자세하게 설명하고자 한다.

'대립 대조' 이 부분에서는 '-건만'와 '-지만', '-지만'와 '-(으)나' 두 쌍의 공통점과 차이점에 대해 살펴보겠다.

3. '-건만' & '-지만'

문법 설명	**-건만** 선행문의 내용으로 예상되는 결과와 반대되는 내용이나 상황이 후 행문으로 이어질 때 쓰인다. 表示后句出现了与前句预想的内容相反的结果，主要与说话人的 期待相违背时使用。 **-지만** 앞 절과 반대되는 내용을 뒤 절에서 이어 말할 때 쓴다. 表示后句是与前句相反的内容。
공통점	**앞 절과 뒤 절의 내용이 상반된다는 점에서 두 문법은 유사하다.** 两个语法都表示后句是前句相反的内容。 ⑩ 한 시간이나 기다렸**건만** 그는 오지 않았다. (O) 　한 시간이나 기다렸**지만** 그는 오지 않았다. (O) 　虽然等了一个小时，但是他还没来。 　바람이 불**건만** 더위는 여전하다. (O) 　바람이 불**지만** 더위는 여전하다. (O) 　虽然刮风，但是还是很热。
차이점	**'-건마는'은 기대에 못 미치는 것에 대한 실망의 느낌이 있는데 '-지 만'은 단순히 상반되는 내용을 연결하는 데 쓰므로 일상생활에서 '- 지만'은 더 많이 쓴다.** '-건마는'主要用于表达说话者因为事实的结果没有达到预期而 失望的心情，但是'-지만'只是单纯用来连接前后相反意义的两个 句子，日常对话中'-지만'使用频率更高。 ⑩ 참외 맛도 좋**건만** 수박 맛은 더 좋다. (X) 　참외 맛도 좋**지만** 수박 맛은 더 좋다. (O) 　甜瓜味道不错，但是西瓜味道更好。

미도리 씨는 한국에서 살**건만** 가족은 모두 일본에서 살아요. (X)
미도리 씨는 한국에서 살**지만** 가족은 모두 일본에서 살아요. (O)
美都里虽然生活在韩国，但是家人都生活在日本。

'-건마는'은 나이가 좀 많은 사람들이 주로 쓴다.
'-건마는'多为年龄较大的人使用。

㉠ 그 아이는 다 컸**건만** 철이 없네. (나이가 많은 사람이 주로 씀)
(O)
그 아이는 다 컸**지만** 철이 없네. (O)
那孩子都大了，还是不懂事啊。

바람이 불**건마는** 더위는 여전하구만. (나이가 많은 사람이 주로
씀) (O)
바람이 불**지만** 더위는 여전하구만. (O)
虽然刮风，但是还是很热啊。

**'-지만'은 예의나 공손의 의미를 가지지만 '-건마는'은 그런 의미가
없다.**
口语中有表达礼貌、谦逊的语气。但是'-건마는'则没有。

㉠ 실례**건만** 이 근처에 은행이 있어요. (X)
실례**지만** 이 근처에 은행이 있어요? (O)
打扰一下，请问这附近有银行吗？

실례**건만** 지금 어디 계세요? (X)
실례**지만** 지금 어디 계세요? (O)
不好意思，您现在在哪里？

**'-건마는'은 청유문이나 명령문에 쓸 수 없지만 '-지만'은 모든 문형
에 쓸 수 있다.**
'-건마는'不可以用在命令句、共动句中，但是'-지만'可以用在
所有句型中。

㉠ 날씨가 덥**건만** 같이 좀 갑시다. (X)

날씨가 덥**지만** 같이 좀 갑시다. (O)
虽然天气热，但是还是一起去吧。

비싸**건만** 사 주세요. (X)
비싸**지만** 사 주세요. (O)
虽然贵，还是给我买吧。

연습해 보세요.

(1) 값이 좀 비싸(건만/지만) 선물로 하나 사다 주세요.

(2) (미안하건만/미안하지만) 그 책 좀 빌려 주실 수 있어요?

4. '-(으)련만' & '-건만'

문법 설명	**-(으)련만** 어떤 조건이 충족되면 어떤 결과가 기대되는데 아쉽게도 그 조건이 충족 되지 못하여 기대하는 결과도 이루어질 수 없음을 나타낸다. 表示如果满足某一条件则会出现期待中的结果，但是很可惜现实无法满足此条件，因此出现了与期待相反的结果。 **-건만** 선행문의 내용으로 예상되는 결과와 반대되는 내용이나 상황이 후행문으로 이어질 때 쓰인다. 表示后句出现了与前句预想的内容相反的结果，主要与说话人的期待相违背时使用。
공통점	**앞 절과 뒤 절의 내용이 상반된다는 점, 또 뒷문장의 결과는 기대와 다른 점에서 두 문법은 유사하다.** 两个语法都表示后句是前句相反的内容，并且后句的结果是与期待相反的。 ㉠ 돈이라도 있으면 장사라도 하**련만** 밑천이 없어 엄두도 못 낸다. (O) 돈이라도 있으면 장사라도 하**건만** 밑천이 없어 엄두도 못 낸다. (O) 入果有钱的话，就做买卖了，但是没有本钱，所以连想也不敢想。 화가 나**련만** 그냥 참았다. (O) 화가 나**건만** 그냥 참았다. (O) 虽然生气，但是忍住了。
차이점	**'-(으)련만'은 주로 말하는 사람이 앞문장의 가정적인 사실에 대해 추측할 때 쓰지만 '-건만'은 보통 확실한 사실부터 추론한다는 점에서 차이가 난다.**

'-(으)련만'主要是说话者对前句假设的事实进行推测时使用，但是'-건만'一般是根据相对确认的事实进行推论。

㉠ 한 번도 안 와 봤지만 건물 안에 매점도 있**으련만** 눈에 띄지 않는군요. (O)
한 번도 안 와 봤지만 건물 안에 매점도 있**건만** 눈에 띄지 않는군요. (X)
虽然没来过这里，但是建筑物里应该有个小卖部的，没看到呢。
봄이 되었**으련만** 밖은 아직 춥다. (X)
봄이 되었**건만** 밖은 아직 춥다. (O)
虽然春天到了，但是外面还是很冷。

연습해 보세요.

(1) 그 사람이 확실히 능력이 있는 사람이(련만/건만) 그 능력을 발휘하지 못하고 말았다.

(2) 여름이 되었(으련만/건만) 아직 쌀쌀하네요.

5. '-지만' & '-(으)나'

문법 설명	**-지만** 앞 절과 반대되는 내용을 뒤 절에서 이어 말할 때 쓴다. 表示后句是与前句相反的内容。 **-(으)나** 앞 문장과 반대되는 내용을 뒤 문장에서 이어 말할 때 쓴다. 表示接着说与前句相反的内容。
공통점	**앞 절과 뒤 절의 내용이 대조됨을 나타낸다.** 表示前句与后句是转折的关系。 ㉠ 저는 키가 크**지만** 동생은 키가 작아요. (O) 　저는 키가 크**나** 동생은 키가 작습니다. (O) 　我个子高, 但是弟弟个子矮。 　영수 씨는 농구를 좋아하**지만** 잘하지 못해요. (O) 　영수 씨는 농구를 좋아하**나** 잘하지 못해요. (O) 　英洙虽然喜欢篮球, 但打得不太好。
차이점	**'-지만'은 문어와 구어에 모두 쓰인다. '-(으)나'는 주로 문어, 격식적 구어에 사용된다.** '-지만'可以用在口语和书面语中, 但是'-(으)나'主要用在书面语、格式体中。 ㉠ 나는 수학은 잘하**나** 영어는 못해요. (?) 　저는 수학은 잘하**지만** 영어는 못해요. (O) 　我数学很好, 但不会说英语。 **'-지만'은 앞 절의 내용을 긍정하면서 뒤 절에 또 다른 긍정의 내용을 덧붙일 때 사용할 수 있다. '-(으)나'는 앞 절의 내용을 긍정하면서 뒤 절에 또 다른 긍정의 사실을 덧붙일 때 사용하는 것은 매우 어색하다.**

'-지만' 可以用在肯定前面内容的同时，也肯定后面的内容，但是'-(으)나' 用在肯定前面内容的同时，也肯定后面的内容时不自然。

㈜ 수지는 수학도 잘하**지만** 영어는 더 잘해요. (O)
　　수지는 수학도 잘하**나** 영어는 더 잘한다. (?)
　　秀智的数学很好，但英语更好。

'-지만'은 '미안하다, 죄송하다, 실례하다' 등에 붙어, 부탁하거나 양해를 구하는 상황에서 '미안하지만, 죄송하지만' 등과 같은 관용적 용법이 있지만 '-(으)나'는 그런 관용적 용법이 없다.
'-지만'用在'미안하다, 죄송하다, 실례하다'后面，表示拜托或请求原谅，是惯用型，但是'-(으)나'没有这样的用法。

㈜ 미안하**지만** 그 책 좀 나한테 줘. (O)
　　미안하**나** 그 책 좀 나한테 줘. (X)
　　不好意思，请把那本书给我。

'-지만 -지만' 구성으로 사용되는 용법이 없다. 그러나 서로 반대되는 동사나 형용사를 '-(으)나 -(으)나' 구성으로 사용하여, 어떤 경우에도 결과나 행동이 동일함을 나타낸다.
没有'-지만 -지만' 这样的用法，但是由相反意义的动词或形容词组成的
'-(으)나 -(으)나' 表示不管怎么样结果是一样的。

㈜ 앉**으나** 서**나** 당신 생각 뿐이다. (O)
　　앉**지만** 서**지만** 당신 생각 뿐이다. (X)
　　不管坐下还是站着想的全是你。

연습해 보세요.

(1) 이 회사는 월급도 많이 주(지만/나) 집에서도 무척 가까워서 좋다.
(2) 실례(지만/나) 지금 어디 계세요?

정도 기준 程度 基准

'정도'는 사물의 성질이나 가치를 양부(良否), 우열 따위에서 본 분량이나 수준이라고 하고 '기준'은 기본이 되는 표준이라고 할 수 있다. 즉, 앞 문장이 주어의 기존이 되고 뒤 문장은 그것을 이루기 위한 내용이 될 때 쓴다. '정도와 기준' 의미를 가진 문법으로는 '-는 정도', '-는 만큼', '-게', '-도록' 등이 대표적이다.

'-는 정도'와 '-는 만큼'은 거의 비슷하게 쓸 수 있는 경우가 많다. (5가)와 (5나)가 서로 바꿔 써도 별 큰 차이가 없다.

> (5) 가. 먹을 수 있을 만큼 가져가세요
> 나. 먹을 수 있을 정도로 가져가세요.

그러나 서로 바꿔 쓸 수 없는 경우도 있다. 아래 (6가)와 (6나)가 서로 바꾸면 어색해 진다.

> (6) 가. 그 일은 생각하는 만큼 어렵지 않아요. (X)
> 나. 그 일은 생각하는 정도로 어렵지 않아요.(?)

'-게'와 '-도록'이 주로 의미상 뒤 문장의 내용이 실현될 수 있도록 의도적으로 이끌어갈 때 사용하는 어미라는 점에서 공통점이 있다.

> (7) 가. 학생들이 시험에 집중할 수 있도록 조용히 해 주시기 바랍니다.
> 나. 꽃이 잘 자라게 시간에 맞춰 물을 주어야 합니다.

(7가)에서는 '학생들이 시험에 집중할 수 있게 하는 것'이 기준이나 목적이고 '조용히 해 주는 것'이 그 기준을 이루기 위한 방법이 되고, (7나)에서는 '꽃이 잘 자라게 하는 것'이 기준이 되고 '시간에 맞춰 물을 주는 것'이 그 조건이 된다.

'정도 기준' 이 부분에서는 '-게'와 '-도록', '-까지'와 '-마저', '-(으)ㄹ 정도'와 '-(으)ㄹ 만큼', '-(으)ㄹ 정도'와 '-(으)ㄹ 지경' 등 근의 문법을 다루어 살펴보겠다.

6. '-게' & '-도록'

문법 설명	**-게** 뒤에 나오는 행위나 상태의 방식, 정도 등을 나타낸다. 表示后句出现的行为，状态的方式，程度等。 **-도록** 뒤에 나오는 행위나 상태의 방식, 정도 등을 나타낸다. 表示后句出现的行为，状态的方式，程度等。
공통점	**모두 정도나 방식을 나타낸다.** 表示程度或方式。 例 목이 터지**게** 응원했어요. (O) 목이 터지**도록** 응원했어요. (O) 助威得嗓子都要裂开了。 목이 빠지**게** 기다렸어요. (O) 목이 빠지**도록** 기다렸어요. (O) 等得脖子都要断了。
차이점	**'-게'는 형용사와 동사 모두 결합이 자유롭다. 그러나 '-도록'은 주로 동사와 결합한다.** '-게'可以自由地与形容词、动词一起使用，但是'-도록'主要与动词一起使用。 例 선생님이 어려운 문제를 쉽**게** 설명해 주십니다. (O) 선생님이 어려운 문제를 쉽**도록** 설명해 주십니다. (X) 老师把难题简单地说明。 나는 머리를 짧**게** 잘랐다. (O) 나는 머리를 짧**도록** 잘랐다. (X) 我把头发剪短了。

'-게'는 시간의 한계를 나타낼 때 사용할 수 없다. 그러나 '-도록'은 시간의 한계를 나타낼 때 사용한다.

'-게'不能用在表示时间界限, 但是'-도록'可以用在表示时间的界限。

㉠ 친구는 12시가 되**게** 오지 않았다. (X)
친구는 12시가 되**도록** 오지 않았다. (O)
朋友都12点了还没来。

밤새**게** 이야기를 했다. (X)
밤새**도록** 이야기를 했다. (O)
彻夜长谈。

연습해 보세요.

(1) 3년이 지나(게/도록) 그는 소식이 없다.

(2) 친구가 종이를 길(게/도록) 잘라서 나에게 주었어요.

7. '-까지' & '-마저'

문법 설명	**-까지** 그 상황 이상의 것이 더해지거나 더 나아감을 나타낸다. 보통으로 생각되는 정도를 넘어선 극단적인 상황임을 나타낸다. 表示在此基础上又加上的意思。一般指的是超越想象的程度到达极限。 **-마저** 그 상황 이상의 것이 더해짐 또는 하나 남은 마지막임을 나타낸다. 表示在原本的基础上又加上，或者只剩最后一个的意思。
공통점	**모두 명사에 붙어 그 명사의 내용이 포함되고 그 이상의 것일 더해짐을 나타낸다.** 两个语法都表示在包含前面的内容的基础上，又加上了其他内容。 ⑩ 추운데 바람**까지** 불었다. (O) 　 추운데 바람**마저** 불었다. (O) 　 原本就冷，又加上刮风。 　 형편이 어려운데 집**까지** 빼앗아 갔다. (O) 　 형편이 어려운데 집**마저** 빼앗아 갔다. (O) 　 原本家庭情况就不好，这下连房子都被抢走了。
차이점	**'-마저'가 부정적인 상황에서만 쓸 수 있는 데 반해, '-까지'는 긍정적인 상황에서도 쓸 수 있다는 것이 차이점이다.** '-마저'只能用在负面的、消极的情况中，但是'-까지'可以用在正面的、肯定的情况中，也可以用在消极的、负面的情况中。 ⑩ 철수는 공부도 잘하고 노래도 잘하는데 운동**까지** 잘한다. (O) 　 철수는 공부도 잘하고 노래도 잘하는데 운동**마저** 잘한다. (X) 　 哲洙学习好，唱歌好，连运动都很不错。 　 산에 가면 자연도 볼 수 있고 새소리도 들을 수 있으며 신선한

공기**까지** 마실 수 있다. (O)
산에 가면 자연도 볼 수 있고 새소리도 들을 수 있으며 신선한
공기**마저** 마실 수 있다. (X)
去山上的话能看到自然景色, 能听到鸟的叫声, 也能呼吸到新
鲜的空气。

연습해 보세요.

(1) 그 사람은 피아노에 바이올린에 첼로(까지/마저) 연주할 수 있다.

(2) 이제는 슈퍼에서 밥(까지/마저) 파는군요.

8. '-(으)ㄹ 정도' & '-(으)ㄹ 만큼'

문법 설명	**-(으)ㄹ 정도** 어떤 '수준'에 도달함을 나타낸다. 表示到达某一程度。 **-(으)ㄹ 만큼** 앞 내용에 비례하거나 또는 비슷한 정도나 수량임을 나타낸다. 与前一内容成比例，或是相接近的程度，数量。
공통점	**두 문법은 모두 어떤 수준이나 한도에 도달함을 나타낸다.** 两个语法都表示达到某种水平或限度。 ㉠ 출제된 문제가 모든 학생이 다 풀릴 수 없**을 정도로** 어려웠다. (O) 출제된 문제가 모든 학생이 다 풀릴 수 없**을 만큼** 어려웠다. (O) 出的题太难了，所有的学生都解不出来。 날마다 보러 **갈 정도로** 그 사람을 사랑해요. (O) 날마다 보러 **갈 만큼** 그 사람을 사랑해요. (O) 非常爱那个人，每天都去看他。
차이점	**'-(으)ㄹ 정도'는 문장의 마지막에 '-(으)ㄹ 정도이다'의 형태로 쓸 수 있는 반면에 '-(으)ㄹ 만큼'은 쓸 수 없다.** 两个语法意义相似。但是'-(으)ㄹ 정도'加'-이다'后可放在句末使用，但是'-(으)ㄹ 만큼'则不可以。 ㉠ 배가 고파서 쓰러**질 정도이다**. (O) 배가 고파서 쓰러**질 만큼이다**. (X) 实在太饿了，快要晕倒了。 지수가 마음씨가 착해서 어른들이 모두 칭찬**할 정도예요**.(O) 지수가 마음씨가 착해서 어른들이 모두 칭찬**할 만큼이에요**. (X) 智秀心地善良，大人们纷纷称赞。

'-(으)ㄹ 만큼'은 주로 같은 동사와 형용사가 반복적으로 쓰여 어떤 상태가 매우 심함을 나 타낸다.

'-(으)ㄹ 만큼'还用于前后两个相同的动词或形容词之间，表示情况已经达到非常严重的程度。

㉮ 그동안 참을 **만큼** 참았다. (O)
그동안 참을 **정도** 참았다. (X)
这段时间能忍的都忍了。

비가 내릴 **만큼** 내렸다. (O)
비가 내릴 **정도** 내렸다. (X)
雨下得差不多了。

연습해 보세요.

(1) 비가 내릴 (정도/만큼)만 내리고 멈추면 좋겠다.

(2) 밥을 먹을 (정도/만큼)만 먹고 남기세요.

9. '-(으)ㄹ 정도' & '-(으)ㄹ 지경'

문법 설명	**-(으)ㄹ 정도** 어떤 '수준'에 도달함을 나타낸다. 表示到达某一程度。 **-(으)ㄹ 지경** 어떤 '경우'나 '형편', '정도'의 뜻을 나타낸다. 表示某种"情况"、"情况"、"程度"的意思。
공통점	**두 문법은 모두 어떤 수준이나 한도에 도달함을 나타낸다.** 两个语法都表示达到某一水平或程度。 ⑩ 애가 타서 죽을 **정도**예요. (O) 애가 타서 죽을 **지경**이에요. (O) 真是急死人了。 이 음식점은 손님이 너무 많아서 평일에도 예약을 해야 **할 정도**예요. (O) 이 음식점은 손님이 너무 많아서 평일에도 예약을 해야 **할 지경**이에요. (O) 这家饭店客人很多，即使是平日也需要预约。
차이점	**'-(으)ㄹ 정도'는 도달한 수준이 높거나 낮거나 상관없지만 '-(으)ㄹ 지경'은 거의 극한 상황에 이르렀음을 나타낸다.** '-(으)ㄹ 정도'到达的程度可高可低，褒贬皆可，但是'-(으)ㄹ 지경'一般否定意义，形容一件事情到达极限。 ⑩ 지수가 마음씨가 착해서 어른들이 모두 칭찬할 **정도**예요.(O) 지수가 마음씨가 착해서 어른들이 모두 칭찬할 **지경**이에요. (X) 智秀心地善良，大人们纷纷称赞。 시험 문제가 쉬워 중학생이 다 풀 수 있을 **정도**예요. (O) 시험 문제가 쉬워 중학생이 다 풀 수 있을 **지경**이에요. (X)

考试题很简单，中学生都能解答。

'-(으)ㄹ 정도로'의 형태로 두 문장을 연결할 수 있는데 '-(으)ㄹ 지경으로'의 형태는 잘 안 쓴다.
在连接前后两个句子时，可以用'-(으)ㄹ 정도로'的形态，但是不常用'-(으)ㄹ 지경으로'的形态。

⑩ 그 가수가 온 국민이 사랑**할 정도로** 인기가 많아요. (O)
　그 가수가 온 국민이 사랑**할 지경으로** 인기가 많아요. (X)
　那个歌手很受欢迎，全国人民都喜欢。
　목숨을 **걸 정도로** 깊은 사랑을 해 보셨나요? (O)
　목숨을 **걸 지경으로** 깊은 사랑을 해 보셨나요? (X)
　你有过拼上性命的深爱吗?

연습해 보세요.

(1) 시험을 보는 교실 안은 숨소리도 들릴 (정도로/지경으로) 조용해요.

(2) 구두는 밑바닥이 다 닳을 (정도로/지경으로) 낡아졌다.

추측 짐작 推測 揣測

'추측과 짐작'의 의미를 가진 문법은 주로 말하는 사람이 어떤 사실이나 사건에 대해 추측할 때 쓰는 표현들이다. 이런 표현을 살펴보면 다음과 같다.

> (8) 가. 곧 비가 오겠어요.
> 나. 지금 가면 집에 없을걸.
> 다. 걸어서 가는 것이 오히려 빠를지도 모르겠다.
> 라. 선생님은 지금 학교에 없기가 쉽다.
> 마. 시험 점수가 잘 나오기는 틀렸어요.
> 바. 토요일이라서 차가 밀리나 보다.
> 사. 이번에는 한국이 이길 거예요.
> 아. 곧 소나기가 쏟아질 듯해요.
> 자. 밖에 비가 오는 모양이다.

(8가)에서는 '-겠-'이 말하는 사람이 '비가 온다'는 것을 추측하고 있음을 나타내고, (8나)에서는 '-(으)ㄹ걸'이 '집에 없다'는 것을 추측하고 있음을 나타낸다. (8다)-(8자)에서는 각각 '-(으)ㄹ지도 모르다', '-기가 쉽다', '-기는 틀렸다', '-나 보다', '-(으)ㄹ 거예요', '-(으)ㄹ 듯해요', '-는 모양이다'라는 표현이 그러한 기능을 하고 있다. 말하는 사람의 추측을 나타내는 표현으로는 다음과 같은 것들이 있다.

'-겠-, -(으)ㄹ걸, -(으)ㄹ 것이다, -는 모양이다, -는 것 같다, -나 보다, -는 듯하다, -기가 쉽다, -(으)ㄹ 텐데, -(으)ㄹ지도 모르다, -는 줄 알다, -나 싶다, -기는 틀렸다'

미래시제를 나타내는 '-겠-'은 말하는 사람의 의지나 추측을 나타내기도 한다.

(9) 가. 오후에 영화 보러 가겠다.

　　나. 다음 시험에서는 꼭 좋은 성적을 얻겠다.

　　다. 구름이 많이 낀 걸 보니 내일은 비가 오겠다.

(10) 가. 설악산엔 지금쯤 눈이 내리겠다.

　　　나. 세 시에 출발했으니 지금쯤 도착했겠다.

　　　다. 날씨가 나빠서 고생을 많이 했겠다.

(9)의 '-겠-'은 미래를 의미하기는 하나 (9가), (9나)는 말하는 사람의 의지를, (9다)는 말하는 사람의 추측을 주로 나타낸다. 그런데 (10)의 '-겠-'은 미래시제나 말하는 사람의 의지를 나타내지는 않고 단지 현재와 과거의 사실에 대한 말하는 사람의 추측을 나타내기만 할 뿐이다. 이때 '-겠-'은 (10나), (10다)와 같이 과거시제를 나타내는 '-았/었-'과 함께 쓰일 수 있다. '-(으)ㄹ 것이다', '-(으)리-'도 미래시제와 더불어 추측을 나타낸다.

(11) 가. 지금쯤 모두들 집에 모여 있을 것이다.

　　　나. 모두들 떠나 이제 고향엔 아무도 없으리라.

(11가), (11나)는 모두 추측을 나타내는데, (11나)는 일상 대화에서는 사용하지 않고 주로 시나 수필 등의 문학적인 글에 주로 사용된다.

'추측과 짐작' 부분에서는 근의 문법 '-겠'과 '-(으)ㄹ 것', '-(으)ㄹ 테니'와 '-(으)ㄹ 텐데', '-(으)ㄹ 텐데'와 '-(으)련만', '-을/ㄹ걸'과 '-을/ㄹ 것 같다' 등에 대해 서로 간의 공통점과 차이점을 자세히 살펴보겠다.

10. '-겠' & '-(으)ㄹ 것'

문법 설명	**-겠** 말하는 사람이 무엇을 한다거나 할 것이라는 의도나 의지를 나타낸다. 말하는 당시의 상황이나 상태를 보고 추측하거나 추정하여 말할 때 쓴다. 表示说话的人要做什么或要做的意图或意志。 根据说话当时的情况或状态进行推测或推测时使用。 **-(으)ㄹ 것** 앞으로 어떤 행위를 하겠다는 강한 의지나 의사, 주관적 소신 등을 나타낸다. 어떤 상황이나 사실에 대한 전망이나 추측을 나타낸다. 表示以后要做某种行为的强烈意志或意向，主观信念等。 表示对某种情况或事实的展望或推测。
공통점	**미래에 나타나는 행위에 대한 의지, 혹은 어떤 일이나 상황에 대한 추측을 나타낸다.** 两个语法都表示说话者对未来发生行为的意志或是对某事、某状况的推测。 ⑩ 구름이 많은 걸 보니 오후에 비가 **오겠다.** (O) 구름이 많은 걸 보니 오후에 비가 **올 거야.** (O) 看起来云很多，下午可能要下雨。 너 장가가서 좋**겠다.** (O) 너 장가가서 좋**을 거야.** (O) 你娶媳妇了，真好啊。
차이점	**의지를 나타내는 경우, '-겠'은 1인칭 주어만 사용될 수 있지만 '-(으)ㄹ 것'은 모든 인칭이 주어의 의지를 나타내는 데에 사용될 수 있다.** 表示意志时，'-겠'只能用在第1人称中，但是'-(으)ㄹ 것'可以用在所有人称中。

⑩ 미도리 씨가 비빔밥을 먹**겠**어요. (X)
　미도리 씨가 비빔밥을 먹**을 거**예요. (O)
　美都里要吃拌饭。

　지영 씨는 남자친구와 결혼하**겠**어요. (X)
　지영 씨는 남자친구와 결혼**할 거**예요. (O)
　智英要和男朋友结婚。

추측을 나타내는 경우, '-(으)ㄹ 것'은 주로 어떤 객관적이고 일반적인 상황에 근거하여 추측할 때 쓰이는 반면, '-겠'은 말하는 사람 자신의 주관적인 판단에 근거하여 추측할 때 주로 쓴다.
表示推测时, '-(으)ㄹ 것'主要是以某一客观和一般的情况做为根据进行推测时使用, '-겠'主要以说话人自己的主观判断为根据进行推测。

⑩ 문을 두드리면 열리**겠**다. (X)
　문을 두드리면 열릴 **것이다**. (O)
　敲门的话门会开的。

　전에 먹어 봤는데 음식이 맛있**겠**어요. (X)
　전에 먹어 봤는데 음식이 맛있**을 거**예요. (O)
　以前吃过，应该挺好吃的。

연습해 보세요.

(1) 나쁜 짓을 많이 하면 분명 벌을 받(겠다/을 것이다).

(2) 나 배고파 죽(겠다/을 것이다).

11. '-(으)ㄹ 테니' & '-(으)ㄹ 텐데'

문법 설명	**-(으)ㄹ 테니** 1인칭 문장에서 쓰일 경우에는 뒤의 내용에 대한 조건으로서 말하는 사람의 어떤 행위나 일에 대한 의지를 나타낸다. 3인칭 문장에서 쓰일 경우에는 말하는 사람의 강한 추측의 뜻을 나타낸다. 用在第一人称表示说话人的意志、打算、推测。用在第三人称时，表示说话人比较有把握的推测。 **-(으)ㄹ 텐데** 어떤 사실이나 상황에 대한 말하는 사람의 강한 추측을 나타내면서 뒤이어 그와 관련되거나 반대되는 내용을 제시할 때 쓴다. 表示对某一事情或未看到的状况进行推测。同时在后句中提出建议或疑问。
공통점	**어떤 사실에 대한 강한 추측을 나타낸다는 점에서 비슷하다.** 两个语法都表示说话者对某一事实强烈的推测。 ⑩ 잠을 못 자서 피곤**할 테니** 어서 들어가 쉬세요. (O) 　잠을 못 자서 피곤**할 텐데** 어서 들어가 쉬세요. (O) 　没睡觉肯定挺累的，快进去休息吧。 　저녁을 먹어서 배가 부**를 테니** 그만 드세요. (O) 　저녁을 먹어서 배가 부**를 텐데** 그만 드세요. (O) 　吃了晚饭肚子肯定饱了，快别再吃了。
차이점	**'-(으)ㄹ 테니'는 직접적인 이유나 근거를 말하므로 뒤 절에 의문문이 쓰일 수 없는 반면에 '-(으)ㄹ 텐데'는 추측의 배경이나 상황을 말하므로 뒤 절에 의문문이 쓰일 수 있다.** '-(으)ㄹ 테니'表示推测的直接理由或根据，因此后句不能使用疑问句，但是'-(으)ㄹ 텐데'是陈述推测的背景或状况，后句可以使用疑问句。

예 길이 막힐 **텐데** 어떻게 하지요? (O)
길이 막힐 **테니** 어떻게 하지요? (X)
肯定挺堵车的, 怎么办呢?

잠을 못 자서 피곤**할 테니** 빨리 안 자고 뭐 해요? (X)
잠을 못 자서 피곤**할 텐데** 빨리 안 자고 뭐 해요? (O)
没能睡觉肯定很累, 不快去睡觉干什么呢?

연습해 보세요.

(1) 저녁을 먹어서 배가 부를 (테니까/텐데) 또 먹어요?

(2) 겨울에 집을 지을 (테니까/텐데) 힘들지 않을까요?

12. '-(으)ㄹ 텐데' & '-(으)련만'

문법 설명	**'-(으)ㄹ 텐데'** 어떤 사실이나 상황에 대한 말하는 사람의 강한 추측을 나타내면서 뒤이 어 그와 관련되거나 반대되는 내용을 제시할 때 쓴다. 表示对某一事情或未看到的状况进行推测。同时在后句中提出建议或疑问。 **'-(으)련만'** 어떤 조건이 충족되면 어떤 결과가 기대되는데 아쉽게도 그 조건이 충족 되지 못하여 기대하는 결과도 이루어질 수 없음을 나타낸다. 表示如果满足某一条件则会出现期待中的结果，但是很可惜现实无法满足此条件，因此出现了与期待相反的结果。
공통점	**두 문법은 모두 앞의 사실에 대해 추측하여 가정한다는 의미를 지니고 있다.** 两个语法都有推测假设的意思。 ⑩ 평일이면 차가 안 막힐 **텐데** 오늘은 웬일인지 교통이 복잡하네요. (O) 평일이면 차가 안 막히**련만** 오늘은 웬일인지 교통이 복잡하네요. (O) 一般平日的话应该不会堵车的， 但是今天不知道怎么回事道路很拥堵呢。 시험에 붙으면 좋을 **텐데** 워낙 적게 뽑는다고 하니 어떨지 모르겠다. (O) 시험에 붙으면 좋**으련만** 워낙 적게 뽑는다고 하니 어떨지 모르겠다. (O) 如果能通过考试当然很好，但是因为选拔得太少，所以不知道该怎么办。

차이점	'-(으)련만'은 뒤 절이 반드시 앞 절과 대립되어야 하지만 '-(으)ㄹ 텐데'는 그러한 제한이 없다. '-(으)련만'前后句内容一般为相反、对立的内容或事实，但是'-(으)ㄹ텐데'则没有这样的制约。 예) 주말이면 차가 막힐 **텐데** 어떡하죠? (O) 　　주말이면 차가 막히**련만** 어떡하죠? (X) 　　周末的话应该挺堵车的，该怎么办呢? 　　눈이 내릴 **텐데** 따뜻하게 입고 가세요. (O) 　　눈이 내리**련만** 따뜻하게 입고 가세요. (X) 　　应该会下雪，穿暖和点走吧。

연습해 보세요.

(1) 동생이 엄마에게 제 성적을 (말할 텐데/말하련만) 어쩌지요?

(2) 아무리 서둘러도 6시까지 도착하지 (못할 텐데/못 하련만) 다른 영화를
　　보는 건 어때요?

13. '-ㄹ/을걸' & '-ㄹ/을 것 같다'

문법 설명	**-ㄹ/을걸** 아직 일어나지 않은 일이나 잘 모르는 일에 대한 말하는 사람의 추측을 나타낸다. 주로 상대방이 이미 알고 있는 바나 기대와는 다르다며 가볍게 반박하거나 말하는 사람이 감탄함을 나타낸다. 表示对还没有发生或不知道的事情进行推测。主要是说话人对对方已经知道的或与期待不同而作出轻微地反驳或感叹。 **-ㄹ/을 것 같다** 여러 상황으로 미루어 앞으로의 일이나 현재의 일, 과거의 일을 막연히 추측할 때 쓴다. 用在从各种情况推断以后的事情，现在的事情，或者过去的事情。
공통점	**모두 '추측'을 나타낸다.** 都表示推测。 ㉠ 12시쯤 학생들이 점심을 먹**을걸**요. (O) 　12시쯤 학생들이 점심을 먹**을 것 같아**요. (O) 　12点左右学生们可能要吃午饭。 　지금 회의 중이라 전화를 못 받**을걸**요. (O) 　지금 회의 중이라 전화를 못 받**을 것 같아**요. (O) 　现在正在开会，可能接不了电话。
차이점	**'-ㄹ/을걸'은 추측에 대한 확신이 강할 때에 사용한다. '-ㄹ/을 것 같다'는 추측에 대한 확신이 강하지 않을 때에 사용한다.** '-ㄹ/을걸'对于推测的事情很确信时使用。'-ㄹ/을 것 같다'对于推测的事情不是很确信时使用。 ㉠ 가: 내일은 비가 안 온다면서요? 　나: 아뇨. 비가 **올걸**요. (O) 　　听说明天不下雨。

不，可能会下雨呢。

가: 내일은 비가 안 온다면서요?
나: 아뇨. 비가 **올 것 같아요.** (O)
　　听说明天不下雨。
　　不，好像会下雨。

'-ㄹ/을걸'은 격식적인 상황에서는 쓸 수 없다. '-ㄹ/을 것 같다'는 격식적인 상황에서도 사용할 수 있다.
'-ㄹ/을걸' 不能用在格式体中，'-ㄹ/을 것 같다' 格式体与非格式体都可以使用。

예 가: 여러분, 오늘은 단체장들의 의견을 듣도록 하겠습니다.
　　나: 이 의견은 중요하게 들을 필요가 있**을걸요.** (X)
　　　　各位，今天我们来听取团体长们的意见。
　　　　这个意见有必要恭耳倾听。

　　가: 여러분, 오늘은 단체장들의 의견을 듣도록 하겠습니다.
　　나: 이 의견은 중요하게 들을 필요가 있**을 것 같습니다.** (O)
　　　　各位，今天我们来听取团体长们的意见。
　　　　这个意见有必要恭耳倾听。

'-ㄹ/을걸'은 듣는 사람에게 공손한 태도로 말할 때에는 사용할 수 없다. '-ㄹ/을 것 같다'는 듣는 사람에게 공손한 태도로 말할 때에 사용할 수 있다.
'-ㄹ/을걸' 不能用来表示对听者的恭敬，但是'-ㄹ/을 것 같다' 可以用来表示对听者的恭敬。

예 교수님, 희수는 오늘 일이 있어서 회의에 못 **갈걸요.** (X)
　　교수님, 희수는 오늘 일이 있어서 회의에 못 **갈 것 같습니다.** (O)
　　教授，熙秀今天有事，好像不能去开会了。

　　부장님, 신제품 시장 조사는 이번 주까지 못 **할걸요.** (X)
　　부장님, 신제품 시장 조사는 이번 주까지 못 **할 것 같아요.** (O)
　　部长，新产品市场调查这周之内好像完不成。

연습해 보세요.

(1) 할아버지, 오늘 제가 할아버지 댁에 못 갈(걸요/것 같아요).
(2) 선배님, 제가 갑자기 일이 있어서 동창회에 못 갈(걸요/것 같아요)

순서 동시 顺序 同时

순서 의미를 나타내는 문법들은 시간적으로 앞 문장의 행위가 먼저 일어난 후에 뒤 문장의 행위가 일어나는 문장을 이어 줄 때 쓴다. 즉 앞의 내용과 뒤의 내용이 시간적으로 차례대로 일어난 것임을 말해 준다. 두 문법을 '순서'의 의미로 이어 주는 문법에는 '-고, -아서/어서, -아/어, -자, -자마자' 등이 있다.

> (12) 가. 우리는 아침을 먹고 학교로 갔다.
> 나. 아버지께서 옷을 벗어서 벽에 거셨다.
> 다. 아버지께서 옷을 벗어 벽에 거셨다.

(12)의 예문에서 앞의 문장에 있는 내용은 뒤 문장의 내용보다 시간적으로 앞선다. (12가)에서는 '아침을 먹은 것'이 '학교에 간 것'보다 앞서고, (12나)에서는 '옷을 벗는 것'이 '벽에 거는 것'보다 앞선다. 이때, '-아서/어서'는 (12다)와 같이 '-아/어'로 바꿔 쓸 수 있다.

> (13) 가. 까마귀 날자 배 떨어진다.
> 나. 눈이 그치자마자 날씨가 추워 지기 시작했다.

'-자', '-자마자'는 앞의 행동이나 상황이 끝난 후 바로 뒤의 행동이나 상황이 일어날 때 사용되는 어미이다. (13가)에서는 '까마귀가 나는 행위'가 끝나고 곧 이어 '배가 떨어지는 상황'이 일어났다. (13나)는 '눈이 그친 상황'이 끝난 후 바로 '날씨가 추워 지기 시작한 상황'이 일어난다는 의미이다.

'동시'는 두 가지 이상의 동작이 한꺼번에 일어난다는 의미를 갖는다. 두 문법을 '동시'의 의미로 이어 주는 문법에는 '-(으)면서, -(으)며' 등이 있는데 그중 가장 대표적인 것은 '-(으)면서'이다.

(14) 가. 우리는 산을 올라가면서 이야기를 했다.
　　　나. 그는 저녁을 먹으면서 뉴스를 보았다.

　(14가)는 '산을 올라가는 행위'와 '이야기를 하는 행위'가 동시에 일어났다는 의미이며, (14나)는 '저녁을 먹는 행위'와 '뉴스를 보는 행위'가 같은 시간에 이루어졌다는 것이다. '-(으)면서'는 아래 예문과 같이 '-(으)며'로 바꿔 쓸 수도 있다.

(15) 가: 우리는 산을 올라가며 이야기를 했다.
　　　나: 그는 저녁을 먹으며 뉴스를 보았다.

　'순서 동시' 부분에서는 '순서'의 의미를 나타내는 근의 문법인 '-고'와 '-고 나서', '-고'와 '-아/어서', '-기가 무섭게'와 '-자마자', '-는 대로'와 '-자마자', '-아/어서'와 '-아/어다가' 등을 다루고 '동시'의 의미를 나타내는 근의 문법인 '-(으)면서'와 '-는 동시에', '-(으)면서'와 '-(으)며' 등을 다루었다.

14. '-고' & '-고 나서'

문법 설명	**-고** 행위를 시간 순서에 따라 연결함을 나타낸다. 表示将发生的行为按时间顺序连接。 **-고 나서** 어떤 행위를 끝낸 다음에 다른 행위를 하거나 어떤 상황이 일어나게 되었음을 나타낸다. 表示结束了某种行为之后，又进行了其他的行为，或者发生了某种情况。
공통점	**모두 앞의 어떤 일을 끝내고 뒤의 행위를 함을 나타낸다.** 两个语法都表示做完了前面的事情，再做后面的行为。 ⑩ 그는 전화를 받**고** 밖으로 나갔다. (O) 　그는 전화를 받**고 나서** 밖으로 나갔다. (O) 　他接到电话出去了。 　숙제를 하**고** 공원에 가서 놀았다. (O) 　숙제를 하**고 나서** 공원에 가서 놀았다. (O) 　做完作业后去公园玩了。
차이점	**'-고'는 행위를 시간 순서에 따라 연결하기 때문에 앞선 행동의 완료에 초점을 두지 않으나 '-고 나서'는 앞의 행동이 완료된 다음에 다른 행동을 하는 의미를 나타내기 때문에 앞선 행동의 완료에 초점을 둔다.** '-고'因为只是将行为按照时间顺序连接，所以重点不放在前面事情的结束上，但是'-고 나서'是在前面的行动结束以后，又做了后面的行为，所以焦点在前面行动的完结上。 ⑩ 지금은 집에 가**고** 내일 다시 보자. (O) 　지금은 집에 가**고 나서** 내일 다시 보자. (X) 　现在回家，明天再见。

오늘은 여기까지 하고 다음에 다시 모입시다. (O)
오늘은 여기까지 하고 **나서** 다음에 다시 모입시다. (X)
今天到此为止，下次再聚吧。

연습해 보세요.

(1) 오랜 시간을 낭비하(고/고 나서) 철이 들었다.

(2) 피곤하니까 오늘은 여기까지만 하(고/고 나서) 잠시 쉬었다 다시 하자.

15. '-고' & '-아/어서'

문법 설명	**-고** 행위를 시간 순서에 따라 연결함을 나타낸다. 表示将发生的行为按时间顺序连接。 **-아/어서** 시간적 선후 관계을 나타낸다. 表示时间的先后顺序连接。
공통점	**행동의 시간적 순서를 나타낸다** 都表示行动的时间顺序。 ⑩ 친구를 만나**고** 영화를 봤다. (O) 　친구를 만나**서** 영화를 봤다. (O) 　见了朋友看了电影。 　영수는 친구를 만나**고** 학교에 갔다. (O) 　영수는 친구를 만나**서** 학교에 갔다. (O) 　英秀见了朋友去了学校。
차이점	**'-어서'는 앞에 과거 어미 '-었/았/였-'과 같이 쓰일 수 없지만 '-고' 는 쓰일 수 있다.** '-어서' 前面不能使用表示过去的语尾'-었/았/였-', 但是'-고'可以。 ⑩ 친구를 만났**고** 같이 쇼핑했어요. (O) 　친구를 만났**어서** 같이 쇼핑했어요. (X) 　见了朋友一起购物了。 　어머니는 손을 씻었**고** 쌀을 안쳤다. (O) 　어머니는 손을 씻었**어서** 쌀을 안쳤다. (X) 　妈妈洗了手, 做上了米饭。 **'-아/어서'는 행동의 순서를 나타내되 두 행동이 밀접한 관련이 있지**

만 '-고'는 단순히 행동의 시간적 순서를 나타낸다.
'-어서'是表示行动的顺序, 但是两个行动是有密切关联的, 但是'-고'只是单纯地表示行动的时间顺序。

⑩ 철수는 밥을 먹**고** 이를 닦아요. (O)
　철수는 밥을 먹**어서** 이를 닦아요. (X)
　哲洙吃完饭后刷了牙。

　내가 도서관에 가**고** 공부해요. (X)
　내가 도서관에 **가서** 공부해요. (O)
　我去图书馆学习。

'-아/어서'는 앞 절 동사의 종류에 제약이 없으나 자동사의 경우에 폭넓게 쓰이고, 타동사의 경우에는 앞뒤 두 행동에 밀접한 관련이 있다는 의미적 조건이 좀 더 필요하다. '-고'는 앞 절에는 주로 목적어를 가진 타동사가 나오나, 앞뒤 두 행동에 밀접한 관련이 있으면 거의 쓰지 않는다.
'-어서'对于前面句子动词的种类没有限制, 几乎所有的自动词都可以使用, 他动词的情况是需要前后两个动作有紧密关联的条件。但是'-고'前面主要是带有宾语的他动词, 不用在前后动作有关联的情况下。

⑩ 형은 도서관에 가**고** 공부하니? (X)
　형은 도서관에 **가서** 공부하니? (O)
　哥哥去图书馆学习吗?

　마트에 가**고** 쇼핑하니? (X)
　마트에 **가서** 쇼핑하니? (O)
　是去超市购物吗?

연습해 보세요.

(1) 저는 날씨가 좋으면 밖으로 나가(고/서) 그림을 그려요.
(2) 계란을 삶(고/아서) 먹어도 맛있어요.

16. '-기가 무섭게' & '-자마자'

문법 설명	**-기가 무섭게** 어떤 일이 끝나고 바로 다음 일을 할 때 쓴다. 表示前面的事情一结束马上做后面的事情。 **-자마자** 어떤 상황이 일어나고 바로 그 다음에 잇따라 또 다른 상황이 일어남을 나타낸다. 表示前面的状况一发生，紧接着就出现后面的动作。
공통점	**어떤 상황에 이어 곧바로 또 다른 상황이 있음을 나타낸다는 점에서 비슷하다.** 两个语法都表示前句动作已结束马上就发生了后句中的动作。 ㉠ 수업이 끝나**기가 무섭게** 화장실로 달려가던데. (O) 　수업이 끝나**자마자** 화장실로 달려가던데. (O) 　一下课就跑去会议室了呢。 　면접관의 질문이 떨어지**기 무섭게** 예상하고 있었다는 듯이 자신 있게 대답하는군요. (O) 　면접관의 질문이 떨어지**자마자** 예상하고 있었다는 듯이 자신 있게 대답하는군요. (O) 　面试官的提问刚落，就像是预想好了一般，自信地进行了回答。
차이점	**'-기가 무섭게'는 뒤에 '-(으)ㄹ까요?', '-(으)세요', '-(으)ㅂ시다' 등 의문문, 명령문이나 청유문이 오지 못하지만 '-자마자'는 이런 제한이 없다.** '-기가 무섭게'后句不能使用类似'-(으)ㄹ까요?', '-(으)세요', '-(으)ㅂ시다'等疑问句、共动句或者命令句，但是'-자마자'没有这样的限制条件。 ㉠ 집에 도착하**기가 무섭게** 전화하세요. (X)

집에 도착하**자마자** 전화하세요. (O)
一到家就请给我打电话吧。

만나**기가 무섭게** 사랑에 빠진다는 것은 영화에만 있는 거 아니에요? (X)
만나**자마자** 사랑에 빠진다는 것은 영화에만 있는 거 아니에요? (O)
一见面就陷入爱情的桥段不是只在电影中才有的吗？

연습해 보세요.

(1) 집에 오(기가 무섭게/자마자) 손발을 깨끗이 씻으세요.

(2) 우리 졸업하(기가 무섭게/자마자) 결혼하자.

17. '-는 대로' & '-자마자'

문법 설명	**-는 대로** 앞에 어떤 동작이나 상태가 나타나는 그때 바로, 그 후에 곧'의 뜻을 나타낸다. 表示前面的动作或状态一发生，就出现后面的动作。 **-자마자** 어떤 상황이 일어나고 바로 그 다음에 잇따라 또 다른 상황이 일어남을 나타낸다. 表示前面的状况一发生，紧接着就出现后面的动作。
공통점	**연달아 일어나는 사건이나 동작을 나타낸다는 점에서 비슷하다.** 两个语法都表示前后句中的两个动作接连发生。 ㉠ 퇴근하는 **대로** 출발하면 7시까지 세미나 장소에 도착할 수 있다. (O) 퇴근하**자마자** 출발하면 7시까지 세미나 장소에 도착할 수 있다. (O) 一下班就出发的话，7点之前就能达到研讨会现场。 일이 끝나는 **대로** 할아버지 회갑 잔치에 가야 해요. (O) 일이 끝나**자마자** 할아버지 회갑 잔치에 가야 해요. (O) 工作一结束就得去爷爷六十大寿宴会。
차이점	**'-는 대로'는 우연적인 상황에 쓰일 수 없으며 보통 과거 상황에서 쓰일 수 없다. 그러나 '-자마자'는 우연적인 경우에도 쓰인다. 과거의 사실에도 많이 쓰이고 '-는 대로'가 쓰이는 모든 상황에서 쓰일 수 있어 더 널리 쓰인다.** '-는 대로'不用于偶然发生的情况中，且不用于过去式。但是'-자마자'可以用于偶然的情况中。可以用于所有时态中，使用范围更广。

⑩ 밖에 나오**자마자** 비가 내리기 시작했어요. (O)
밖에 나오**는 대로** 비가 내리기 시작했어요. (X)
一出门就下起了雨。

어제 집에 들어가**자마자** 바로 잤어요. (O)
어제 집에 들어가**는 대로** 바로 잤어요. (X)
昨天一回家就睡下了。

연습해 보세요.

(1) 교실에서 나오(자마자/는 대로) 선생님을 만났다.

(2) 무대에 올라가(자마자/는 대로) 음악 소리가 울리기 시작했다.

18. '-아/어서' & '-아/어다가'

문법 설명	**-아/어서** 시간적 선후 관계을 나타낸다. 表示时间的先后顺序连接。 **-아/어다가** 앞서 어떤 행위를 하고 난 뒤에 그 결과물을 가지고 뒤의 행위를 함을 나타낸다. 表示某一行为结束后带着其结果做后面的行为。
공통점	앞 절과 뒤 절의 행위를 시간 순서에 따라 연결한다. 都表示前后句中的行为按照时间顺序连接。 ⑩ 편의점에서 라면을 **사서** 먹었어요. (O) 편의점에서 라면을 **사다가** 먹었어요. (O) 在便利店买了泡面吃了。 꽃을 꽂**아서** 테이블 위에 놓았어요. (O) 꽃을 꽂**아다가** 테이블 위에 놓았어요. (O) 插了花放在了桌子上。
차이점	'-아/어서'는 앞 절과 뒤 절의 행위가 일어나는 장소에 제약이 없지만 '-아/어다가'는앞 절과 뒤 절의 행위가 일어나는 장소가 다르다. '-아/어서'前后句子中对行为发生的场所没有限制, 但是'-아/어다가'前后句的行为发生场所是不同的。 ⑩ 편의점에서 라면을 **사서** (편의점에서) 먹었어요. (O) 편의점에서 라면을 **사다가** (편의점에서) 먹었어요. (X) 在便利店买了方便面(在便利店)吃。 집에서 도시락을 **싸서** 사무실에서 동료들과 같이 먹었다. (X) 집에서 도시락을 **싸다가** 사무실에서 동료들과 같이 먹었다. (O) 在家做了盒饭在办公室和同事们一起吃了。

연습해 보세요.

(1) 도서관에서 도서를 빌려(서/다가) 집에서 읽었다.

(2) 집에서 김밥을 만들어(서/다가) 바로 집에서 먹어 버렸다.

19. '-(으)면서' & '-는 동시에'

문법 설명	**-(으)면서** 둘 이상의 행위나 상태를 동시에 겸하고 있음을 나타낸다. 表示两个动作同时进行，或者两种状态、性质同时存在。 **-는 동시에** 어떤 행위를 하면서 같은 시간에 다른 행위도 함께 함을 나타낸다. 表示在做某一行为的同时也做着其他的动作。
공통점	**두 행위가 같은 시간에 일어남을 나타낸다.** 表示两个行为在同一时间发生。 ㉠ 운전하**면서** 전화를 하면 안 돼요. (O) 　운전하**는 동시에** 전화를 하면 안 돼요. (O) 　一边开车一边打电话是不可以的。 　수업을 들으**면서** 껌을 씹으면 안 돼요. (O) 　수업을 듣**는 동시에** 껌을 씹으면 안 돼요. (O) 　一边听课一边嚼口香糖是不行的。
차이점	**'-(으)면서'는 앞뒤 절의 주어는 반드시 같아야 하지만 '-는 동시에' 는 주어가 달라도 된다.** '-(으)면서'前后句主语必须相同，但是'-는 동시에'前后主语可以 不同。 ㉠ 선생님이 교실을 나가시**면서** 수업 종이 울렸다. (X) 　선생님이 교실을 나가시**는 동시에** 수업 종이 울렸다. (O) 　伴随着老师走出教室，下课铃响了。 　저는 잡지를 보**면서** 친구는 공부했어요. (X) 　저는 잡지를 보**는 동시에** 친구는 공부했어요. (O) 　我看杂志，朋友学习。

'-(으)면서'는 동사와 형용사 뒤에 모두 쓸 수 있는데 '-는 동시에'는 동사 뒤에만 쓴다.

-(으)면서'前面与动词、形容词都可搭配使用，但是'-는 동시에'前面只能与动词一起使用。

> 예) 미선은 얼굴이 예쁘**면서** 마음씨도 착하다. (O)
> 미선은 얼굴이 예쁘**는 동시에** 마음씨도 착하다. (X)
> 美善又漂亮心地又善良。
>
> 우리 선생님은 친절하**면서** 재미있는 분이세요. (O)
> 우리 선생님은 친절**한 동시에** 재미있는 분이세요. (X)
> 我们的老师是一位既亲切又有趣的人。

연습해 보세요.

(1) 어머니는 설거지를 마치(면서/는 동시에) 동생은 게임을 끝내고 집으로 돌아왔다.

(2) 저는 슬프(면서/는 동시에) 감동적인 영화가 좋아.

20. '-(으)면서' & '-(으)며'

문법 설명	**-(으)면서** 둘 이상의 행위나 상태를 동시에 겸하고 있음을 나타낸다. 表示两个动作同时进行，或者两种状态、性质同时存在。 **-(으)며** 둘 이상의 행위나 상태를 동시에 겸하고 있음을 나타낸다. 즉 어떤 행위를 하거나 어떤 상태를 유지하면서 동시에 다른 행위를 하거나 다른 상태도 가지고 있음을 나타낸다. 同时兼有两个以上的行为或状态。即做某种行为，维持某种状态的同时做其他行为，也有其他状态。
공통점	**앞 절과 뒤 절이 동시에 일어남을 나타낸다.** 两个语法都表示前句与后句内容同时发生。 ⑨ 미셸 씨가 노래를 부르**면서** 춤을 춥니다. (O) 미셸 씨가 노래를 부르**며** 춤을 춥니다. (O) 米歇尔小姐边唱歌边跳舞。 그는 훌륭한 축구 선수이**면서** 뛰어난 사업가예요. (O) 그는 훌륭한 축구 선수이**며** 뛰어난 사업가예요. (O) 他是优秀的足球选手，也是优秀的事业家
차이점	**'-(으)면서'는 앞 절과 뒤 절의 주어가 동일해야 한다. '-(으)며'는 앞 절과 뒤 절의 주어가 같아도 되고 달라도 된다.** '-(으)면서'前后句的主语须一致，但是'-(으)며'可以一致，也可以不一致。 ⑨ 미셸 씨가 노래를 부르**면서** 앤디 씨가 춤을 춥니다. (X) 미셸 씨가 노래를 부르**며**, 앤디 씨가 춤을 춥니다. (O) 米歇尔小姐在唱歌，安迪小姐在跳舞。

나는 설거지를 하**면서** 친구는 청소를 한다. (X)
나는 설거지를 하**며**, 친구는 청소를 한다. (O)
我洗碗，朋友打扫。

'-(으)면서'는 문어, 구어를 가리지 않고 많이 사용한다. '-(으)며'는
주로 문어에서 사용한다.
'-(으)면서'口语、书面语中都是用，但是'-(으)며'一般用在书面语
中。

㉠ (말할 때) 내 동생은 자주 게임을 하**면서** 식사해요. (O)
(말할 때) 내 동생은 자주 게임을 하**며** 식사해요. (?)
（聊天）我弟弟经常会一边玩游戏一边吃饭。

(뉴스) 최근 게임을 하**면서** 식사를 하는 아이들이 늘어나고 있습
니다. (?)
(뉴스) 최근 게임을 하**며** 식사를 하는 아이들이 늘어나고 있습니
다. (O)
（新闻）最近一边玩游戏一边吃饭的孩子正在增加。

연습해 보세요.

(1) 남편은 친절하(면서/며) 부인은 인정이 많다.

(2) 그 계곡은 바위가 많으(면서/며) 산세가 매우 험하다.

목적 의도 目的 意图

두 문장을 '목적과 의도'의 의미로 이어 주는 문법에는 '-(으)려고, -기 위해서, -(으)ㄹ까 하다, -(으)러' 등이 있다. 이 문법들은 앞 문장이 주어의 목적이나 목표가 되고 뒤 문장은 그것을 이루기 위한 내용이 될 때 쓰인다.

> (16) 가. 숙제를 하러 친구 집에 가요.
>   나. 살을 빼려고 굶는 중이에요.
>   다. 건강을 유지하기 위해서 운동을 하고 있어요.
>   라. 방학 때 유럽 여행을 갈까 해요.

'목적과 의도'의 의미를 갖는 문법으로 연결되는 두 문장은 앞 문장이 목적이 되고 뒤 문장이 목적을 이루기 위한 방법이나 조건이 된다. (16가)에서는 '숙제를 하는 것'이 의도이고 '친구 집에 가는 것'이 그 의도를 이루기 위한 방법이 된다. 그리고 (16나)에서는 '살을 빼는 것'이 목적이고 '굶는 것'이 그 목적을 이루기 위한 방법이다. (16다)에서는 '건강을 유지하는 것'이 목적이고 '운동을 하는 것'이 그 목적을 이루기 위한 수단이다. (16라)에서는 '방학 때 유럽에 여행을 간다'는 것이 말하는 사람의 의도이며 계획임을 나타낸다.

아래 (17)의 예문처럼 '-(으)려고' 대신에 '-(으)려'를 쓸 수 있다.

> (17) 가. 살을 빼려고 굶는 중이에요.
>   나. 살을 빼려 굶는 중이에요.

'목적 의도' 부분에서는 근의 문법인 '-게'와 '-(으)려고', '-느라고'와 '-기 위해서', '-느라고'와 '-아/어서', '-도록'와 '-기 위해서', '-(으)ㄹ까 하다'와 '-(으)ㄹ까 보다', '-(으)ㄹ게'와 '-(으)ㄹ래', '-(으)러'와 '-(으)려고', '-(으)려고 들다'와 '-(으)려고 하다', '-을/ㄹ게요'와 '-을/ㄹ 거예요' 등 9쌍을 다루어 서로의 공통점과 차이점에 대해 살펴보겠다.

21. '-게' & '-(으)려고'

문법 설명	**-게** 상대방의 의도를 물을 때 사용하며 '-(으)려고 하는가'의 의미로 쓴다. 表示询问对方意图, 意思与'-(으)려고 하는가'相似。 **-(으)려고** 어떤 행위를 할 의도나 목적이 있음을 나타낸다. 表示做某事的意图。
공통점	**모두 의도를 물을 때 사용한다.** 都可以用在表示询问意图。 ⑩ 지금 명동에 가게? (O) 　　지금 명동에 가려고? (O) 　　现在去明洞吗？ 　　주말에 소풍을 가게? (O) 　　주말에 소풍을 가려고? (O) 　　周末要去郊游吗？
차이점	**의도를 묻는 '-게'에는 '하다'가 결합되지 않지만, 의도를 묻는 '-(으) 려고'에는 '하다'가 결합된다.** 表示询问意图的'-게', 不能与'하다'一起使用, 但是'-(으)려고'可以 与'하다'一起使用。 ⑩ 지금 명동에 가게 해요? (X) 　　지금 명동에 가려고 해요? (O) 　　现在要去明洞吗？ 　　그걸로 뭐 하게 해? (X) 　　그걸로 뭐 하려고 해? (O) 　　打算用那个干嘛？

'-(으)려고'는 의문문 뿐 아니라 평서문에서도 사용이 가능하고, '-게'가 해체와 해요체로만 사용되는 데 반해, '-(으)려고'는 '하다'의 결합으로 '-(으)려고 합니까'처럼 합니다체로도 사용이 가능하다.

'-(으)려고'不仅可以用在疑问句, 还可以用在陈述句。'-게'只能用于非尊敬句中, 但是'-(으)려고'可以与'하다'连接变成等尊敬形。

㉄ 지금 공원에 가**게** 합니다. (X)
지금 공원에 가**려고** 합니다. (O)
现在打算去公园。

철수는 시간만 나면 놀**게** 해요. (X)
철수는 시간만 나면 놀**려고** 해요. (O)
哲洙一有时间就想玩。

연습해 보세요.

(1) 팀장 님, 오늘부터 휴가를 가(게 합니까/려고 합니까)?

(2) 저는 주말에는 친구들과 야외로 놀러 가(려고/게) 해요.

22. '-느라고' & '-기 위해서'

문법 설명	**-느라고** 앞 절이 뒤 절에 대한 원인이나 이유가 됨을 나타낸다. 주로 어떤 일을 하지 못했거나 부정적인 결과가 나왔을 때 그 핑계나 이유를 대는 데 쓰인다. 앞 절이 뒤 절에 대한 목적이 됨을 나타낸다. 表示前句内容是后句的原因或理由。一般用于不能做某事或出现否定消极的结果时用来作为借口或理由时使用。 表示前句为后句的目的。 **-기 위해서** 어떤 일을 하는 목적이나 의도를 나타낸다. 表示做某事的目的或意图。
공통점	**동사 뒤에 붙어서 앞 절이 뒤 절의 목적이나 의도를 나타낸다는 점에서 비슷하다.** 两个语法都用在动词后面，都表示前句为后句的目的或意图。 ⑩ 보고서를 완성하**느라고** 밤을 새웠다. (O) 　보고서를 완성하**기 위해서** 밤을 새웠다. (O) 　为了完成报告书一宿没睡。 　결혼 준비를 하**느라고** 바빠요. 제 결혼식이 일주일밖에 안 남았거든요. (O) 　결혼 준비를 하**기 위해서** 바빠요. 제 결혼식이 일주일밖에 안 남았거든요. (O) 　为准备结婚而忙碌，因为我的结婚典礼还有不到一周时间了。
차이점	**'-느라고'는 어떤 상황이나 목적을 위해서 하는 행위가 수고롭거나 무언가 희생되고 있다는 부정적인 느낌이 있지만 '-기 위해서'는 어떤 일을 해 내려고 많은 노력을 기울이는 긍정적인 느낌이 있다.** '-느라고'主要用于为了做成某事付出了比较惨痛的代价，带有消

极否定的感觉，但是'-기 위해서'更多时候是为了完成某事竭尽所能，有积极向上的一面。

> 예 이번 시험에 통과하**느라고** 열심히 공부했다. (X)
> 이번 시험에 통과하**기 위해서** 열심히 공부했다. (O)
> 为了通过这次考试，非常用功地学习了。
>
> 시합에서 이기**느라고** 날마다 연습한다. (X)
> 시합에서 이기**기 위해** 날마다 연습한다. (O)
> 为了在比赛中赢得胜利，每日苦练。

'-느라고'의 뒤 절에 명령문이나 청유문이 올 수 없다.
'-느라고'后面句子不能使用命令句或共动句。

> 예 일을 하**느라고** 옷을 두껍게 입어라. (X)
> 일을 하**기 위해서** 옷을 두껍게 입어라. (O)
> 为了干活，衣服穿厚点吧。
>
> 숙제하**느라고** 드라마 보지 마세요. (X)
> 숙제하**기 위해** 드라마 보지 마세요. (O)
> 为了写作业，别看电视剧了。

연습해 보세요.

(1) 여보, 우리 둘 만의 집을 마련하(느라고/기 위해서) 지금부터 돈을 모으자.

(2) 한국에 유학을 가 (느라고/기 위해서) 한국어를 공부합니다.

23. '-느라고' & '-아/어서'

문법 설명	**-느라고** 앞 절이 뒤 절에 대한 원인이나 이유가 됨을 나타낸다. 주로 어떤 일을 하지 못했거나 부정적인 결과가 나왔을 때 그 핑계나 이유를 대는 데 쓰인다. 앞 절이 뒤 절에 대한 목적이 됨을 나타낸다. 表示前句内容是后句的原因或理由。一般用于不能做某事或出现否定消极的结果时用来作为借口或理由时使用。 表示前句为后句的目的。 **-아/어서** 앞선 행위나 상태가 원인이나 이유임을 나타낸다. 表示前面的行为或状态是后句的原因或理由。
공통점	**두 문법이 모두 앞의 내용이 뒤의 내용에 대한 이유나 원인을 나타낸다. 또한 뒤 절에 청유문과 명령문이 올 수 없으며 과거 '-았/었-', 미래·추측의 '-겠-'과 결합하지 않는다.** 两个语法都表示前面的内容是后面内容的理由、原因。并且后句不能用共动句和命令句。同时两个语法前面都不能与表示过去时态的'-았/었-'以及表示将来和推测的'-겠-'一起使用。 ㉠ 나는 잠을 자**느라고** 전화를 못 받았어요. (O) 　나는 잠을 **자서** 전화를 못 받았어요. (O) 　我因为睡觉了，所以没能接电话。 　시험공부를 하**느라고** 요즘 친구를 못 만나요. (O) 　시험공부를 **해서** 요즘 친구를 못 만나요. (O) 　因为准备考试，最近都没能见朋友。
차이점	**'-느라고'는 앞 절의 행동을 하는 과정에서 뒤의 상황이 일어남을 나타낸다. '-아/어서'는 앞 절의 결과로 뒤 절이 일어남을 나타낸다.** '-느라고'表示在做前句中行为的过程中发生了后面的状况，'-아/

어서'则表示因为前句的结果而发生后句的内容。

예) 늦게 일어나**느라고** 지각을 했어요. (X)
　　늦게 일어**나서** 지각을 했어요. (O)
　　因为起晚，所以迟到了。

'-느라고'는 동사와만 결합한다. '-아/어서'는 동사, 형용사, '이다, 아니다'와 모두 결합한다.
'-느라고'只与动词一起使用，但是'-아/어서'可与动词、形容词、'이다, 아니다'一起使用。

예) 머리가 기**느라고** 바람에 자주 날린다. (X)
　　머리가 길**어서** 바람에 자주 날린다. (O)
　　因为头发很长，所以常被风吹起。

'-느라고'는 앞 절과 뒤 절의 주어가 같아야 한다. '-아/어서'는 앞 절과 뒤 절의 주어가 달라도 된다.
'-느라고'前后句的主语必须一致，但是'-아/어서'前后主语可以不同。

예) 나는 술을 마시**느라고** 앤디 씨가 돈을 다 썼어요. (X)
　　나는 술을 마**셔서** 앤디 씨가 돈을 다 썼어요. (O)
　　因为我喝酒，安迪把钱都花光了。

'-느라고'는 주로 어떤 일을 못 하거나 부정적인 결과가 나온 이유일 경우 사용한다. '-아/어서'는 뒤 절의 내용에 의미적 제약이 없다.
'-느라고'主要用于不能做某事或出现某一消极结果的原因，但是'-아/어서'对于后句内容的意义没有限制。

예) 어젯밤에 많이 자**느라고** 피곤이 풀렸어요. (X)
　　어젯밤에 많이 **자서** 피곤이 풀렸어요. (O)
　　昨晚睡得很多，消除了疲劳。

연습해 보세요.

(1) 어려운 문제를 (푸느라고/풀어서) 1시간 내내 고생했다.

(2) 어젯밤에 많이 (자느라고/자서) 피곤이 풀렸어요.

24. '-도록' & '-기 위해서'

문법 설명	**-도록** 뒤에 나오는 행위에 대한 목적이나 기준 등을 나타낸다. 表示后句行为的目的或基准。 **-기 위해서** 어떤 일을 하는 목적이나 의도를 나타낸다. 表示做某事的目的或意图。
공통점	**목적을 나타내는 데 두 문법이 바꿔 사용할 수 있다.** 在表达目的的意思上两个语法可以互换使用。 ⑩ 그들은 사람들에게 발견될 수 있**도록** 크게 소리쳤다. (O) 그들은 사람들에게 발견될 수 있**기 위해서** 크게 소리쳤다. (O) 他们为了能让人们发现，大声呼叫。 이번 시험을 통과하**도록** 열심히 공부했다. (O) 이번 시험을 통과하**기 위해서** 열심히 공부했다. (O) 为了通过这次考试，努力地学习。
차이점	**'-기 위해서'는 앞 절과 뒤 절의 주어가 같아야 하지만 '-도록'은 이와 같은 제한이 없다.** '-기 위해서'前后句主语必须一致，而'-도록'前后句主语可以不同。 ⑩ 민호가 시험을 잘 보**도록** 제가 도와줄 거예요. (O) 민호가 시험을 잘 보**기 위해서** 제가 도와줄 거예요. (X) 为了能让敏浩在考试中取得好成绩，我要帮助他。 손님들이 편히 쉬시**도록** 조용히 했다. (O) 손님들이 편히 쉬시**기 위해서** 조용히 했다. (X) 为了让客人好好休息，保持了安静。

연습해 보세요.

(1) 사람들이 지나가(도록/기 위해서) 우리들은 비켜섰다.

(2) 다음에 절대 늦지 않(도록/기 위해서) 조심해야 한다.

25. '-(으)ㄹ까 하다' & '-(으)ㄹ까 보다'

문법 설명	**-(으)ㄹ까 하다** 말하는 사람이 어떤 일을 하려고 생각 중임을 나타낸다. 表示说话人的计划或意图还不成熟，仍在考虑中。 **-(으)ㄹ까 보다'** 아직 확실히 결정한 것은 아니지만 그 행동을 할 마음이나 생각이 있을 때 쓴다. 表示还没有完全决定，但是已经有了这样做的想法。
공통점	**두 문법이 모두 말하는 사람의 의도나 계획을 나타낸다.** 两个语法都表示说话人的计划和打算。 ⓔ 오늘은 약속도 없고 할 일도 없으니 집에 가서 TV나 **볼까 해요.** (O) 오늘은 약속도 없고 할 일도 없으니 집에 가서 TV나 **볼까 봐요.** (O) 今天没有约会，也没什么要做的事情，打算回家看电视。 옷이 아주 맘에 안 드는 것은 아닌 데다가 비슷한 옷이 있으니까 **바꿀까 해요.** (O) 옷이 아주 맘에 안 드는 것은 아닌 데다가 비슷한 옷이 있으니까 **바꿀까 봐요.** (O) 这件衣服不是特别满意，又加上有一件相似的衣服，所以打算换掉。
차이점	**'-(으)ㄹ까 하다'는 과거형 종결어미와 같이 쓸 수 있지만, '-(으)ㄹ까 보 다'는 과거형 종결어미와 같이 쓸 수 없다.** '-(으)ㄹ까 하다'可以用在过去时终结语尾中，但是'-(으)ㄹ까 보다'不能使用过去时态。 ⓔ 어제 공원에 **갈까 했다.** (O)

어제 공원에 **갈까 봤다**. (X)
昨天打算去公园。

방학 때 제주도에 여행을 **갈까 했**는데 일이 생겨 못 가고 말았다. (O)
방학 때 제주도에 여행을 **갈까 봤**는데 일이 생겨 못 가고 말았다. (X)
放假时打算去济州岛旅行的，结果因为有事没去成。

연습해 보세요.

(1) 지난 주 지도 선생님과 졸업논문에 대해 논의할까 (했/봤)어요.

(2) 아이를 유치원에 보낼까 (했/봤)는데 나이가 너무 어리다고 해서 포기했다.

26. '-(으)ㄹ게' & '-(으)ㄹ래'

문법 설명	**'-(으)ㄹ게'** 말하는 사람이 어떤 일을 하겠다고 자신의 의지를 나타내거나 상대 방에게 약속함을 나타낸다. 说话的人表示自己要做某事的意志或向对方承诺。 **'-(으)ㄹ래'** 상대방의 의향을 알아보거나 제안을 나타낸다. 表示询问对方意图或提建议。
공통점	**두 문법이 모두 말하는 사람의 의지를 나타낸다.** 两个语法都表示说话人的意志。 ㉠ 선생님 말씀을 잘 들**을게요**. (O) 　 선생님 말씀을 잘 들**을래요**. (O) 　 我要听老师的话。 　 제가 어머니께 꽃을 사 드**릴게요**. (O) 　 제가 어머니께 꽃을 사 드**릴래요**. (O) 　 我要给妈妈买花。
차이점	**'-을/ㄹ게'는 말하는 사람의 결심을 듣는 사람에게 약속하듯이 표현 하는 어미이기 때문에 초점이 듣는 사람에게 있다. '-을/ㄹ래'는 말 하는 사람의 의지나 계획을 표현하기 때문에 초점이 말하는 사람에 게 있다.** '-을/ㄹ게'因为是说话人像作出承诺一样说给对方听，所以焦点在 听的人身上。'-을/ㄹ래'因为表现说话人的意志和计划，所以焦点 在说话人身上。 ㉠ 내일은 일찍 학교에 **올게**. (O) 　 (듣는 사람에게 약속을 하고 있음. 듣는 사람이 중요) 　 明天要早点来学校。

(对听的人做出约定，听者重要)

내일은 일찍 학교에 **올래**. (O)
(말하는 사람의 의지, 생각이 담겨 있음. 듣는 사람과 아무 상관이
없음.)
明天我要早点来学校。
(包含说话者的意志、想法，与听者无关)

'-을/ㄹ게'는 듣는 사람에게 초점이 있으므로 듣는 사람에게 불리한
행위를 사용할 수 없다. '-을/ㄹ래'는 말하는 사람에게 초점이 있으
므로 듣는 사람에게 불리한 행위라도 사용할 수 있다.
'-을/ㄹ게'焦点在听者身上，不能用于表述对听者不利的行为，'-
을/ㄹ래'因为焦点在说话的人身上，所以即使是对听者不利的行
为也可以使用。

例 나는 너랑 친구 안 **할게**. (X)
　　나는 너랑 친구 안 **할래**. (O)
　　我不要和你做朋友。

'-을/ㄹ게'는 상대방의 명령이나 요구에 대한 대답으로 사용할 수
있다. '-을/ㄹ래'는 상대방의 명령이나 요구에 대한 대답으로 사용할
수 없다.
'-을/ㄹ게'也可以用来回应对方的命令或要求，'-을/ㄹ래'不能用
它来回应对方的命令或要求。

例 가: 여기에서 담배를 피우지 마세요.
　　나: 네, 안 **피울게요**. (O)
　　　　不能在这里抽烟。
　　　　好的，我不抽了。

　　가: 여기에서 담배를 피우지 마세요.
　　나: 네, 안 **피울래요**. (X)
　　　　不能在这里抽烟。
　　　　好的，我不抽了。

연습해 보세요.

(1) 다시 한 번 약속하건대 나 앞으로 술을 안 (마실게요/마실래요).

(2) 영수가 "엄마, 난 이제부터 떼를 안 쓸(게/래)." 하고 다시 한 번 엄마와 약속했다.

27. '-(으)러' & '-(으)려고'

문법 설명	**-(으)러** 이동하는 동작에 앞서 이동하는 목적을 나타낸다. 用在移动动作之前，表示移动的目的。 **-(으)려고** 어떤 행위를 할 의도나 목적이 있음을 나타낸다. 表示有做某种行为的意图或目的。
공통점	**목적이나 의도를 나타낸다는 점에서 비슷하다.** 两个语法都表示目的或意图。 ㉠ 운동하**러** 왔어요. (O) 운동하**려고** 왔어요. (O) 来运动。 다음 주가 시험이라서 공부하**러** 도서관에 가요. (O) 다음 주가 시험이라서 공부하**려고** 도서관에 가요. (O) 下周有考试，所以去图书馆学习。
차이점	**'-(으)려고'는 일반적인 동사의 의도와 목적을 나타내지만 '-(으)러' 는 주로 이동에 관한 동사의 목적을 나타낸다.** '-(으)려고'主要表示一般动词的意图和目的，'-(으)러'主要表示与 移动动词相关的目的。 ㉠ 그 일에 대해 더 자세히 알아보**러** 친구를 만났다. (X) 그 일에 대해 더 자세히 알아보**려고** 친구를 만났다. (O) 为了进一步了解那件事，见了朋友。 우리 반 친구들과 같이 먹**으러** 빵을 샀어요. (X) 우리 반 친구들과 같이 먹**으려고** 빵을 샀어요. (O) 为了跟我们班的同学一起吃，买了面包

'-(으)려고'는 명령이나 권유로 끝나는 문장에 쓰일 수 없지만 '-(으)려'는 그런 제한이 없다.
'-(으)려고' 不能用在命令句、共动句中，而'-(으)러'则没有这样的限制。

> 예) 공부하러 가자. (O)
> 공부하려고 가라. (X)
> 去学习吧。
>
> 밥 먹으러 가자. (O)
> 밥 먹으려고 가자. (X)
> 去吃饭吧。

연습해 보세요.

(1) 영희야, 영화 보(러/려고) 갑시다.

(2) 추천서를 부탁하(러/려고) 선생님께 전화를 드렸다.

28. '-(으)려고 들다' & '-(으)려고 하다'

문법 설명	**-(으)려고 들다** 그러한 행위를 할 의도를 가지고 적극적으로 추진함을 나타낸다. 表示想要做某事的意图非常强烈，并积极向前推进。 **-(으)려고 하다** 어떤 일이나 행위를 할 마음, 또 의향이 있음을 나타낸다. 表示有做某事的心或想法。
공통점	**어떤 일이나 행위를 할 마음, 뜻, 의향이 있음을 나타낸다.** 两个语法都有想做某事的想法的意思。 ㉠ 자기의 이익만 추구하**려고** 들면 그보다 더 소중한 것들을 잃게 되기 마련이다. (O) 자기의 이익만 추구하**려고** 하면 그보다 더 소중한 것들을 잃게 되기 마련이다. (O) 如果只一味追求自己的利益的话，那必定会丢失更加珍贵的 东西。 좋은 물건은 자기가 다 가지**려고** 든다. (O) 좋은 물건은 자기가 다 가지**려고** 한다. (O) 好的东西总想据为己有。
차이점	**'-(으)려고 들다'는 '-(으)려고 하다'보다 어떤 일을 성사하고 싶어서 애써 적극적으로 추진하려는 마음이나 의향이 더 강하다. 또한 말하 는 사람이 보통 이 사실에 대해 부정적인 생각을 가지기도 한다.** '-(으)려고 들다'比'-(으)려고 하다'想要做某事的意图或欲望更加 强烈，会采取积极的措施使之实现。并且一般说话者对所叙述的 这件事情持有否定的态度。 ㉠ 그녀가 자꾸 그 소식을 알리**려고** 드니 귀찮아서 말해 줬다. (주어가 적극적으로 노력함, 말하는 사람이 부정적인 생각을 가짐) (O)

她总想知道那个消息，觉得麻烦就告诉他了。(主语积极努力地想做这件事情，说话者对此持否定态度)

그녀가 자꾸 그 소식을 알**려고 하**니 귀찮아서 말해 줬다. (O)
她总想知道那个消息，觉得麻烦就告诉他了。

7살 밖에 안 된 아이가 자꾸 어른 간의 말을 들**으려고 드**니 어이가 없다고 느낄 때가 많다. (주어가 적극적으로 노력함, 말하는 사람이 부정적인 생각을 가짐) (O)
只有7岁的孩子总是想听大人的话，很多时候感到无语。(主语积极努力地想做这件事情，说话者对此持否定态度)

7살 밖에 안 된 아이가 자꾸 어른 간의 말을 들**으려고 하**니 어이가 없다고 느낄 때가 많다. (O)
只有7岁的孩子总是想听大人的话，很多时候感到无语。

'-(으)려고 하다'는 어떤 일이 막 일어날 것 같거나 어떤 상황이 시작될 것 같음을 나타낼 때 '-(으)려고 들다'와 바꿔 쓸 수 없다.
'-(으)려고 하다'在表达某一事情即将发生或某一状态好像要开始的意思时，不能与'-(으)려고 들다'互换使用。

㈇ 회의가 벌써 끝나**려고 든**다. (X)
회의가 벌써 끝나**려고 한**다. (O)
会议马上就要结束了。

곧 울**려고 한**다. (O)
곧 울**려고 든**다. (X)
马上就要哭了。

연습해 보세요.

(1) 서두르세요. 기차가 떠나려고 (들어/해).

(2) 구름을 보니까 비가 곧 내리려고 (들어/해).

29. '-을/ㄹ게요' & '-을/ㄹ 거예요'

문법 설명	**-을/ㄹ게요** 말하는 사람이 어떤 일을 하겠다고 자신의 의지를 나타내거나 윗사람인 상대방에게 약속함을 나타낸다. 说话的人表示自己要做某事的意志或是向上级作出承诺。 **-을/ㄹ 거예요** 앞으로 어떤 행위를 하겠다는 강한 의지나 의사, 주관적 소신 등을 나타낸다. 表现以后要做某种行为的强烈意志或意向，主观信念等。
공통점	**미래에 할 행동을 나타낸다.** 表示未来要做的行动。 ⑩ 제가 앞으로 공부를 열심히 **할게요**. (O) 　제가 앞으로 공부를 열심히 **할 거예요**. (O) 　我以后会努力学习的。 　이번 주말에는 저희가 할머니 댁에 **갈게요**. (O) 　이번 주말에는 저희가 할머니 댁에 **갈 거예요**. (O) 　这个周末我们要去奶奶家。
차이점	**'-을/ㄹ게요'는 대화를 하는 상대방과 관계가 있으며, 말하는 사람의 의지를 표현한다. '-을/ㄹ 거예요'는 대화를 하는 상대방과 관계가 없으며, 자신이 이미 결심한 사실을 이야기한다.** '-을/ㄹ게요'与对话的对方有关系，表现说话的人的意志。'-을/ㄹ 거예요'与对话的对方没有关系，只是说出自己已经下定决心的事实。 ⑩ 가: 몸에 안 좋으니 이제 술을 마시지 마세요. 　나: 네, 이제 술을 마시지 **않을게요**. (O) 　　身体也不好，就别喝酒了。 　　好的，现在我不喝了。

가: 이제 술을 마시지 않을 **거예요.** (X)

나: 좋은 생각이에요.

현在我不喝酒了。

很好的想法。

'-을/ㄹ게요'는 말하는 사람의 의지나 약속을 나타내므로 2, 3인칭 대명사가 주어로 올 수 없다. '-을/ㄹ 거예요'는 말하는 사람 뿐 아니라 2, 3인칭 대명사가 주어로 올 수 있다. 2, 3인칭 대명사가 주어가 되면 의지나 약속이 아니라 미래에 할 행동을 나타낸다.

'-을/ㄹ게요'因为表示说话的人的意志或约定, 所以2、3人称的代名词不能作为主语。'-을/ㄹ 거예요'主语不仅可以是说话人, 2、3人称的代名词也可以。如果2、3人称代词成为主语, 就表示未来要做的行动, 而不是意志或承诺。

㉔ 수지 씨가 공부를 열심히 **할게요.** (X)

수지 씨가 공부를 열심히 **할 거예요.** (O)

秀智会努力学习的。

아버지가 저녁을 안 **드실게요.** (X)

아버지가 저녁을 안 **드실 거예요.** (O)

爸爸晚上不吃饭了。

연습해 보세요.

(1) 동건이가 무슨 일이 있어도 군대에 (갈게요/갈 거예요).

(2) 오늘 점심에 뭘 먹(을게요/을 거예요)?

간접인용 間接引用

30. '-(이)라고' & '-하고'

간접인용은 아래와 같이 자신이나 남의 말, 글 또는 생각이나 판단 따위를 옮겨 와서 표현한 것으로 다른 문장 속에 안겨 있는 문장을 말한다.

> (18) 가. 영미가 나에게 "민수가 어제 군대 갔어." 라고 말했다.
> 　　 나. 나는 마이클에게 <u>한국어가 어렵지 않느냐고</u> 물었다.
> 　　 다. 그 아이가 갑자기 "<u>어머, 여기 꽃이 피었네.</u>" 하고 외쳤다.
> 　　 라. 그 책에는 "<u>미국의 수도는 런던이다.</u>"라고 쓰여 있었다.

위의 문장에서 밑줄 친 부분은 인용한 문장이다. 이렇게 인용한 문장이 다른 문장 속에 들어가 그 문장의 서술어를 보충하는 구실을 할 때 이를 간접인용이라 한다.

간접인용에는 위의 예문에서 제시된 거와 같이 '말하다, 묻다' 등 입으로 말하는 것과 '쓰다, 적다' 등 글에서 인용한 것뿐만 아니라, 아래의 예문에서 제시된 바와 같이 생각이나 판단, 느낌 등과 같은 것도 포함된다.

> (19) 가. 나는 '<u>더 어두워 지기 전에 산을 내려가야 한다.</u>' 라고 생각했다.
> 　　 나. 나는 <u>그가 범인이라고</u> 믿는다.
> 　　 다. 나는 <u>이제 봄이라고</u> 느낀다.

위에서 밑줄 친 문장들은 입으로 말한 것도 아니고 글에서 그대로 옮겨 온 것도 아니지만 '고, 라고'가 붙은 안긴문장이다. 이와 같이 생각이나 판단, 느낌을 나타내는 인용절을 안을 수 있는 동사에는 '생각하다, 판단하다, 믿다, 확신하다, 느끼다, 추측하다, 결심하다, 상상하다' 등이 있다.

한편, 인용되는 말이 반드시 주어와 서술어를 갖춘 문장이어야 하는 것은 아니다. 아래와 같이 의성어를 인용하거나 하나의 단어만을 인용하는 경우도 있다.

(20) 가. 바로 그때 "꽝!"하고 번개가 쳤다. (O)

　　　나. 누나는 뱀을 보자 "엄마!"라고 소리를 질렀다. (X)

인용절을 안을 수 있는 동사에는 '말하다, 묻다, 명령하다, 설명하다, 보고하다, 신고하다, 외치다, 떠들다, 이르다, 꾸짖다, 예언하다, 제안하다, 대답하다, 쓰다, 적다, 기록하다' 등과 같은 것들이 있으며, 이들을 대신한 '하다'도 사용할 수 있다. 그리고 이와 같은 동사들 앞에는 항상 '-(이)라고, 고, 하고' 등과 같은 인용을 나타내는 말이 사용된다.

직접인용

직접 인용은 남의 말이나 글, 또는 생각을 표현한 문장 그대로 따오는 것을 말한다. 직접 인용할 때는 인용하는 부분에 큰따옴표를 사용하고, 그 다음에 '-(이)라고'라는 조사를 붙여 직접인용절을 뒤에 오는 서술어에 연결한다.

직접인용절 뒤에는 조사 '-(이)라고' 대신에 '하고'가 쓰이기도 한다. 특히 의성어를 인용할 때는 '하고'만을 사용한다. '하고'가 붙은 직접인용절은 '-(이)라고'가 붙은 경우와는 달리 억양을 포함한 거의 모든 것이 그대로 인용된다는 특징이 있다.

(21) 가. 그 아이가 갑자기 "어머, 여기 꽃이 피었네."라고/하고 외쳤다.

　　　나. 빌딩에 불이 나자 사람들은 "사람 살려."라고/하고 울부짖으면서 마구 뛰쳐나왔다.

　　　다. 바로 그때 "꽝!"하고 번개가 쳤다.

(21가), (21나)는 '-(이)라고'와 '하고' 모두를 사용할 수 있다. 그러나 의성어를 인용한 (21다)의 경우는 '하고'만을 사용할 수 있다. 이렇게 '하고'를 사용하는 경우에는 인용하는 말 자체는 물론이고 말한 사람의 억양이나 표

정까지도 그대로 인용한다. (21가)의 경우는 '그 아이'가 꽃을 발견한 데 따른 놀라움이나 반가움도 표현되고, (21나)의 경우는 위기 상황 속에서 터져 나오는 다급함까지 표현된다. 그리고 (21다)의 경우는 "꽝" 소리를 아주 크게 하여 번개 소리의 웅장함과 그에 따른 두려움을 느끼도록 표현한다. '하고'는 동사 '하다'의 어간에 연결어미 '-고'가 붙은 것으로 조사 '-(이)라고'와 달리 띄어 써야 한다.

간접인용

간접 인용은 남의 말이나 글, 또는 말하는 사람의 생각이나 판단 등을 옮기되 말하는 사람의 관점에서 옮기는 것을 말한다. 간접인용절은 말하는 사람의 관점에서 옮겨 지기 때문에 원래의 문장 형식이 그대로 옮겨지지 않고 약간의 변화를 겪는다. 따라서 간접인용절의 경우에는 직접인용절과 달리 큰따옴표나 작은따옴표를 사용하지 않는다.

> (22) 가. 영미: 가을이 왔구나.
> 　　　 나: 민수: 영미가 가을이 왔다고 말했다.

(22나)는 (22가)에 대한 간접 인용이다. 간접 인용을 할 때는 인용하는 부분 다음에 '고'를 붙여 뒤따르는 서술어에 연결한다. 다만 인용절이 (23가)와 같이 명사로 끝나거나 (23나)와 같이 '이다'의 형태로 끝나면 (23다)에서와 같이 '-(이)라고'를 쓴다.

> (23) 가. 그는 나에게 "나쁜 놈."이라고 말했다. (직접 인용)
> 　　　 나. 그는 "너는 나쁜 놈이야." 라고 말했다. (직접 인용)
> 　　　 다. 그는 나를 나쁜 놈이라고 말했다. (간접 인용)

간접인용절은 다음과 같은 몇 가지 특징이 있다.

첫째, 간접인용절에서는 상대 높임법이 실현되지 않는다.

(24) 가. 민수는 선생님께 "제가 하겠습니다." 라고 말씀드렸다.
　　　나. 민수는 선생님께 자기가 하겠다고 말씀드렸다.

둘째, 간접인용절의 시제는 안은문장의 시제와 일치시키지 않고, 말할 때의 시제를 그대로 사용한다.

(25) 가. 수미는 "바빴어." 라고 말했다.
　　　나. 수미는 바빴다고 말했다.

셋째, 간접인용절에 사용되는 종결어미는 직접인용절의 어미와 달리 특정한 어미로만 나타난다.

평서문이 간접인용절이 될 때에는 어미가 '-ㄴ/는다' 또는 '-다'로 나타난다. 의문문이 간접인용절이 될 때에는 종결어미가 '-느냐/-(으)냐'로 나타난다. 명령문이 간접인용절이 될 때에는 어미가 '-(으)라'로 나타난다. 청유문이 간접인용절이 될 때에는 어미가 '-자'로 나타난다. 감탄문이 간접인용절이 될 때에는 어미가 '-ㄴ/는다' 또는 '-다'로 나타난다.

넷째, 간접인용절에서의 주어나 목적어가 안은문장에 나타나는 인용하는 사람 또는 듣는 사람과 같은 인물일 경우에는 의미의 혼란을 초래하지 않는 범위 내에서 생략될 수 있다.

(26) 가. 나는 친구에게 "나는 철수를 좋아해."라고 말했다.
　　　나. 나는 친구에게 철수를 좋아한다고 말했다.

다섯째, 간접인용절은 말하는 사람의 관점에서 기술되기 때문에 인칭대명사에 대한 표현이 달라진다.

(27) 가. 나는 철수에게 "영희가 너를 좋아해."라고 말했다.

나. 나는 철수에게 영희가 그를 좋아한다고 말했다.

'간접인용' 부분에서는 '-(이)라고'와 '-하고'의 공통점과 차이점에 대해서 살펴보겠다.

30. '-(이)라고' & '-하고'

문법 설명	**-(이)라고** 앞말이 원래 말해진 그대로 인용됨을 나타낸다. 表示前面的话原原本本地被引用。 **'-하고'** 앞말이 원래 말해진 그대로 인용됨을 나타낸다. 表示前面的话原原本本地被引用。
공통점	**다른 사람이 한 말을 그대로 옮겨 전달할 때 사용한다. '말하다, 묻다, 생각하다' 등과 같은 인용 동사와 주로 사용된다.** 两个语法都用于将别人说的话原原本本地传达时使用。通常与'말하다, 묻다, 생각하다'等引用动词一起使用。 예 우리 엄마는 밥 먹을 때마다 "맛있게 먹으렴."**이라고** 말씀하신다. (O) 우리 엄마는 밥 먹을 때마다 "맛있게 먹으렴."**하고** 말씀하신다. (O) 妈妈每当吃饭时都会说：''好好吃饭啊。'' 그 사람은 자기가 잘못하지 않아도 항상 "미안해요."**라고** 말한다. (O) 그 사람은 자기가 잘못하지 않아도 항상 "미안해요." **하고** 말한다. (O) 那个人即使自己没有做错，也总是说:''对不起。''
차이점	**'-(이)라고' 혼자 생각한 것을 말하는 것처럼 표현할 때 쓸 수 없다.** **'-하고'는 혼자 생각한 것을 말하는 것처럼 표현할 때 쓸 수 있다.** '-(이)라고'不能用在表达把自己想的说出来，'-하고'可以用在把自己想的内容说出来。 예 나는 '시험을 잘 봐야지'**라고** 결심했다. (X)

나는 '시험을 잘 봐야지' **하고** 결심했다. (O)
我决心"这次考试一定要好好考"。

나는 '그 사람과 꼭 한번 밥 먹어야지'**라고** 다짐했다. (X)
나는 '그 사람과 꼭 한번 밥 먹어야지' **하고** 다짐했다. (O)
我下定决心'一定要和那个人吃一次饭'。

'-(이)라고'는 어떤 소리를 내는 것에 대해 묘사할 때 사용할 수 없다.
'-하고'는 어떤 소리를 내는 것에 대해 묘사할 때 사용할 수 있다
'-(이)라고'不能用在描写某种声音, 但是'-하고'可以用在描写某一
声音。

㉅ 개가 "멍멍"**이라고** 짖었다. (X)
　개가 "멍멍" **하고** 짖었다. (O)
　小狗"汪汪"地叫。

　고양이가 "야옹"**이라고** 짖었다. (X)
　고양이가 "야옹" **하고** 짖었다. (O)
　小猫"喵喵"地叫。

'-(이)라고'는 자기 이름을 소개할 때 사용할 수 있다. '-하고'는 자기
이름을 소개할 때 사용할 수 없다.
'-(이)라고'可以用在介绍自己的名字, 但是'-하고'不能用在介绍自
己名字时使用。

㉅ 저는 김민수**라고** 합니다. (O)
　저는 김민수**하고** 합니다. (X)
　我叫金敏秀。

　저는 수지**라고** 합니다. (O)
　저는 수지**하고** 합니다. (X)
　我叫秀智。

'-(이)라고'는 앞말이 직접 인용되는 말임을 나타내는 조사로 앞 말에 붙여 쓴다. '-하고'는 동사 '하다'의 활용형으로 앞 말과 띄어 쓴다. '-(이)라고'作为助词，在表示直接引用时，与前面的句子没有空格，但是'-하고'因为是动词'하다'的活用形，因此要与前面的句子有空格。

> 그가 "지금 갈게요." **라고** 말했다. (X)
> 그가 "지금 갈게요." **하고** 말했다. (O)
> 他说"我走了。"
>
> 선생님께서 "수업을 시작합시다."**라고** 말씀하셨다. (O)
> 선생님께서 "수업을 시작합시다."**하고** 말씀하셨다. (X)
> 老师说：" 现在开始上课。"

연습해 보세요.

(1) 저는 김민수(라고/하고) 합니다.

(2) '감사합니다'를 중국어로 뭐(하고/라고) 해요?

당연 반복 当然 反復

같은 상황이 반복적으로 일어나거나 어떤 일이 당연하고 필연적으로 일어난다는 의미를 가진 문법들은 '당연 반복' 분류로 묶여 살펴보도록 한다. '당연'의미를 가진 문법으로는 '-기 마련이다', '-기 십상이다' 등, '반복' 의미를 가진 문법으로는 '-곤 하다','-기 일쑤이다' 등이 대표적이다.

(28) 가. 사람이 병에 걸리면 마음이 약해지기 마련입니다.
　　　나. 경험자의 말을 안 들으면 실패하기 십상이야.

(28가)는 병에 걸린 사람은 누구나 마음이 약해지는 것이 당연하다는 의미를 나타내고 (28나)는 경험자의 말을 들어야 실패할 가능성이 줄어들 수 있음을 나타낸다.

(29) 가. 김 선생님께서 작년까지 매일 전화를 해 주시곤 했는데 올해
　　　　들어 한 번도 전화를 안 하신다.
　　　나. 민경이는 아침잠이 많아서 지각하기 일쑤이다.

(29가)에서는 '김 선생님께서 전화하시는 것'은 여러 차례 반복되는 상황이고 (29나)는 민경이가 자주 지각함을 나타낸다.
'당연 반복' 부분에서는 '-곤 하다'와 '-기 일쑤이다', '-기 마련이다'와 '-기 일쑤이다', '-기 십상이다'와 '-기 쉽다', '-아/어 대다'와 '-곤 하다', '-은/는 고사하고'와 '-은/는 말할 것도 없고' 등 문법을 다루어 이들 간의 공통점과 차이점에 대해서 살펴보도록 한다.

31. '-곤 하다' & '-기 일쑤이다'

문법 설명	**-곤 하다'** 같은 상황이 반복됨을 나타낸다. 反复做同一件事。 **-기 일쑤이다** 어떤 일이 자주 있음을 나타낸다. 주로 자신의 의지에 의해서라기보다는 자연스럽게 저절로 그렇게 되는 경향이 있는 일에 대해 쓴다. 表示某件事情经常发生,并且此事不是按照自己意志发生的。
공통점	**어떤 일이 반복적으로 나타낸다는 뜻에서 유사하다.** 两个语法都有某事反复出现的意思。 ㉠ 요즘에는 한국 생활에 불편함이 없지만 처음에는 실수하**곤 했다.** (O) 요즘에는 한국 생활에 불편함이 없지만 처음에는 실수하**기 일쑤였다.** (O) 最近韩国生活没有什么不方便了，但是刚来时经常犯错。 사람이 많으면 일을 처리할 때 의견 차이가 나**곤 하더라.** (O) 사람이 많으면 일을 처리할 때 의견 차이가 나**기 일쑤이더라.** (O) 人多的话，处理起事情来经常会有意见不同的情况。
차이점	**'-곤 하다'는 긍정적, 부정적인 내용에 다 쓸 수 있는 반면에 '-기 일쑤 이다'는 주로 부정적인 내용에만 쓰이므로 긍정적인 내용에 쓰면 어색 한 표현 이 된다.** '-곤 하다'在积极或消极意义的句子中都可以使用，但是'-기 일쑤이다'主要用于消极意义的句子中。 ㉠ 그 사람은 성실해서 다른 사람들에게 칭찬받**곤 해요.** (O) 그 사람은 성실해서 다른 사람들에게 칭찬받**기 일쑤이다.** (X) 那个人为人诚实可靠，经常受到他人的赞誉。

연애할 때 남편은 항상 나를 마중하러 나오**곤 했어요.** (O)
연애할 때 남편은 항
상 나를 마중하러 나오**기 일쑤였어요.** (X)
恋爱的时候丈夫常常出来接我。

연습해 보세요.

(1) 그 때 그 남자가 미선한테 주자 꽃도 사주고 밥도 사 주(곤 했어요/기 일쑤였어요).

(2) 영수 씨가 고등학교 때 자주 1등을 받(곤 했어요/기 일쑤였어요).

32. '-기 마련이다' & '-기 일쑤이다'

문법 설명	**-기 마련이다** 그러한 일이 있는 것이 당연하다는 뜻을 나타낸다. 通过前面的情况或者状态，势必会出现后面的状况。 **-기 일쑤이다** 어떤 일이 자주 있음을 나타낸다. 주로 자신의 의지에 의해서라기보다는 자연스럽게 저절로 그렇게 되는 경향이 있는 일에 대해 쓴다. 表示某件事情经常发生。并且此事不是按照自己意志发生的。
공통점	**어떤 일이 발생하기 쉽다는 점에서 비슷하다.** 两个语法都表示某事很容易地发生。 ⓔ 요즘 같은 휴가철에는 예약이 일찍 끝나**기 마련**이니까 서둘러야 합니다. (O) 　요즘 같은 휴가철에는 예약이 일찍 끝나**기 일쑤**이니까 서둘러야 합니다. (O) 　像最近的休假季，预约会很快结束，得抓紧时间。 　사람이 많으면 일을 처리할 때 의견 차이가 나**기 마련**이더라. (O) 　사람이 많으면 일을 처리할 때 의견 차이가 나**기 일쑤**이더라. (O) 　如果人多的话，处理事情的时候自然会有不同的意见。
차이점	**'-기 마련이다'는 어떤 일의 발생이 필연적임을 나타내고 '-기 일쑤이다'는 어떤 일이 자주 발생함을 나타낸다.** '-기 마련이다'表示必然会发生某事，'-기 일쑤이다'表示经常发生某事。 ⓔ 물은 높은 곳에서 낮은 곳으로 흐르**기 마련**이다. (O) 　물은 높은 곳에서 낮은 곳으로 흐르**기 일쑤**이다. (X) 　水必然要往低处流。

어렸을 때는 사소한 일로 싸우**기 마련이**었는데 지금은 잘 안 싸운다. (X)
어렸을 때는 사소한 일로 싸우**기 일쑤이**었는데 지금은 잘 안 싸운다. (O)
小时候经常因为琐碎的小事吵架, 但是现在不吵了。

연습해 보세요.

(1) 여름이 되면 날씨가 덥기 (마련이다/일쑤이다).

(2) 민경이는 아침잠이 많아서 지각하기 (마련이다/일쑤이다).

33. '-기 십상이다' & '-기 쉽다'

문법 설명	**-기 십상이다** 앞 절의 상황이 되기 쉽거나 그럴 가능성이 크다는 의미를 나타낸다. 表示前面句子中的情况很容易出现或者出现的可能性很大。 **-기 쉽다** 어떤 행위를 하거나 어떤 상태, 상황이 될 가능성이 많거나 그런 경향이 있음을 나타낸다. 表示出现某种行为或状态的可能性大或有这种倾向。
공통점	**두 문법은 모두 어떤 일이 발생할 가능성이 크다는 뜻을 나타낸다.** 两个语法都有某事发生的可能性很大的意思。 ⑩ 서두르면 실수하**기가 십상이다**. (O) 서두르면 실수하**기가 쉽다**. (O) 着急忙慌就很容易出现失误。 이런 경우엔 유리가 깨지**기 쉬우니** 조심히 다루어라. (O) 이런 경우엔 유리가 깨지**기 십상이니** 조심히 다루어라. (O) 这种情况玻璃很容易打碎，所以小心一点吧。
차이점	**'-기 십상이다'는 주로 안 좋은 일이 일어날 가능성에 대해서 경고하거나 주의를 줄 때 많이 쓰이는데 '-기 쉽다'는 경고의 의미가 약하며 긍정적이나 부정적인 문장에서 모두 쓰인다.** '-기 십상이다'主要用于尚未发生的和否定消极的句中，有提示注意或警告的意思。但是'-기 쉽다'警告的意思相对弱一些，在肯定意义的句子或者否定意义的句子中都适用。 ⑩ 평일에 일을 열심히 하면 윗사람에게 인정을 받**기가 십상이다**. (X) 평일에 일을 열심히 하면 윗사람에게 인정을 받**기가 쉽다**. (O) 平日里努力工作的话，很容易得到上级的肯定。

이 자료를 다 복습해 두면 시험을 통과하**기 십상일 거야.** (X)
이 자료를 다 복습해 두면 시험을 통과하**기 쉬울 거야.** (O)
这份资料都复习好了的话，会很容易通过考试的。

연습해 보세요.

(1) (경고) 싸다고 물건을 그렇게 많이 사면 두고두고 후회하기 (십상이야/쉬운 거야).

(2) (경고) 주식이 계속 오른다고 해도 잘 모르면서 주식에 투자하다가는 손해 보기 (십상이에요/쉬운 거예요).

34. '-아/어 대다' & '-곤 하다'

문법 설명	**-아/어 대다** 어떤 행동을 계속하여 그 정도가 심하거나 지나치게 반복적임을 나타 낸다. 주로 부정적인 뜻을 나타낸다. 表示某一行动持续进行，并且程度越来越严重。主要用在具有否 定意义的句子中。 **-곤 하다** 같은 상황이 반복됨을 나타낸다. 反复做同一件事。
공통점	**두 문법은 모두 동사 뒤에 붙어 어떤 행동을 계속 반복함을 나타낸 다는 점에서 비슷하다.** 两个语法都用在动词后面，表示动作的反复进行。 ⑩ 아이는 과자를 달라고 **졸라 댄다.** (O) 　아이는 과자를 달라고 조르**곤 한다.** (O) 　孩子一直缠着要买饼干。 　동생이 어렸을 때 기분 나쁠 때마다 자주 울**어 댔다.** (O) 　동생이 어렸을 때 기분 나쁠 때마다 자주 울**곤 했다.** (O) 　弟弟小的时候总是一遇到不高兴的事情就哭。
차이점	**'-아/어 대다'는 어떤 행동을 계속하여 그 정도가 심하거나 지나치게 반 복적임을 나타내며 주로 부정적인 뜻을 나타낸다. '-곤 하다'는 단순히 어떤 상황의 반복만을 나타낸다.** '-아/어 대다'表示某一行动持续进行，且程度不断变深，行为较为 过分，多用在否定意义的句子中。而'-곤 하다'只是单纯地表示行 为的重复。 ⑩ 철수는 가끔 그곳에 **가 댔다.** (X) 　철수는 가끔 그곳에 가**곤 했다.** (O)

哲洙经常去那个地方。

그 아이는 예의가 발라서 어른들의 칭찬을 자주 받**아 댄다**. (X)
그 아이는 예의가 발라서 어른들의 칭찬을 자주 받**곤 한다**. (O)
那个小孩很讲礼貌，经常受到大人的表扬。

연습해 보세요.

(1) 철수는 작년까지만 해도 매일 안부 전화를 하(곤 했어요/여 댔어요).

(2) 아이가 백화점에서 장단감을 사 달라고 하도 울(곤 해서/어 대서) 사람들이
모두 그를 쳐다봤다.

35. '-은/는 고사하고' & '-은/는 말할 것도 없고'

문법 설명	**-은/는 고사하고** 앞의 것은 말할 것도 없을 만큼 불가능하거나 어려우며 그것보다 더 쉬운 뒤 절의 경우라도 쉽지 않다거나 혹은 그것이라도 바란다는 의미를 나타낸다. 表示前句的内容不用说就很难实现，比前句难度低的后句实施起来都不容易。 **-은/는 말할 것도 없고** 어떤 일을 말할 필요조차 없다는 뜻을 나타낸다. 表示某件事情连说的必要都没有。
공통점	**두 문법은 모두 앞의 내용에 대해 말할 필요조차 없다는 당연함을 나타낸다.** 两个语法都有对于前句的内容没有再说的必要的意思。 ⑩ 된장찌개**는 고사하고** 라면이라도 잘 끓이면 좋겠어요. (O) 된장찌개**는 말할 것도 없고** 라면이라도 잘 끓이면 좋겠어요. (O) 不用说大酱汤了，就算是泡面能煮好了也很好。 내 집 마련은 **고사하고** 전세금 걱정만 안 해도 좋겠어요. (O) 내 집 마련은 **말할 것도 없고** 전세금 걱정만 안 해도 좋겠어요. (O) 别提买自己的房子了，只要不用操心全税金就很好了。
차이점	**'-은/는 말할 것도 없고'는 부정적인 상황에서나 긍정적인 상황에서 다 쓰지만 '-은/는 고사하고'는 부정적인 상황에서만 쓴다.** '-은/는 말할 것도 없고'肯定意义和否定意义的句子中都能使用，'-은/는 고사하고'只能用在否定意义的句子中。 ⑩ 반에서 일등**은 고사하고** 전교에서도 일등이다. (X) 반에서 일등**은 말할 것도 없고** 전교에서도 일등이다. (O) 不用说班级第一了，在全校也是名列前茅。

된장찌개는 **고사하고** 피자도 잘 만들어요. (X)
된장찌개는 **말할 것도 없고** 피자도 잘 만들어요. (O)
别说大酱汤了，披萨也做得很好。

연습해 보세요.

(1) 노래는 (고사하고/말할 것도 없고) 춤도 잘 춥니다.

(2) 그 사람은 달리기는 (고사하고/말할 것도 없고) 수영도 잘해요.

한정 포함 限定 包括

'한정'은 수량이나 범위 따위를 제한하여 정한다는 뜻을 가지고 있고 '포함'은 어떤 사물이나 현상 가운데 함께 들어 있거나 함께 넣는다는 뜻을 가진다. 보조사 '만, 밖에, 뿐, 따름'은 모두 '오직'의 의미, 다시 말해 앞말이 가리키는 대상 외에 다른 것을 제외하는 의미를 나타낸다. 이러한 의미를 '배타적인 의미'라고 한다. 즉 배타적 의미는 그 앞말을 다른 것으로부터 제한하여 한정함을 나타낸다.

> (30) 가. 나는 영미만 좋아한다.
> 나. 나는 영미밖에 좋아하는 사람이 없다.
> 다. 나는 좋아하는 사람은 영미뿐이다.

위의 세 문장은 모두 뜻이 같다. 그러나 '밖에, 뿐'은 '만'과 용법상의 차이가 있다. 배타적 의미로서의 '밖에'는 부정적인 맥락에 쓰여 (30나)에서처럼 '-밖에 없다'와 같은 구성으로만 쓰인다. 한편 '뿐'은 앞말이 무엇이든 그 뒤에는 '이다'나 '아니다'가 와야 하며, 그 외의 다른 어떠한 서술어와도 결합하지 못한다. 그런데 서술어로 '아니다'가 올 때에는 '뿐'과 '만'이 함께 쓰인 '-뿐만 아니다' 구성으로 흔히 쓰이고 '뿐'과 '만' 중에서 하나만 쓸 때에는 주로 '만'이 쓰인다.

> (31) 가. 오늘 학교에 온 사람은 민수뿐이다.
> 나. 그는 집에 와서뿐만 아니라 학교에서도 잔다.
> 다. 오늘 학교에 온 사람은 민수만이 아니다.
> 라. 오늘 학교에 온 사람은 민수뿐이 아니다.
> 마. 나는 밥뿐 먹었다. (X)
> 바. 나는 편지를 민수에게뿐 보냈다. (X)

포함이나 더함의 의미를 나타내는 데 사용되는 문법으로 '-(으)ㄹ뿐더러, -(으)ㄹ 뿐만 아니라, -도, -조차, -마저, -까지' 등이 있다. '더 첨가하여, 더 나아가서'의 포함이나 더함의 의미를 나타낸다.

(32) 가. 각종 공해, 폐수와 쓰레기, 소음 등은 도시의 생활 환경을
파괴할 뿐만 아니라 사람들의 수명까지도 위협하는 무서운
무기로 변하고 있다.
나. 그녀는 24일 고향에 가지 않았을 뿐더러 간다고 말한 적도
없어요.
다. 오늘 부모님과 동생이 한국에 온다.
라. 여름이랑 겨울에 방학이 있다.
마. 사업 실패로 집마저 남의 손에 넘어갔다.
바. 너조차 날 못 믿는구나.

(32가)는 공해, 폐수와 쓰레기, 소음 등이 도시의 환경을 파괴하고 거기
에 더하여 사람들의 수명까지도 위협한다는 뜻이다. (32나)는 고향에 가지
않았다는 사실에 덧붙여 간다고 말하지도 않았다는 것임을 나타낸다. (32
다)는 부모님도 한국에 오시고 동생도 한국에 온다는 것을 나타내고 (32라)
는 방학이 여름에도 있고 겨울에도 있음을 나타낸다. 그리고 (32마)는 사업
실패로 많은 것이 이미 남의 손에 넘어간 상황에서 더 나아가 집도 또는
마지막 남은 집까지 남의 손에 넘어갔다는 것이고 (32바)는 다른 사람은
이미 다 말하는 사람을 믿지 않는 상황에서 더 나아가 그러리라고 예상하지
못한 상대방까지 말하는 사람을 못 믿음을 한탄하며 말하는 것이다.

이 부분에서는 '한정'의 의미를 가진 문법으로는 '-(으)ㄹ 뿐이다'와 '-(으)
ㄹ 따름이다', '포함'의 의미를 가진 문법으로는 '-(으)ㄹ뿐더러', '-(으)ㄹ 뿐
만 아니라', '-(이)랑', '-와/과', '-조차'와 '-마저' 등을 다루어 살펴보겠다.

36. '-(으)ㄹ 뿐이다' & '-(으)ㄹ 따름이다'

문법 설명	**-(으)ㄹ 뿐이다** 오직 그렇게 하거나 그러하다는 것을 나타낸다. 表示只是这样或那样。 **-(으)ㄹ 따름이다** 문장에서의 상황 외에 다른 가능성이나 상황이 없으며, 다른 선택이나 상 황은 제외함을 나타낸다. 表示除了句中的情况外不会有其他的可能性或选择。
공통점	**두 문법이 모두 선택의 여지가 없음을 나타낸다.** 两个语法都表示没有选择的余地。 ㉠ 국민 여러분의 지지에 그저 감사**할 뿐**입니다. (O) 국민 여러분의 지지에 그저 감사**할 따름**입니다. (O) 对各位国民的支持，我只有万分的感谢。 저는 큰 욕심 내지 않고 시합을 준비**할 뿐**이에요. (O) 저는 큰 욕심 내지 않고 시합을 준비**할 따름**이에요. (O) 我没有太贪心，只是准备比赛而已。
차이점	**'-(으)ㄹ 뿐이다'는 '-(으)ㄹ 뿐'의 형태로 앞 뒤 두 문장을 연결할 수 있지만 '-(으)ㄹ 따름이다'는 '-(으)ㄹ 따름'의 형태로 앞 뒤 문장을 연결할 수 없다.** '-(으)ㄹ 뿐이다'可以以 '-(으)ㄹ 뿐'的形态连接前后两个句子，但是'-(으)ㄹ 따름이다'则不能以'-(으)ㄹ 따름'的形态连接前后两个句子。 ㉠ 시간만 보냈**을 뿐** 한 일은 없다. (O) 시간만 보냈**을 따름** 한 일은 없다. (X) 只是打发时间，没做什么。 그는 보통 친구**일 뿐** 남자친구가 아니야. (O)

그는 보통 친구일 **따름** 남자친구가 아니야. (X)
他只是一般朋友，你不是男朋友。

'-(으)ㄹ 뿐이다'는'뿐이다'의 형태로 명사 뒤에 결합되는 경우도 있지만 '-(으)ㄹ 따름이다'는 명사 뒤에 '-따름이다'가 결합될 수 없다.
'-(으)ㄹ 뿐이다'还可以以'-뿐이다'的形式直接加在名词后面，但是'-(으)ㄹ 따름이다'不能以'-따름이다'的形态加在名词后面。

㉠ 믿을 만한 사람은 그 친구**뿐이다.** (O)
믿을 만한 사람은 그 친구**따름이다.** (X)
信得过的人只有那位朋友。

내가 다녔던 대학교는 연세대학교**뿐이다.** (O)
내가 다녔던 대학교는 연세대학교**따름이다.** (X)
我上过的大学只有延世大学。

'-(으)ㄹ 뿐이다'는 '-(으)ㄹ 뿐(만) 아니라'의 형태로 사용될 수 있지만 '-(으)ㄹ 따름이다'는 '-(으)ㄹ 따름 아니라'의 형태로 사용될 수 없다.
'-(으)ㄹ 뿐이다'可以以'-(으)ㄹ 뿐(만) 아니라'的惯用型使用，但是'-(으)ㄹ 따름이다'不能以'-(으)ㄹ 따름(만) 아니라'的惯用型使用。

㉠ 여행을 갈 시간이 없**을 따름 아니라** 돈도 없어요. (X)
여행을 갈 시간이 없**을 뿐 아니라** 돈도 없어요. (O)
不仅没有时间去旅行，而且也没有钱。

눈이 많이 왔**을 따름만 아니라** 바람이 심하게 불어서 산에 올라갈 수 없었다. (X)
눈이 많이 왔**을 뿐만 아니라** 바람이 심하게 불어서 산에 올라갈 수 없었다. (O)
雪下得很大，而且风很大，所以上不了山。

연습해 보세요.

(1) 배가 고플 (따름/뿐) 아니라 졸리기도 해요.

(2) 믿을 건 노력(따름/뿐)이니까 열심히 하세요.

37. '-(으)ㄹ뿐더러' & '-(으)ㄹ 뿐만 아니라'

문법 설명	**-(으)ㄹ뿐더러** 주로 글에서 쓰여 어떤 사실, 상황에 더하여 다른 사실, 상황이 있음을 나타낸다. 보통 뒤의 상황이 더 심각하거나 정도가 더한 경우가 많다. 主要用于书面语中, 表示在某一事实、状况的基础上再加上的意思。一般后句的情况更加严重或程度更深。 **-(으)ㄹ 뿐만 아니라** 앞의 것만이 아니라 뒤의 것까지 그러하다거나 앞의 상황에 더해 뒤의 상황까지 작용함을 나타낸다. 表示在前面的行动或状态上累加后面的行动或状态。
공통점	**앞 절의 내용에 더하여 뒤의 상황이 더 심각하거나 정도가 더 심하다는 뜻을 나타낸다.** 都是表示在前句基础上, 后句的程度更加深。 ⑨ 이 가방은 값이 저렴**할뿐더러** 유명 브랜드의 제품과 비교해서 품질도 손색이 없다.(O) 이 가방은 값이 저렴**할 뿐만 아니라** 유명 브랜드의 제품과 비교해서 품질도 손색이 없다.(O) 这个书包不仅价格低廉而且与名牌产品相比也毫不逊色。 어제 간 식당은 음식이 깔끔하고 맛있**을뿐더러** 가게 인테리어도 좋았다.(O) 어제 간 식당은 음식이 깔끔하고 맛있**을 뿐만 아니라** 가게 인테리어도 좋았다.(O) 昨天去的饭店不仅干净好吃, 而且店铺装修也很好。
차이점	**'-(으)ㄹ뿐더러'는 주로 글에서 쓰여 '-(으)ㄹ 뿐만 아니라'는 글이나 말에서 모두 쓰인다.** '-(으)ㄹ뿐더러'主要用在书面语中, '-(으)ㄹ 뿐만 아니라'书面语或

者口语中都可以使用。

㉠ (소설) 현석이는 용기도 있**을 뿐더러** 또한 지혜롭다. (더 많이 쓰임) (O)

(소설) 현석이는 용기도 있**을 뿐만 아니라** 또한 지혜롭다. (O)

(小说) 贤硕不但有勇气，而且有智慧。

(이야기할 때) 새로 나온 아이스크림은 그리 비싸지 않**을 뿐더러** 환상적으로 맛있더라. (O)

(이야기할 때) 새로 나온 아이스크림은 그리 비싸지 않**을 뿐만 아니라** 환상적으로 맛있더라. (더 많이 쓰임) (O)

(聊天时) 新出的冰淇淋不仅不太贵，而且梦幻般的好吃。

명사 뒤에 '뿐만 아니라'만 결합될 수 있다.
名词后面只能用'뿐만 아니라'。

㉠ 그 사전은 예문**뿐만 아니라** 설명도 같이 나와서 실용적이다. (O)

그 사전은 예문**뿐더러** 설명도 같이 나와서 실용적이다. (X)

那本字典不仅有例句，而且还有说明，非常实用。

흡연은 나**뿐만 아니라** 주위 사람에게도 피해가 크다. (O)

흡연은 나**뿐더러** 주위 사람에게도 피해가 크다. (X)

吸烟不仅对我，对周围的人也危害很大。

연습해 보세요.

(1) 이번 시험은 학생들(뿐만 아니라/뿐더러) 선생님한테도 어려운 문제들이 많았다.

(2) 이 영양제는 아이들 (뿐만 아니라/뿐더러) 어른한테도 효과가 크다.

38. '-(이)랑' & '-와/과'

문법 설명	**-(이)랑** 둘 이상을 열거하거나 연결할 때, 어떤 행위를 함께 하는 대상, 비교의 대상이거나 기준으로 삼는 대상임을 나타낸다. 表示列举或连接两个以上事情，或同时进行某种行为的对象、比较的对象或作为标准的对象。 **-와/과** 앞뒤 명사 모두를 가리키거나 어떤 행위를 함께 하는 대상, 앞의 명사뿐만 아니라 뒤의 명사도 그렇다는 것을 나타낸다. 表示前后名词都是指或同时进行某种行为的对象，不仅是前一个名词，后一个名词也是如此。
공통점	**둘 이상을 연결할 때나 비교, 대조할 때 쓴다는 점에서 비슷하다.** 两个语法都可以用来连接两个以上事物，或比较、对照。 ㉠ 백화점에 가서 점퍼**랑** 모자랑 운동화를 샀어요. (O) 　백화점에 가서 점퍼**와** 모자와 운동화를 샀어요. (O) 　去百货商店买了夹克、帽子和运动鞋。 　철수는 아버지**랑** 많이 닮았어요. (O) 　철수는 아버지와 많이 닮았어요. (O) 　哲洙和爸爸长得很像。
차이점	**'-와/과'는 말할 때나 글을 쓸 때 모두 쓰이는 반면, '-(이)랑'은 주로 말할 때 쓰인다.** '-와/과'口语中或书面语中都使用，但是 '-(이)랑'主要用在口语中。 ㉠ (연설문) 중국은 세계 모든 사람들**과** 함께 평화를 유지하기 위하여 노력할 것입니다. (O) 　(연설문) 중국은 세계 모든 사람들**이랑** 함께 평화를 유지하기 위하여 노력할 것입니다. (X)

（演讲稿）中国愿与世界人民一起为维持和平而努力。

（연설문）여러분께서 믿음**이랑** 용기를 주셔서 이겨낼 수 있었습니다. (X)

（연설문）여러분께서 믿음**과** 용기를 주셔서 이겨낼 수 있었습니다. (O)

（演讲稿）感谢各位给了我信任和勇气，我才能克服种种困难。

'-(이)랑'은 둘 이상을 연결할 때 마지막에 연결되는 명사 뒤에 쓰이지만 '-와/과'는 그럴 수 없다.

'-(이)랑'在连接两个以上的事物时，可以用在最后一个名词后面，但是'-와/과'却不可以。

㉔ 스카프랑 원피스**랑** 잘 어울린다. (O)
   스카프와 원피스**와** 잘 어울린다. (X)
   围巾和连衣裙很相配。

   이번 방학 때 대구랑 부산**이랑** 갔어요. (O)
   이번 방학 때 대구**와** 부산**과** 갔어요. (X)
   这个假期大邱和釜山去了。

연습해 보세요.

(1) (대통령 연설) 국민 여러분(이랑/과) 이 길을 함께 걸어가고 싶습니다.

(2) 라면이랑 빵(이랑/과) 한꺼번에 다 먹었어.

39. '-조차' & '-마저'

문법 설명	**-조차** 그 상황 이상의 것이 더해짐을 나타낸다. 일반적으로 말하는 사람이 기대 하지 못하거나 예상하기 어려운 극단의 경우까지 포함함을 나타낸다. 表示实际状况是说话者之前没有预料到的，甚至包括极端的情形。 **-마저** 그 상황 이상의 것이 더해 짐 또는 하나 남은 마지막임을 나타낸다. 表示在原本的基础上又加上，或者只剩最后一个的意思。
공통점	**두 문법은 모두 부정적인 상황에 쓰이는 점에서 비슷하다.** 两个语法都能用在消极意义的句中。 ⑩ 너**조차** 날 못 믿는구나. (O) 　너**마저** 날 못 믿는구나. (O) 　连你也不信任我啊。 　그 학생은 노래**조차** 못 불러. (O) 　그 학생은 노래**마저** 못 불러. (O) 　那个学生连歌也不会唱。
차이점	**'-마저'는 문장의 종류와 관계없이 모두 쓸 수 있지만 '-조차'는 '안, 못, 모르다' 등이 들어가 있는 부정문에 더 잘 어울린다.** '-조차'用在后句带有'안, 못, 모르다'等否定意义的否定句中更自然。 ⑩ 추운데 바람**마저** 부네요. (O) 　추운데 바람**조차** 부네요. (X) 　本来就很冷，又刮起了大风。 　이제 가난한 사람의 돈**조차** 벌었다. (X) 　이제 가난한 사람의 돈**마저** 벌었다. (O) 　现在连穷人的钱也赚了。

연습해 보세요.

(1) 이제는 슈퍼에서 밥(조차/마저) 파는군요.

(2) 두 사람이 선을 넘을 정도로 친해서 이젠 집(조차/마저) 공유하게 되었다더군요.

지속 진행 持续 进行

'지속 진행'은 어떤 동작이 진행 중이거나 계속됨을 나타내는데 이 부분에서 '-고 있다'&'-아/어 있다', '-아/어 가다' & '-아/어 오다'와 '-아/어다가' & '-아/어 가지고'등 3쌍의 근의 문법을 다루어 그들의 공통점과 차이점에 대해 살펴보도록 한다.

> (33) 가. 아이들이 노래를 부르고 있다.
> 　　　나. 하루 종일 서 있어서 다리가 아픕니다.
> 　　　다. 경기가 회복되어 가니 다행입니다.
> 　　　라. 양국의 우호 관계가 오래전부터 발전해 왔다.
> 　　　마. 돈을 모아 가지고 아주 예쁜 차를 살 거예요.
> 　　　바. 은행에서 돈 좀 찾아다가 주시겠어요?

(33가)는 아이들이 노래를 부르는 행동을 계속함을 즉 노래를 부르는 행동이 진행 중임을 나타내고 (33나)는 말하는 사람이 하루 종일 일어선 상태를 계속 유지하고 있음을 나타낸다. (33다)는 경기가 회복되는 상태가 진행되고 있음을 나타내고 (33라)는 양국의 우호 관계가 예전에서 지금까지 쭉 발전함을 나타내고 (33마)는 시간적 선후 관계를 나타내는데 그와 함께 앞선 행위가 뒤 상황의 방법이나 수단을 나타내거나 앞선 행위의 상태나 결과를 유지하면서 혹은 그런 상태로 뒤 행위를 함을 나타내며 (33바)는 은행에서 돈을 찾는다는 행위와 준다는 행위가 순차적으로 이루는 경우를 말한다.

40. '-고 있다' & '-아/어 있다'

문법 설명	**-고 있다** 어떤 동작이 진행 중이거나 계속됨을 나타낸다. '입다, 쓰다, 신다, 끼다, 벗다' 등의 동사에 붙어 그러한 동작이 진행 되거나 진행이 끝난 결과가 현재 계속되고 있는 상태임을 나타낸다. 表示某一动作正在进行中或是正在持续。 用在'입다, 쓰다, 신다, 끼다, 벗다'等动词后面, 表示动作的进行 或是动作结束后其结果一直维持到现在。 **-아/어 있다** 어떤 행위나 변화가 끝난 후 그 상태가 계속 유지되거나 그 결과가 지속됨을 나타낸다. 表示某一行为或变化结束后, 其状态或结果一直持续。
공통점	**두 문법 모두 동작의 결과 상태가 지속된다는 의미를 나타낸다.** 两个语法都表示动作的结果或状态一直持续。 ⑩ 철수가 지금 부산에 가**고 있다**. (O) 　철수가 지금 부산에 **가 있다**. (O) 　哲洙正在去/去了釜山。 　저기 의자에 앉**고 있는** 사람이 미선이다. (O) 　저기 의자에 앉**아 있는** 사람이 미선이다. (O) 　正往椅子上坐的/坐在椅子上的人是美善。
차이점	**'-고 있다'는 목적어를 필요로 하는 동사, 목적어를 필요로 하지 않 는 동사 모두 쓸 수 있지만 '-아/어 있다'는 목적어를 필요로 하지 않는 동사에만 쓸 수 있다.** '-고 있다'与有宾语的动词或是没有宾语的动词都可以一起使用, 但是'-아/어 있다'只与不需要宾语的动词一起使用。 ⑩ 저기 청바지를 입**고 있는** 아이가 수미예요. (O) 　저기 청바지를 입**어 있는** 아이가 수미예요. (X) 　那边穿着牛仔裤的小孩是秀美。

수미는 안경을 쓰고 **있다**. (O)
수미는 안경을 **써 있다**. (X)
秀美戴着眼镜。

연습해 보세요.

(1) 저기 책을 읽(고 있/어 있)는 사람이 미선이에요.

(2) 오늘은 공휴일이라서 마트 문이 (닫히고 있다/닫혀 있다).

41. '-아/어 가다' & '-아/어 오다'

문법 설명	**-아/어 가다** 어떤 행위나 상태, 상태 변화가 계속되거나 진행됨을 나타낸다. 表示某种行为或状态，状态变化的持续或进行。 **-아/어 오다** 어떤 행위나 상태, 상태 변화가 계속되거나 진행됨을 나타낸다. 表示某种行为或状态，状态变化的持续或进行。
공통점	**두 문법은 모두 행위나 상태가 진행됨을 나타낸다.** 两个语法都表示行为或状态持续进行。 ⑩ 사흘이 되**어 가**는데 연락 하나도 없더라. (O) 　 사흘이 되**어 왔**는데 연락 하나도 없더라. (O) 　 过去四天了，一个电话也没有。 　 어느덧 한 해가 저물**어 간다**. (O) 　 어느덧 한 해가 저물**어 왔다**. (O) 　 不知不觉天黑了。
차이점	**'-아/어 가다'는 말하는 이가 정하는 어떤 기준점에서 멀어지면서 앞 말이 뜻하는 행동이나 상태가 계속 진행됨을 나타내는데 '-아/어 오다'는 앞 말이 뜻하는 행동이나 상태가 말하는 이가 정하는 기준점으로 가까워지면서 계속 진행됨을 나타낸다.** '-아/어 가다'表示说话者离既定的某一基准点越来越远，前句中的行动或状态持续向前进行。'-아/어 오다'则是持续进行的行为离说话者离既定的基准越来越近。 ⑩ 그들은 오래 전부터 친하게 지내 **간** 이웃이야. (X) 　 그들은 오래 전부터 친하게 지내 **온** 이웃이야. (O) 　 他们是从很久前就亲密交往的邻居。

좀 쉬어 **가**면서 일해라. (O)
좀 쉬어 **오**면서 일해라. (X)
一边歇着一边干。

연습해 보세요.

(1) 다 먹(어 가/어 오)니 잠시만 기다려 줘.

(2) 10년 동안 거래해(가는/온) 회사니까 믿을 만해요.

42. '-아/어다가' & '-아/어 가지고'

문법 설명	**-아/어다가** 앞서 어떤 행위를 하고 난 뒤에 그 결과물을 가지고 뒤의 행위를 함을 나타낸다. 表示某一行为结束后带着其结果做后面的行为。 **-아/어 가지고** 앞 말이 뜻하는 행동의 결과나 상태가 그대로 유지되거나, 또는 그럼으로써 뒷말의 행동이나 상태가 유발되거나 가능하게 됨을 나타낸다. 表示前句行动的结果或状态维持不变，或者因此引起或可能引起后句的行动或状态。
공통점	두 문법은 모두 앞과 뒤의 행위가 시간적 선후 관계에 따라 이루어짐을 보여준다는 점에서 공통점을 지닌다. 两者都是前面动作结束后，带着其结果，做下面的动作。 ⑩ 서점에서 책을 잔뜩 사다가 왔다. (O) 　서점에서 책을 잔뜩 사 가지고 왔다. (O) 　在书店买了满满的书带来了。 　은행에서 돈을 찾**아다가** 쇼핑하러 가요. (O) 　은행에서 돈을 찾**아 가지고** 쇼핑하러 가요. (O) 　在银行取了钱去购物了。
차이점	'-아/어 가지고'는 결과를 가지고 가는 과정을 강조하여 '연속성', '지속성'을 강조하는 반면에, '-아/어다가'는 앞의 행위가 끝나고 중단했다가 다른 장소에 옮겨서 그 결과로 다른 행동을 한다는 뜻을 나타낸다. 보통 앞의 행위와 뒤의 행위가 발생하는 장소가 다르다. 이 때 '-아/어 가지고'는 뒤에 '가다', '오다' 같은 이동동사와 자주 같이 쓰인다. '-아/어 가지고'强调"带着"的过程，强调动作的"保持性"、"连贯性"、"不间断性"；'-아/ 어다가'指的是前面动作做完后中断，到另

一场所用之前的结果继续做后面的动作。一般前后动作发生的场所是不一样的。这时候'-아/어 가지고'后面经常与'가다', '오다'这类移动动词一起使用。

㉠ 기숙사에서 숙제를 다 **해 가지고** 오세요. (O)
기숙사에서 숙제를 다 **해다가** 오세요. (X)
在宿舍写完作业带来吧。

은행에서 돈을 찾**아다가** 부동산에서 계약을 했다. (O)
은행에서 돈을 찾**아 가지고** 부동산에서 계약을 했다. (X)
在银行取了钱在中介签了合同。

'-아/어 가지고'는 '-아/어다가'와 달리 앞 절의 행위가 뒤 절의 행위가 이루어지는 방법이나 수단을 나타낸다.
-아/어 가지고'还有表示前句的行为是后句行为发生的方法或手段的意思。

㉠ 냄비에 물을 한 컵만 넣**어다가** 끓입니다. (X)
냄비에 물을 한 컵만 넣**어 가지고** 끓입니다. (O)
在锅里倒上一杯水后烧吧。

삼겹살을 구**워 가지고** 상추에 싸서 먹으면 더 맛있다. (O)
삼겹살을 구**워다가** 상추에 싸서 먹으면 더 맛있다. (X)
烤了五花肉后用生菜叶包着吃更美味。

연습해 보세요.

(1) 아이들이 김밥을 좋아하니까 김밥을 많이 만들(어 가지고/어다가) 가세요.

(2) 집에서 케이크를 만들(어 가지고/어다가) 공원에서 친구들하고 같이 먹었다.

전제 조건 前提 条件

두 문장을 '전제 조건'의 의미로 이어 주는 문법으로는 '-아/어야'가 대표적이다. '-아/어야'는 한 문장이 다른 문장의 내용이 이루어지기 위한 조건이 될 때 쓰인다.

(34) 꽃이 피어야 꽃구경을 가지.

위와 같은 이 문장은 '꽃이 피는 것'이 '꽃구경을 가는' 조건이 된다. '전제 조건'의 의미를 갖는 문법은 이렇게 조건의 문장과 그에 따른 결과의 문장을 이어 주는 데 사용된다.

다음으로 전제 조건의 의미를 갖는 근의 문법인 '-아/어서야'와 '-고서야'의 공통점과 차이점에 대해서 살펴보겠다.

43. '-아/어서야' & '-고서야'

문법 설명	**-아/어서야** 앞 절이 나타내는 때에 이르러 뒤 절의 일이 비로서 일어남을 강조하여 나타낸다. 强调先达到前句中动作出现的时间点，后句的事情才发生。 **야** 앞 절의 행위를 한 뒤에, 혹은 그것을 방법으로 하여 비로소 뒤의 상황에 이르게 됨을 나타낸다. 在做出前句的行为之后，或者以此为方法，才达到后句中出现的情况。
공통점	**두 문법이 모두 앞 절과 뒤 절이 순차적인 선후 관계에 있음을 나타낸다.** 两个语法都表示前后句的动作是顺序发生的。 ⓔ 술에 취**해서야** 진심을 털어놓을 수 있다. (O) 　술에 취하**고서야** 진심을 털어놓을 수 있다. (O) 　只有喝醉了才能吐露心声。 　10권의 책을 읽**고서야** 비로서 그 문제를 풀 수 있었다. (O) 　10권의 책을 읽**어서야** 비로서 그 문제를 풀 수 있었다. (O) 　只有读完十本书后才能解开那个问题。
차이점	**'-아/어서야'는 주로 시간상 선후 관계를 강조하여 앞 절의 시 간이 되어야 뒤 절의 행위가 일어나지만 '-고서야'는 동작의 시간적 순서를 나타내는데 단순한 나열의 의미를 가지지 않으며 앞 뒤 순서를 바꾸면 의미가 달라진다.** '-아/어서야'主要强调时间上的先后关系，只有达到前句的时间点，后句的行为才会发生；'-고서야'强调前后动作按照时间顺序先后发生，不是单纯地动作罗列关系，如果前后顺序颠倒意义也会发生改变。

ⓔ 숙제부터 다 해 놓**고서야** 밖으로 나가 놀 수 있다. (O)
숙제부터 다 해 놓**아서야** 밖으로 나가 놀 수 있다. (X)
作业都做完之后才能出去玩。

12시가 넘**고서야** 겨우 집에 돌아왔다. (X)
12시가 넘**어서야** 겨우 집에 돌아왔다. (O)
过了12点才好歹到家。

연습해 보세요.

(1) 그는 온밤을 헤매다가 아침이 되(어서야/고서야) 목적지에 도착했다.

(2) 해가 지고 어둑어둑하 (여서야/고서야) 개똥이네 마당질은 끝이 났다.

가정 양보 假设 让步

'가정 양보'는 '인정'이라고 할 수도 있다. '가정 양보'의 의미를 갖는 문법에는 대표적인 문법은 '-아/어도, -(으)ㄹ지라도, -더라도' 등이 있다. 이 문법들은 앞 문장에서는 지금 또는 미래의 상황이나 조건을 인정하고 뒤 문장에서는 의미상 그에 상반되는 내용을 표현할 때 쓴다. '가정 양보'에는 앞 문장의 내용에 따라 두 가지로 나뉘는데 하나는 그 내용이 현재의 사실을 바탕으로 한 '현실적 가정'이고, 다른 하나는 미래에 일어날 일에 대한 가정을 바탕으로 한 '비현실적 가정'이다.

비현실적 가정:

(35) 가. 시험에 떨어져도 실망하지 않겠다.
　　　나. 아무리 힘들지라도 절대 쓰러지지 않을 것이다.
　　　다. 비가 오더라도 꼭 오시길 바랍니다.

위의 예문들의 문장은 모두 현재의 사실이 아니라 미래에 그렇게 될지도 모를 일을 가정한 내용이고, 뒤 문장은 모두 그 가정을 바탕으로 한 그 다음의 내용에 대해 쓴 것이다. 예를 들어, (35가)에서 '시험에 떨어지는 것'은 현재의 사실이 아니라 앞으로 일어날 수 있는 가정의 상황이다. 그리고 '실망하지 않는 것'은 앞의 가정을 바탕으로 하여 자신의 마음을 표현한 것이다. 이러한 표현 방법은 (35나), (35다)에서도 마찬가지다. '비현실적 가정'에서의 앞 문장 내용은 '시험에 떨어져도'와 같이 뒤 문장이 나타내는 내용에 대해 불리한 조건으로 나타나는 경우가 많다.

다음으로 현실적 가정의 경우를 보자.

현실적 가정:

(36) 가. 그는 키는 작아도 체력은 좋다.
　　 나. 그 아이는 비록 나이는 어릴지라도 생각은 깊다.
　　 다. 아무리 동생이더라도 그러면 안 되지.

이 문장에 사용된 문법들은 '현실적 가정'에 해당하는 것들이다. '현실적 가정'과 '비현실적 가정'과 달리 두 문장 모두 사실이거나 사실일 것이라는 믿음을 내용으로 하고 있다. 예를 들어, (36가)의 경우를 보면, '키가 작다'는 것과 '체력이 좋다'는 것은 서로 반대되는 내용이지만 둘 다 사실이거나 사실에 대한 믿음의 표현이다. 이것은 (36나)와 (36다)의 경우도 마찬가지다. '현실적 가정'의 의미로 연결되는 문장도 위의 '비현실적 가정'의 경우와 마찬가지로 앞 문장의 내용이 뒤 문장에서 제시하는 내용에 대해 불리하거나 반대되는 조건으로 나타나는 경우가 많다.

이 부분에서는 '-거든'과 '-(으)면', '-(ㄴ/는)다고 해도'와 '-아/어 봤자', '-느니'와 '-(으)ㄹ 바에', '-는 한'과 '-(으)면', '-는 한이 있더라도'와 '-(ㄴ/는)다고 하더라도', '-더라도'와 '-아/어도', '-았/었다 하면'과 '-았/었다면', '-았/었다 하면'과 '-을/ㄹ라치면', '-았/었던들'과 '-았/었더라면', '-(으)ㄴ/는데도'와 '-고도', '-(으)ㄹ지라도'와 '-아/어도', '-(으)면'과 '-ㄴ/는다면', '-(이)나마'와 '-(이)라도' 등 근의 문법에 대해 자세히 살펴보겠다.

44. '-거든' & '-(으)면'

문법 설명	**-거든** 앞 절의 조건으로 뒤 절에서 어떤 행위를 하거나 어떤 상태에 있게 됨을 나타낸다. 表示在前面的条件下可以做后面的动作或者使处于某一状态。 **-(으)면** 뒤의 내용에 대한 조건임을 나타낸다. 일반적으로 분명한 사실을 어 떤 일에 대한 조건으로 말하거나, 뒤의 사실이 실현되기 위한 단순한 근거나 수시로 반복되는 상황에 대한 조건을 말할 때 쓴다. 表示前句是后面内容的条件。一般把明确的事实作为发生某事的 条件，或者是为了实现后一事实将单纯的依据或随时可以重复的 情况作为条件。
공통점	**두 문법은 모두 앞 절이 뒤 절의 조건이나 가정을 나타낼 때 사용한다.** 两个语法都表示前句是后句的条件或假设。 ㉾ 비가 오**거든** 가지 말자. (O) 　비가 오**면** 가지 말자. (O) 　如果下雨的话咱们就别走了。 　그 친구를 만나**거든** 꼭 제 안부를 전해 주세요. (O) 　그 친구를 만나**면** 꼭 제 안부를 전해 주세요. (O) 　见到那位朋友的话一定转达我的问候。
차이점	**'-거든'은 비교적 조건이 실현될 가능성이 있는 상황에 사용된다. 그 러나 '-(으)면'은 실현될 가능성과 관계없이 모든 가정과 조건에 사 용된다.** '-거든'一般用于有实现可能性的状况中，但是'-(으)면'不管是否 有实现可能性都可以使用。 ㉾ 내가 나중에 대통령이 되**거든** 어려운 사람들을 많이 도와 주는

정책을 제정할 거야. (X)

내가 나중에 대통령이 되**면** 어려운 사람들을 많이 도와 주는 정책을 제정할 거야. (O)

我以后当上总统的话，会制定很多帮助有困难的人的政策。

사람이 밥을 안 먹**거든** 참 많은 시간이 절약될 수 있을 것이다. (X)

사람이 밥을 안 먹**으면** 참 많은 시간이 절약될 수 있을 것이다. (O)

人如果不吃饭的话真是可以节省很多时间。

'-(으)면'은 분명한 사실이나 단순한 근거를 말할 때 쓰이지만 '-거든'은 이런 경우에 쓰일 수 없다.

'-(으)면'与'-거든'不同，一般用于叙述明显的事实或单纯的根据时使用。

봄이 오**거든** 꽃이 핀다. (X)

봄이 오**면** 꽃이 핀다. (O)

春天花会开。

여름이 되**거든** 날씨가 더워진다. (X)

여름이 되**면** 날씨가 더워진다. (O)

到了夏天，天气就会变热。

'-거든'은 주로 명령문이나 청유문에 쓰이고, 의지나 추측, 계획 등을 나타내는 '-겠다', '-(으)ㄹ 것이다' 등과 같이 쓰인다. '-(으)면'은 종결형에 제한이 없으며 '-거든'보다 더 많이 쓰인다.

'-거든'的后句一般为命令句、共动句，或是表示意志、推测、计划的'-겠다', '-(으)ㄹ 것이다'句子。但是'-(으)면'的后半句终结语尾没有任何限制条件，使用范围更广。

㈑ 시험에 합격하**면** 저녁을 삽니다. (O)

시험에 합격하**거든** 저녁을 삽니다. (X)

考试合格的话就买晚饭。

수업이 끝나**거든** 아르바이트를 해요. (X)
수업이 끝나**면** 아르바이트를 해요. (O)
下课后打工。

연습해 보세요.

(1) 나는 아이스크림을 먹(거든/으면) 배가 아파요.

(2) 비가 (오거든/오면) 기분이 좋아진다.

45. '-(ㄴ/는)다고 해도' & '-아/어 봤자'

문법 설명	**'-(ㄴ/는)다고 해도'** 앞 절의 내용에 구애를 받지 않고 뒤 내용을 주장할 때 쓴다. 表示后句内容不受前句的影响。 **-아/어 봤자** 앞말이 나타내는 행동이나 상태가 이루어지더라도'의 뜻을 나타내는데 대체로 뒤에는 부정적인 내용이 이어진다. 表示即使尝试做前句中的行动，也不会达到预期，还是会出现后句中消极的情况。
공통점	**어떤 일을 가정함을 나타낸다는 표현으로 두 문법은 의미가 비슷하다.** 两个语法都有表示假设的意思。 ㉠ 성형수술을 해서 예뻐**진다고 해도** 안 할 거예요. (O) 　성형수술을 해서 예뻐 **봤자** 안 할 거예요. (O) 　即便说做了整形手术会变漂亮，我也还是不会做。 　안 좋은 말을 하고 후회**한다고 해도** 이미 해 버린 말을 취소할 수는 없다. (O) 　안 좋은 말을 하고 후회**해 봤자** 이미 해 버린 말을 취소할 수는 없다. (O) 　说了不好听的话以后即使后悔，也已经收不回来了。
차이점	**'-(ㄴ/는)다고 해도'의 뒤 절은 긍정문과 부정문이 다 허용되는 반면에 '-아/어 봤자'의 뒤 절은 보통 부정적인 결과를 초래하는 문장이다.** '-(ㄴ/는)다고 해도'后句可以接肯定或者否定意义的句子，但是 '-아/어 봤자' 一般后句为否定意义的句子。 ㉠ 공부 안 **한다고 해도** 시험에 붙을 거야. (O) 　공부 안 **해 봤자** 시험에 붙을 거야. (X)

即使不学习也会通过考试的。

6급을 통과**한다고 해도** 나 계속 공부할 거야. (O)
6급을 통과**해 봤자** 나 계속 공부할 거야. (X)
即使6级过了，我也会继续学习的。

연습해 보세요.

(1) 졸업을 못 (한다고 해도/해 봤자) 나 결혼할 거야.

(2) 당신은 나를 사랑하지 않(는다고 해도/아 봤자) 나 당신을 사랑할 거야.

46. '-느니' & '-(으)ㄹ 바에'

문법 설명	**-느니** 앞 상황이나 행위보다는 뒤 상황이나 행위가 차라리 더 나음을 나타내는 데 뒤에 상황, 행위도 썩 만족스럽지는 않은 경우이며, 따라서 뒤 절에 '차라리, 아예'를 자주 쓴다. 表示与前面的状况或行为相比, 选择后面的内容更好。如果后面的内容也不是十分理想, 则可以加上副词'차라리, 아예'。 **-(으)ㄹ 바에** 앞 절에서 나타내는 일이 뒤 절에서 나타내는 일보다 못하다고 여겨 앞 절의 내용을 거부하고 뒤 절의 내용을 선택하는데 최선의 선택은 아니지만 앞 절의 내용이 워낙 기대에 못 미치므로 어쩔 수 없다는 뜻 을 나타낸다. 表示说话者认为前面句子的内容远不如后句的内容, 从而拒绝前句选择后句, 但是即使选择了后句, 也未必是最好的选择, 可能是不得已情况下做出的决定。
공통점	**'-(으)ㄹ 바에'가 '앞의 내용보다 뒤의 내용이 더 낫다'는 의미를 나타낼 때는 '-느니'와 의미가 비슷해서 바꿔 쓸 수 있다.** 两个语法都有表示"与前面内容相比后句的内容更好"的意思。 ㉔ 여기서 기약 없이 기다릴 **바에** 직접 가서 물어보자. (O) 　여기서 기약 없이 기다리**느니** 직접 가서 물어보자. (O) 　与其在这茫然地等待, 不如直接过去问问。 　다른 사람과 결혼하**느니** 차라리 평생 혼자 살겠어. (O) 　다른 사람과 결혼할 **바에** 차라리 평생 혼자 살겠어. (O) 　与其和其他人结婚, 不如我自己过一辈子。
차이점	**'-(으)ㄹ 바에'는 '앞의 내용보다 뒤의 내용이 더 낫다'는 의미를 나타낼 때 '-느니'와 서로 바꿔 쓸 수 있지만 '어차피 그러할 상황이라면'의 의미를 나타낼 때는 바꿔 쓸 수 없다.**

'-(으)ㄹ 바에'在表示"比起前面的内容后面内容更好"的意思时，可以与互换使用。但是，在表示"既然如此就尽量"的意思时，意义不同不能互换使用。

> 예 기왕 일을 **할 바에는** 최선을 다 해서 열심히 하자. (O)
> 기왕 일을 하**느니** 최선을 다 해서 열심히 하자. (X)
> 既然要做，那咱们就尽全力做好吧。
>
> 어차피 죽**을 바엔** 무엇이든 그가 좋아하는 것을 먹이는 것이 좋다. (O)
> 어차피 죽**느니** 무엇이든 그가 좋아하는 것을 먹이는 것이 좋다. (X)
> 总之要死去，不管什么东西给他吃点他喜欢的比较好。

연습해 보세요.

(1) 어차피 (헤어질 바에/헤어지느니) 좋은 말을 할 때 헤어지자.

(2) 이 일을 맡게 (될 바에/되느니) 최선을 다해서 잘해 보자.

47. '-는 한' & '-(으)면'

문법 설명	**-는 한** 뒤의 행위나 상태에 대해 전제나 조건이 됨을 나타낸다. 表示前面内容是后面行为或状态的前提条件。 **-(으)면** 뒤의 내용에 대한 조건임을 나타낸다. 일반적으로 분명한 사실을 어떤 일에 대한 조건으로 말하거나, 뒤의 사실이 실현되기 위한 단순한 근거나 수시로 반복되는 상황에 대한 조건을 말할 때 쓴다. 表示前句是后面内容的条件。一般把明确的事实作为发生某事的条件，或者是为了实现后一事实将单纯的依据或随时可以重复的情况作为条件。
공통점	**두 문법이 모두 '조건'이나 '전제'의 뜻을 나타낸다.** 两个语法都可作为前提条件使用。 ⑩ 저 태양이 사라지지 않는 한 나는 너를 사랑할 것이다. (O) 저 태양이 사라지지 않**으면** 나는 너를 사랑할 것이다. (O) 只要太阳不消失，我就会永远爱你。 그 서류를 제출하지 않**는 한** 접수는 받지 못할 것이다. (O) 그 서류를 제출하지 않**으면** 접수는 받지 못할 것이다. (O) 如果不交那份材料的话，就没法接受报名。
차이점	**'-는 한'은 앞 말의 동작이나 상태가 계속되는 '조건에서는, 동안에는'의 뜻을 나타내며 대부분 미래를 가정하는 것이 아니라 현재 행해지고 있는 행동이다. '-(으) 면'은 분명한 사실을 조건으로 하여 말하며 현재나 미래에 모두 쓴다.** '-는 한'指在前句中的动作或状态持续的条件下、时间里"，主要是以现在的状况作为假设的条件，不假设未来发生的事情，而'-(으)면'一般是将明显的事实作为假设的条件，且没有时间上的限制。

⑩ 내일 시간이 없**는 한** 다음에 만나요. (X)
내일 시간이 없**으면** 다음에 만나요. (O)
明天没有时间的话，咱们下次再见吧。
다음 주 비가 내리**는 한** 행사를 취소하자. (X)
다음 주 비가 내리**면** 행사를 취소하자. (O)
下周下雨的话我们就取消活动吧。

**'-는 한'은 형태가 유일하며 동사 뒤에 붙어 사용하는데 '-(으)면'은
동사나 형용사 뒤에 모두 쓸 수 있다.**
'-는 한'只有一个形态且主要用在动词词干后面，而'-(으)면'对前
面的词性没有限制。

⑩ 모두 모**인 한** 회의를 시작합시다. (X)
모두 모이**면** 회의를 시작합시다. (O)
人都到齐了的话现在开始开会。

그 여자는 키가 **큰 한** 한번 만나 보죠. (X)
그 여자는 키가 크**면** 한번 만나 보죠. (O)
那个女人个子高的话就见个面吧。

연습해 보세요.

(1) 다 먹었(는 한/으면) 가지요.

(2) 며칠 있(는 한/으면) 설이네.

48. '-는 한이 있더라도' & '-(ㄴ/는)다고 하더라도'

문법 설명	**-는 한이 있더라도** 뒤의 행위를 위하여 앞에 오는 상황이 희생하거나 무릅써야 할 극단 적인 상황임을 나타낸다 表示说话者为了后面的行为，不惜牺牲前句中的状况做出极端的 举动。 **-(ㄴ/는)다고 하더라도** 앞 절의 내용에 구애를 받지 않고 뒤 내용을 주장할 때 쓴다. 表示后句主张的内容不受前句的影响。
공통점	**두 문법은 모두 앞의 상황을 가정하고 뒤의 행위를 할 의지가 매우 강하다는 뜻을 나타낸다.** 两个语法都表示即使出现前面的情况，做后面行为的意志仍然非 常强烈的意思。 ㉖ 사표를 쓰**는 한이 있더라도** 다른 회사의 디자인을 베끼는 일은 절대로 할 수 없다. (O) 사표를 **쓴다고 하더라도** 다른 회사의 디자인을 베끼는 일은 절대 로 할 수 없다. (O) 哪怕是写辞呈，也绝对不去抄袭别公司的设计。 뼈마디가 가루가 되**는 한이 있더라도** 국가를 위해서라면 몸과 마 음을 바쳐야 된다는 생각뿐이었다. (O) 뼈마디가 가루가 **된다고 하더라도** 국가를 위해서라면 몸과 마음 을 바쳐야 된다는 생각뿐이었다. (O) 我只想哪怕粉身碎骨，也要为了国家奉献全部身心。
차이점	**'-는 한이 있더라도' 중에는 '한'자가 들어 있어서 '한계'나 '극한'의 뜻 이 포함되어 있기에 '-(ㄴ/는)다고 하더라도'보다 말하는 사람이 어떤 일을 꼭 하겠다는 의지가 훨씬 더 강하다.** '-는 한이 있더라도'中包含着"限"一字, 蕴含"极限", "界限"的意思,

说话者提出假设的条件更加苛刻、残酷，因此与'-(ㄴ/는)다고 하더라도'相比说话者要做某事的决心和意志要更加强烈。

> 예) 점심을 안 먹**는 한이 있더라도** 이 책을 다 읽겠습니다.(?)
> 점심을 안 먹**는다고 하더라도** 이 책을 다 읽겠습니다. (O)
> 即使不吃午饭也要读完这本书。
>
> 죽**는다고 하더라도** 조국을 위해 적과 싸우겠다. (O)
> 죽**는 한이 있더라도** 조국을 위해 적과 싸우겠다. (의지가 더 강함) (O)
> 宁死也要为祖国与敌人战斗。

'-는 한이 있더라도'는 가정하는 내용은 주로 말하는 사람이 뒤의 내용을 실현시키기 위해서 치르는 대가를 나타내는데 '-(ㄴ/는)다고 하더라도'는 자기의 상황 뿐만 아니라 다른 상황도 포함된다.
'-는 한이 있더라도'前面假设的内容主要是说话者为了实现后句的内容而付出的惨重代价，'-(ㄴ/는)다고 하더라도'前面假设的内容不止可以是说话者自身的情况，也包括其他情况。

> 예) 부모님이 반대**한다고 하더라도** 그 사람과 결혼하고 말겠다. (O)
> 부모님이 반대하**는 한이 있더라도** 그 사람과 결혼하고 말겠다. (X)
> 即使说父母反对，我也要和他结婚。
>
> 폭우가 내린**다고 하더라도** 내일 그 행사에 꼭 가겠습니다. (O)
> 폭우가 내리**는 한이 있더라도** 내일 그 행사에 꼭 가겠습니다. (X)
> 即使下暴雨，明天也一定去参加那个活动。

연습해 보세요.

(1) 얼굴이 아무리 (예쁘다 하더라도/예쁜 한이 있더라도) 마음씨가 안 착하기 때문에 나는 그녀를 좋아하지 않는다.

(2) 아무리 그 학생은 나이가 (어리다고 하더라도/어린 한이 있더라도) 프로선수도 못지 않게 수영을 너무 잘 하더라.

49. '-더라도' & '-아/어도'

문법 설명	**-더라도** 부정적이거나 극단적인 상황 혹은 뒤의 내용을 보장하기 어려운 경우를 가정할 때 쓴다. 앞 절은 단순히 가정한 내용일 수도 있고 현재 상황을 인정하는 내용일 수도 있다. 说话者对否定意义的、极端的或是难以保证的情况进行假设说明。前句可以是假设的虚构内容，也可以是现实的情况。 **-아/어도** 앞선 행위나 상태와 관계없이 꼭 뒤의 일이 있음을 나타낸다. 表示与前面的行为或状态无关，一定会发生后面的事情。
공통점	**가정이나 양보의 뜻을 나타낸다는 점에서 비슷하다.** 在表示假设或让步的意思上两个语法相似。 ㉔ 날씨가 추**워도** 학교에 갈 거예요. (O) 　　날씨가 춥**더라도** 학교에 갈 거예요. (O) 　　即使天气严寒，我也要去上学。 　　시간이 지나**더라도** 너를 잊지 못 하겠어. (O) 　　시간이 지**나도** 너를 잊지 못 하겠어. (O) 　　时间流转，我也不会忘记你的。
차이점	**'-더라도'는 '-아/어도'보다 더 가정적이며 실현 가능성이 적다.** '-더라도'比'-아/어도'表示假设的语气更加强烈、实现的可能性也更小。 ㉔ 내일 좀 늦**더라도** 되겠어요? (X) 　　내일 좀 늦**어도** 되겠어요? (O) 　　明天晚来一会可以吗？ 　　이 빵은 내가 먹**어도** 돼요? (O) 　　이 빵은 내가 먹**더라도** 돼요? (X)

这面包我吃行吗？

'-아/어도'는 앞 절의 일이 일어난 상황과 일어나지 않은 상황에서 모 두 사용할 수 있는 반면 '-더라도'는 앞 절의 일이 아직 일어나지 않은 상황에서만 사용한다.
'-아/어도'假设的前句可以是已经发生的情况， 也可以是未发生的情况，但是'-더라도'通常假设的是还未发生的状况。

> 예) 날씨가 춥**더라도** 학교에 갔어요. (X)
> 날씨가 추**워도** 학교에 갔어요. (O)
> 即使天气严寒，也去上学了。
>
> 이번 어린이날에는 비가 왔**더라도** 소풍을 갔다. (X)
> 이번 어린이날에는 비가 왔**어도** 소풍을 갔다. (O)
> 这次儿童节虽然下雨了，但还是去郊游了。

연습해 보세요.

(1) 열심히 공부했(어도/더라도) 시험에 떨어지고 말았다.

(2) 오전 10시 이후로 환자를 면회(해도/하더라도) 좋아요.

50. '-았/었다 하면' & '-았/었다면'

문법 설명	**-았/었다 하면** 앞 절의 행동을 하면 반드시 뒤 절의 행동을 하게 되었을 때 쓴다. 表示只要做了前面的行动，就一定会发生后面的动作。 **-았/었다면** 과거에 하지 않은 일을 가정하여 뒤에 어떤 결과가 나타날 것을 예상할 때 쓴다. 用于假设过去没有做过的事情，设想可能会出现的结果。
공통점	**두 문법은 모두 가정의 뜻을 나타낸다.** 两个语法都表示假设。 ⑩ 친구를 **만났다 하면** 늦게 돌아올 거야. (O) 　 친구를 **만났다면** 늦게 돌아올 거야. (O) 　 见朋友的话就可能会晚回。 　 그 가게에 **갔다 하면** 꼭 옷 한 벌을 살 거야. (O) 　 그 가게에 **갔다면** 꼭 옷 한 벌을 살 거야. (O) 　 去店里的话就一定买套衣服。
차이점	**'-았/었다 하면'은 과거나 현재 상관없이 모든 시제에 다 가정할 수 있지만 '-았/었다면'은 과거에 하지 않은 일만 가정할 수 있다.** '-았/었다 하면'假设的对象可以是过去也可以是现在，与时态无关，但是'-았/었다면'只能假设过去没有做的事情。 ⑩ 그는 버스를 **탔다 하면** 으레 졸려요. (O) 　 그는 버스를 **탔다면** 으레 졸려요. (X) 　 他只要一坐公交车就犯困。 　 그녀는 친구를 **만났다 하면** 으레 늦게 들어와요. (O) 　 그녀는 친구를 **만났다면** 으레 늦게 들어와요. (X) 　 她只要一见朋友就晚归。

'-았/었다 하면'은 습관적인 일에 대해 가정하여 '으레, 항상' 등 부사와 같이 쓰이는 게 자연스럽고 '-았/었다면'은 과거에 한 번만 하지 않은 일에 대해서 가정할 수도 있다.

'-았/었다 하면'假设的是习惯性的事情, 常与'으레, 항상'等副词一起使用, 但是'-았/었다면'一般只假设过去发生过一次的事情。

㉠ 민선 씨가 어제 한국에 **왔다 하면** 오늘 학교에 갔을 거야. (X)
미선 씨가 어제 한국에 **왔다면** 오늘 학교에 갔을 거야. (O)
美善如果昨天来韩国的话, 今天就去学校了。

그때 내가 귀국하지 않**았다 하면** 그 영국 남자와 결혼했을 것이다. (X)
그때 내가 귀국하지 않**았다면** 그 영국 남자와 결혼했을 것이다. (O)
那时如果我没回国的话, 可能就与那个英国男人结婚了。

연습해 보세요.

(1) 어제 날씨가 좋았(다 하면/다면) 아이들과 나들이를 갔을 거야.

(2) 그는 고등학교 동창들과 만났(다 하면/다면) 으레 술을 마셔요.

51. '-았/었다 하면' & '-을/ㄹ라치면'

문법 설명	**-았/었다 하면** 앞 절의 행동을 하면 반드시 뒤 절의 행동을 하게 되었을 때 쓴다. 表示只要做了前面的行动, 就一定会发生后面的动作。 **-을/ㄹ라치면** 과거에 경험한 사실을 조건으로 삼을 때 으레 뒤의 상황이 일어남을 나타낸다. 즉 무슨 일을 하려고 생각하거나 의도할 때 뒤의 상황이 일어나 그 생각대로 할 수 없음을 나타낸다. 表示以过去经历的事实作为条件时, 通常会出现后面的状况。 即想要做某事时就会出现后面的状况, 不能按照计划进行。
공통점	**두 문법이 모두 앞의 행동을 한다고 하면 으레 뒤의 사실이 일어남을 나타낸다.** 两个语法都表示只要一做前面行动, 就会习惯性地出现后面的事实。 ㉔ 친구를 한번 만**났다 하면** 항상 날씨가 안 좋아서 실내에서만 이야기할 수밖에 없다. (○) 친구라도 **만날라치면** 항상 날씨가 안 좋아서 실내에서만 이야기할 수밖에 없다. (○) 只要一见朋友, 通常就会天气不好, 只能在室内聊天。 낮잠을 **잤다 하면** 아이가 깨서 운다. (○) 낮잠이라도 **잘라치면** 아이가 깨서 운다. (○) 只要一睡觉, 孩子就会醒来哭闹。
차이점	**'-을/ㄹ라치면'은 주어가 어떤 일을 하려고 할 때 뒤의 예상치 못한 행동이 발생해서 그 의도를 성취하게 하지 못함을 나타낸다. 그러나 '-았/었다 하면'은 앞문장이 주어의 의도나 생각과 상관없어도 되기 때문에 뒷문장은 긍정적이거나 부정적인 문장과 모두 어울린다.** '-을/ㄹ라치면'用于表示主语只要一想要做某件事就会习惯性地

出现后面意想不到的行为从而阻止主语该意图的实现，但是'-았/었다 하면'前句叙述的事实可以与主语的主观意志无关，所以后句可以是肯定意义的句子也可以是否定意义的句子。

> ㉠ 그 사람은 약속을 **했다 하면** 항상 예쁘게 꾸민다. (○)
> 그 사람은 약속이라도 **할라치면** 항상 예쁘게 꾸민다. (X)
> 那人只要一约会，就会精心打扮。
>
> 시험을 **봤다 하면** 늘 수석이다. (○)
> 서험이라도 **볼라치면** 늘 수석이다. (X)
> 只要一考试就是第一。

'-을/ㄹ라치면'은 앞에 항상 '-(이)라도'와 같이 쓰면 어울리는데 '-았/었다 하면'은 그런 제약이 없다.
'-을/ㄹ라치면'前面通常与助词'-(이)라도'一起搭配使用，但是'-았/었다 하면'没有这样的限制。

> ㉠ 저는 지하철에서 자리에 앉**았다 하면** 다른 사람이 와서 앉는다. (○)
> 저는 지하철에서 자리에 앉**을라치면** 다른 사람이 와서 앉는다. (?)
> 我只要一坐在地铁上，就打盹。
>
> 간식을 먹었다 하면 동생이 와서 빼앗아 간다. (○)
> 간식을 먹을라치면 동생이 와서 빼앗아 간다. (?)
> 只要一吃零食，弟弟就来抢走。

연습해 보세요.

(1) 그 아이가 집 청소를 (했다 하면/할라치면) 으레 엄마한테 칭찬을 받곤 한다.

(2) 그 사람은 무대에 가서 노래를 (했다 하면/할라치면) 으레 관중들한테 기립 박수를 받는다.

52. '-았/었던들' & '-았/었더라면'

문법 설명	**-았/었던들** 지난 사실을 현재와 다르게 가정할 때 쓴다. 아쉽거나 후회스러운 일에 쓴다. 对于过去发生的事情，假设与当时发生的事实相反，假设会出现什么结果。主 要对于过去发生事情的后悔或者无奈惋惜。 **-았/었더라면** 과거의 일에 대해 사실과 반대로 가정해서 뒤에 어떠한 결과가 나타날 것 을 예상할 때 쓴다. 주로 과거의 일에 대한 후회나 안타까움을 나타낸다. 对于过去发生的事情，假设与当时发生的事实相反，假设会出现什么结果。主要对于过去发生事情的后悔或者无奈惋惜。
공통점	**두 문법은 모두 지난 사실을 현재와 다르게 가정하여 추측할 때, 그리고 과거 일에 대한 후회나 아쉬움을 나타낼 때 쓰일 수 있다.** 两个语法都用在假设过去发生与现实不同的事实时推测会有怎样的结果，以及说话者对过去事情的后悔、惋惜之意。 ㉠ 조금만 더 노력**했던들** 성공했을 거야. (O) 조금만 더 노력**했더라면** 성공했을 거야. (O) 如果再努力一点的话，就成功了。 어머니의 도움이 아니**었던들** 내가 지금처럼 성공하지는 못했을 것이다. (O) 어머니의 도움이 아니**었더라면** 내가 지금처럼 성공하지는 못했을 것이다. (O) 如果不是妈妈的帮助，我不会像现在这样成功。
차이점	**'-았더라면'은 후회, 아쉬움, 다행스럽게 생각하는 것에 모두 사용할 수 있지만 '-았/었던들'은 다행스럽게 생각하는 것에는 쓰지 않는다.** '-았더라면'可以用在表示后悔、遗憾或者庆幸意味的句中，但是'-

았/었던들'不能用在表示庆幸语气的句中。

例 운동을 안 **했더라면** 아주 뚱뚱해 졌을 거예요. (O)
운동을 안 **했던들** 아주 뚱뚱해 졌을 거예요. (X)
如果不运动的话, 肯定会变得很胖。
그 약을 모르고 먹**었더라면** 부작용이 생겼을 거예요. (O)
그 약을 모르고 먹**었던들** 부작용이 생겼을 거예요. (X)
如果不知道吃了那个要的话, 就会产生副作用了。

연습해 보세요.

(1) 그때 네가 안 왔(던들/더라면) 큰일 날 뻔했다.

(2) 그때 병원으로 옮겨갔(던들/더라면) 어떻게 됐을까?

53. '-(으)ㄴ/는데도' & '-고도'

문법 설명	**-(으)ㄴ/는데도** 앞의 상황에 상관없이 뒤의 동작이나 상황이 일어남을 나타낸다. 表示后句中出现的结果是在前句的背景情况下根本无法想象的。 **-고도** 앞의 사실이나 느낌에 상반되거나 또 다른 특성이 이어짐을 나타낸다. 表示后句做了与前句行动或者事实相反的行动，或者出现了始料未及的结果。
공통점	**두 문법은 모두 뒤 절 내용이 앞 절 내용과 반대되거나 예상하지 못한다는 뜻이 있다.** 两个语法都有前、后两句内容相反，或者后句内容是预想不到的意义。 ㉠ 도와줬**는데도** 나쁜 소리를 들으니까 너무 속상해요. (O) 　 도와주**고도** 나쁜 소리를 들으니까 너무 속상해요. (O) 　 帮了忙反倒听到不好的话，真是伤心。 　 김 감독은 슬픈**데도** 아름다운 사랑 이야기를 영화로 만들었다.(O) 　 김 감독은 슬프**고도** 아름다운 사랑 이야기를 영화로 만들었다.(O) 　 金导演将悲伤却又唯美的爱情故事制作成了电影。
차이점	**'-고도'는 앞에 '-았/었-', '-겠-' 등이 쓰이지 못하지만 '-(으)ㄴ/는데도'는 쓸 수 있다.** '-고도'前面不与'-았/었-', '-겠-'一起使用，但是'-(으)ㄴ/는데도'没有此限制。

ⓔ 몇 번이나 연습했**고도** 또 실수를 해 버렸어요. (X)
몇 번이나 연습했**는데도** 또 실수를 해 버렸어요. (O)
练习了好几次，还是失误了。

도와 줬**고도** 좋은 말을 못 들어서 속상하다. (X)
도와 줬**는데도** 좋은 말을 못 들어서 속상하다. (O)
帮了忙也没听到什么好话，很伤心。

**'-고도'는 명령형이나 청유형 문장에 쓸 수 있지만 '-(으)ㄴ/는데도'
는 쓸 수 없다.**
'-고도'不能用在命令句或者共动句中，但是'-(으)ㄴ/는데도'没有
限制。

ⓔ 시험을 못 보**고도** 신하게 놀자. (X)
시험을 못 보**는데도** 신나게 놀자. (O)
考试没考好也尽情地玩吧。

부르는 소리를 듣**고도** 못 들은 척하세요. (X)
부르는 소리를 듣**는데도** 못 들은 척하세요. (O)
即使听到了叫的声音，也装作没听到吧。

연습해 보세요.

(1) 그는 실수를 했(고도/는데도) 사과하지 않았다.

(2) 철수는 재미있(고도/는데도) 감동적인 소설책을 많이 알고 있다.

54. '-(으)ㄹ지라도' & '-아/어도'

문법 설명	**-(으)ㄹ지라도** 앞 절과 같은 어려움이나 바람직하지 못한 상황이 예상되지만 그것을 감수하고 뒤 절의 상황을 선택하겠다는 의지를 말할 때 쓴다. 表示说话者虽有困难或不理想的情况, 但是甘愿忍受, 立志选择后句内容。 **-아/어도** 앞선 행위나 상태와 관계없이 꼭 뒤의 일이 있음을 나타낸다. 与前面的行为或状态无关, 一定会发生后面的事情。
공통점	**두 문법 모두 앞 절의 사실을 인정하면서 그에 구애를 받지 않는 사실을 이어 말할 때에 쓴다.** 两个语法都有既承认前面的事实, 同时又不妨碍做后句发生的事情的意思。 ⑩ 마음에 걱정이 **있을지라도** 내색하지 않을 것이다. (O) 　마음에 걱정이 **있어도** 내색하지 않을 것이다. (O) 　即使很担心, 也不会表现出来。 　주말에 학교에 **갈지라도** 교과서를 받을 수 없다. (O) 　주말에 학교에 **가도** 교과서를 받을 수 없다. (O) 　即使周末去学校, 也拿不到教科书。
차이점	**'-(으)ㄹ지라도'는 어떤 미래의 일에 대하여 '그렇다고 가정하더라도'의 뜻을 나타낸다. 그러나 '-아/어도'는 시간상 제한이 없다.** '-(으)ㄹ지라도'主要表示对现在或将来要发生的事情的推测性让步, 而'-아/어도'对过去、现在或是将来发生的事情都适用。 ⑩ 어제 비가 **왔을지라도** 등산객들이 등산을 갔다. (X) 　어제 비가 **왔어도** 등산객들이 등산을 갔다. (O) 　尽管昨天下着雨, 登山爱好者也去爬山了。

이번 학교 축제 때 날씨가 안 좋았**을지라도** 행사를 취소하지 않았다. (X)

이번 학교 축제 때 날씨가 안 좋았**어도** 행사를 취소하지 않았다. (O)

这次学校庆典时，即使天气不好也没有取消活动。

'-(으)ㄹ지라도'의 뒤 절은 보통 주어의 강한 의지를 나타내는데 '-아/어도'는 그런 제한이 없다.

'-(으)ㄹ지라도'后句主要表示主语有强烈的意志要做某事，而'-아/어도'没有这样的限制。

㉞ 심하게 싸**워도** 말을 걸면 바로 풀리더라. (O)

심하게 싸**울지라도** 말을 걸면 바로 풀리더라. (X)

即使吵得再厉害，只要一搭话，马上就好了。

구름이 많이 껴 있**어도** 비가 안 내린다. (O)

구름이 많이 껴 있**을지라도** 비가 안 내린다. (X)

即使云很多，也不下雨。

연습해 보세요.

(1) 아무리 먹(어도/을지라도) 배가 부르지 않네요.

(2) 작년만 (해도/할지라도) 여기에 큰 빌딩이 없었는데 참 많이 변했군요.

55. '-(으)면' & '-ㄴ/는다면'

문법 설명	**-(으)면** 뒤의 내용에 대한 조건임을 나타낸다. 일반적으로 분명한 사실을 어떤 일에 대한 조건으로 말하거나, 뒤의 사실이 실현되기 위한 단순한 근거나 수시로 반복되는 상황에 대한 조건을 말할 때 쓴다. 表示是对后面内容的条件。一般把明确的事实作为对某事的条件，或者是为了实现后一事实的单纯根据或对随时反复的情况的条件。 **-(ㄴ/는)다면** 어떤 상황을 가정하여 그 조건에 따라 다른 어떤 행위를 하거나 다른 어떤 상태에 있음을 진술할 때 쓴다. 表示假设某种情况，根据其条件陈述会做出某种行为或陈述会处于另一种状态。
공통점	**조건이나 가정의 뜻을 나타낸다는 점에서 비슷하다.** 两者都表示条件或假设的意思。 ⑩ 철수가 학교에 가**면** 나도 가겠다. (O) 철수가 학교에 **간다면** 나도 가겠다. (O) 哲洙去学校的话我也去。 철수가 안 먹**으면** 내가 먹을 거야. (O) 철수가 안 먹**는다면** 내가 먹을 거야. (O) 哲洙不吃的话我就吃。
차이점	**'-(ㄴ/는)다면'는 '-(으)면'보다 가정적인 의미가 더 강하며 실현 가능성이 더 낮다.** -(ㄴ/는)다면'表示假设的意味更强烈，实现的可能性更小。 ⑩ 내일 지구가 폭발**한다면** 오늘 뭘 하려고 해요? (가정적인 의미가 더 강함) (O)

明天地球爆炸的话，今天你想干什么？（假设的意味更强）

내가 안 가**면** 네가 가는 거야? (O)

我不去的话，你要去吗？

'-(ㄴ/는)다면'은 누군가가 어떤 의사를 밝히는 경우를 가정할 때 쓰는 '-(ㄴ/는)다고 하면'의 줄어든 표현으로 나타나면 '-(으)면'과 바꿔 쓸 수 없다.

'-(ㄴ/는)다면'作为'-ㄴ/는다고　　하면'的缩略形在强调某人假设 "说……的话"意思时，两者不可互相替换使用。

⑩ 바쁜 네가 우리 집에 오**면** 당장 데리러 갈게. (X)

바쁜 네가 우리 집에 **온다면** 당장 데리러 갈게. (O)

你这个大忙人说要来我家的话我立马去接你。

네가 고아원에 봉사하러 가**면** 누가 믿겠니? (X)

네가 고아원에 봉사하러 **간다면** 누가 믿겠니? (O)

你说去孤儿院当义工，谁会相信？

연습해 보세요.

(1) 네가 김치를 잘 먹(으면/는다면) 누가 그 말을 믿겠니?

(2) 그 학생이 숙제를 아예 안 했(으면/다면) 선생님이 안 믿을 것이다.

56. '-(이)나마' & '-(이)라도'

문법 설명	**-(이)나마** 어떤 상황이 이루어지거나 어떻다고 말하기에는 부족한 조건이지만 아쉬 운 대로 인정함을 나타낸다. 表示说话者内心不是很满意也却表示出宽容、认可的态度。 **-(이)라도** 마음에 썩 들지는 않으나 그런대로 괜찮음을 나타낸다. 表示虽然不是特别满意，但是也还能将就。
공통점	두 문법은 모두 양보의 의미로 최선이 아닌 것을 선택함을 나타낸다. 两个语法都有让步的意味。 ⑩ 비닐 우산**이나마** 쓰고 갑시다.(O) 　 비닐 우산**이라도** 쓰고 갑시다.(O) 　 哪怕是塑料伞，也打着走吧。 　 편견을 조금**이나마** 벗겨내고 그들 관점에서 세상을 바라보고 싶었다.(O) 　 편견을 조금**이라도** 벗겨내고 그들 관점에서 세상을 바라보고 싶었다.(O) 　 摆脱哪怕是一丁点的偏见，想站在他们的观点上审视这个世界。
차이점	'-(이)나마'의 경우는 더 좋은 선택이 없지만 그래도 낙관적이고 다행스러운 느낌이 있다. '-(이)라도'는 썩 좋은 것은 아니나 그런대로 괜찮음을 나타내 태도가 더 소극적이다. -(이)나마'表示虽然没有更好的选择，但是说话者仍抱有庆幸和乐观的心态。'-(이)라도'有说话者虽然认为不是最好的选择，但是也可以将就，心态更消极。 ⑩ 돈이 없으면 물건**이나마** 주세요.(X)

돈이 없으면 물건**이라도** 주세요. (O)
没钱的话，就给点东西吧。

정장이 없지만 와이셔츠**나마** 있어서 다행이에요. (O)
정장이 없지만 와이셔츠**라도** 있어서 다행이에요. (X)
虽然没有正装，但幸好有衬衫。

또한, '누구, 무엇, 무슨, 언제, 어디, 어떤' 등 의문사와 같이 어울릴 때는 '-(이)라도'는 쓸 수 있지만 '-(이)나마'는 쓸 수 없다.
并且，'-(이)라도'可以与'누구, 무엇, 무슨, 언제, 어디, 어떤'等疑问词一起使用，但是'-(이)나마'不可以。

㉖ 누구**라도** 오거든 이 편지를 전해 줘요. (O)
누구**나마** 오거든 이 편지를 전해 줘요. (X)
不管是谁来了，请把这封信转交一下吧。

질문이 있으면 언제**라도** 연락해 주세요.(O)
질문이 있으면 언제**나마** 연락해 주세요.(X)
如果有问题，请随时联系我。

연습해 보세요.

(1) 콜라가 없으면 물(이나마/이라도) 주세요.

(2) 썩 마음에 안 들더라도 좀 웃기(나마/라도) 하세요.

이유 원인 理由 原因

두 문장을 '이유 원인'의 의미로 이어 주는 문법에는 '-아/어서, -(으)니까, -(으)므로, -느라고' 등이 있다. 이 문법들은 앞 문장이 뒤 문장의 이유나 원인이 되고 뒤 문장은 그로 인한 결과나 결과와 관련된 내용이 될 때 써 앞뒤 문장을 이유 결과로 이어 준다.

> (37) 가. 너무 힘들<u>어서</u> 더 이상 걸을 수가 없어.
> 나. 이 옷은 좀 작<u>으니</u> 큰 것으로 바꿔 주세요.
> 다. 그렇게 잠만 자<u>니까</u> 살만 찌지.
> 라. 이 물건은 부피가 크지 않<u>으므로</u> 휴대하기 쉬울 겁니다.
> 마. 늦잠을 자<u>느라고</u> 지각을 하고 말았다.

(37가)의 경우 '힘든 것'이 '걸을 수 없는' 이유가 되는 것이고 (37나)의 경우는 '옷이 작은 것'이 이유가 되고, '큰 것으로 바꾸는 것'이 결과와 관련된 내용이 된다. (37다)의 경우는 '살이 찐 것'이 '잠만 잔 것'의 결과이다. (37라)에서는 '물건의 부피가 작은 것'이 이유가 되고 '휴대하기 쉬운 것'이 결과와 관련된 내용이 된다. (37마)에서는 '늦잠을 잔 것'이 이유이며 그 결과 '지각'을 하게 된 것이다. 이때 '-아/어서' 대신 '-아/어'를 쓸 수 있다.

'이유 원인' 부분에서는 '-기에'와 '-기 때문에', '-기에'와 '-길래', '-기에'와 '-아/어서', '-(ㄴ/는)다고'와 '-아/어서', '-는 바람에'와 '-(으)ㄴ/는 통에', '-아/어서'와 '-더니', '-아/어서'와 '-아/어', '-아/어서'와 '-(으)니까', '-(으)ㄴ/는 탓에'와 '-는 바람에', '-(으)ㄴ/는 탓에'와 '-기 때문에', '-(으)로 인해'와 '-때문에', '-(으)므로'와 '-아/어서' 등 근의 문법의 공통점과 차이점에 대해 살펴보겠다.

57. '-기에' & '-기 때문에'

문법 설명	**-기에** 예스러운 표현으로 주로 글에서 쓰여 뒤에 오는 문장의 원인이나 이유, 근거를 나타낸다. 作为古语表现，主要用在书面语中，表示后句的原因、理由、根据。 **-기 때문에** 어떤 일의 원인이나 까닭임을 나타낸다. 表示某件事情的原因或理由。
공통점	**앞 절이 뒤 절의 원인이나 이유, 근거를 나타낸다.** 前句表示后句的原因、理由和根据。 ⑩ 비가 오**기에** 우산을 들고 나갔다. (O) 비가 오**기 때문에** 우산을 들고 나갔다. (O) 因为下雨，所以我拿着雨伞出去了。 일이 많**기에** 시간을 낼 수 없다. (O) 일이 많**기 때문에** 시간을 낼 수 없다. (O) 因为事情多，所以抽不出时间来。
차이점	**'-기에'는 수사 의문문과 잘 어울린다. 그러나 '-기 때문에'는 수사 의문문과 어울려 쓰지 않는다.** '-기에'适用于修辞行反问句中，但是'-기 때문에'不能用于修辞性反问句中。 ⑩ 어제 어디를 갔**기에** 하루 종일 볼 수가 없었어? (O) 어제 어디를 갔**기 때문에** 하루 종일 볼 수가 없었어? (X) 你昨天去哪里了，一整天都见不到你？ 명예가 도대체 뭐**기에** 사람들이 그 것을 추구하기 위해 수단과 방법을 가리지 않다니. (O)

명예가 도대체 뭐이**기 때문에** 사람들이 그 것을 추구하기 위해
수단과 방법을 가리지 않다니. (X)
名誉到底是什么，人们为了追求名誉竟然不择手段。

**'-기에'는 과거 일을 서술할 때 앞 절에 '-았/었-'이 생략되는 것이
자연스럽다. 그러나 '-기 때문에'는 앞 절의 과거 '-았/었-'이 생략되
지 않는 것이 자연스럽다.**
'-기에'表示过去事情时，前面的'-았/었-'通常省略，但是'-기 때문
에'却不能省略'-았/었-'。

㉠ 친구가 부탁하**기에** 그곳에 한번 가 보았다. (O)
친구가 부탁하**기 띠문에** 그곳에 한번 가 보았다. (X)
因为朋友拜托，所以我去那里看了看。

숙제를 다 하**기에** 친구들과 함께 놀이공원에 갔다. (O)
숙제를 다 하**기 때문에** 친구들과 함께 놀이공원에 갔다. (X)
因为作业都写完了，所以跟朋友一起去游乐园了。

연습해 보세요.

(1) 돈이 뭐(기에/기 때문에) 사람들이 그렇게 돈을 좋아하는 걸까?

(2) 사랑이 뭐(기에/기 때문에) 모든 걸 다 포기할 만큼 추구할까.

58. '-기에' & '-길래'

문법 설명	**-기에** 예스러운 표현으로 주로 글에서 쓰여 뒤에 오는 문장의 원인이나 이유, 근거를 나타낸다. 作为古语表现，主要用在书面语中，表示后句的原因、理由、根据。 **-길래** 뒤에 오는 문장의 이유나 원인, 근거를 나타낸다. 表示后句内容的理由、原因、根据。
공통점	**앞 절이 뒤 절의 원인이나 이유, 근거를 나타낸다. 앞 절과 뒤 절의 주어가 달라야 하며, 앞 절의 주어로 1인칭이 잘 오지 않는다.** 两个语法都表示前句是后句内容的原因、理由或者根据。前后句的主语必须是不同的，且前句的主语一般不能是第一人称。 ◉ 아이가 울**기에** 가서 달래 주었다. (O) 　아이가 울**길래** 가서 달래 주었다. (O) 　因为孩子哭了，跑去哄了一下。 　실내가 너무 덥**기에** 창문을 열었어. (O) 　실내가 너무 덥**길래** 창문을 열었어. (O) 　因为室内太热了，把窗户打开了。
차이점	**'-기에'는 주로 글을 쓸 때나 격식적인 상황에서 쓰이고 '-길래'는 주로 말할 때 쓰인다.** '-기에'常用在文章中或正式的场合，而'-길래'则用在口语中。 ◉ 청소년은 학생이**기에** 학업에 충실해야 합니다. (문어에서 더 많이 쓰임) (O) 　青少年是学生，应该忠于学业。 　차가 고장났**길래** 지하철을 타고 병원에 갔지. (구어에서 더 많이

쓰임) (O)
因为车出了故障，所以坐地铁去了医院。

'-기에'는 뒤 절의 주어가 제한이 없는 데 반해 '-길래'는 뒤 절의 주어로 1인칭이 와야 한다. 단, 화자가 공동 관찰자이거나 추측한 내용일 경우에는 뒤 절의 주어로 3인칭도 올 수 있다.
'-기에'后句主语没有人称限制，但是'-길래'后面的主语一定要第一人称。只是，话者为共同观察者或推测时可用第三人称。

㉠ 수지가 울**기에** 민수가 달래 줬다. (O)
수지가 울**길래** 민수가 달래 줬다. (X)
因为秀智哭了，敏洙安慰了她。

꽃이 다 피어 있**기에** 민수가 따냈다. (O)
꽃이 다 피어 있**길래** 민수가 따냈다. (X)
因为看到花开了，所以敏洙摘了下来。

연습해 보세요.

(1) 아이가 울(기에/길래) 어머니가 달래 주셨다.

(2) 아들이 장학금을 받았(기에/길래) 부모님이 기뻐하셨다.

59. '-기에' & '-아/어서'

문법 설명	**-기에** 뒤에 오는 문장의 원인이나 이유, 근거를 나타낸다. 表示前句是后句的原因或者理由。 **-아/어서** 앞선 행위나 상태가 원인이나 이유임을 나타낸다. 表示前面的行为或状态是后句的原因或理由。
공통점	**두 문법은 모두 원인이나 이유를 나타낼 때 쓴다.** 两个语法都有原因或理由的意思。 ⑩ 친구가 학교에 가**기에** 나도 따라갔어요. (O) 　친구가 학교에 **가서** 나도 따라갔어요. (O) 　因为朋友要去学校，所以我也跟着去了。 　비가 오**기에** 소풍을 가지 못하게 됐다. (O) 　비가 **와서** 소풍을 가지 못하게 됐다. (O) 　由于下雨所以不能去郊游了。
차이점	**'-기에'는 주로 격식체로 쓰이지만 '-아/어서'는 말할 때나 글을 쓸 때 모두 잘 쓰인다.** '-기에'主要用在格式体中，但是'-아/어서'口语或书面中都使用。 ⑩ 비가 오**기에** 행사를 취소했습니다. (격식체로 더 많이 쓰임) (O) 　因为下雨，取消了活动。(更多地用在格式体中) 　비가 **와서** 행사를 취소했습니다. (격식체나 비격식체로 모두 쓰임) (O) 　비가 **와서** 행사를 취소했어. (O) 　因为下雨，取消了活动。(格式体与非格式体都适用) **'-기에'는 과거 '-었-', 추측 '-겠-'과 결합할 수 있지만 '-아/어서'는**

결합하지 못한다.

'-기에'可以与表示过去的'-었-', 表示推测的'-겠-'一起使用, 但是'-아/어서'不可以。

> 예) 꽃이 아름다웠**기에** 꽃을 한 송이 샀어요. (O)
> 꽃이 아름다웠**어서** 꽃을 한 송이 샀어요. (X)
> 因为花很美丽, 所以买了一朵。
>
> 꽃이 향기롭겠**기에** 꽃을 한 송이 샀어요. (O)
> 꽃을 좋아하겠**어서** 꽃을 선물해요. (X)
> 感觉花一定很香, 所以买了一朵花。

'-기에'는 주로 앞 절이 뒤 절의 행위를 하게 된 근거나 이유를 제시하는 경우에 사용한다. '-아/어서'는 보편적인 결과에 대한 원인을 밝히는 의미가 강하다. 따라서 일반적인 자연의 현상이나 사물의 변화로 발생한 결과를 설명할 때는 '-아/어서'를 주로 사용한다.

'-기에'主要用来解释前句是使后句行为发生的根据或理由。'-아/어서'主要阐释的是普遍性结果的原因, 所以在说明因为一般自然的现象或事物的变化而发生的结果时, 多使用'-아/어서'。

> 예) 비가 너무 많이 **와서** 홍수가 났다. (O)
> 비가 너무 많이 오**기에** 홍수가 났다. (X)
> 雨下得很多洪水泛滥。
>
> 비행기가 추락하**기에** 사람들이 많이 죽었다. (X)
> 비행기가 추락**해서** 사람들이 많이 죽었다. (O)
> 飞机坠落死了很多人。

연습해 보세요.

(1) 꽃이 향기롭겠(기에/어서) 꽃을 한 송이 샀어요.

(2) 그 사람이 이 것을 모르겠(기에/어서) 다른 사람한테 물어봤어요.

60. '-(ㄴ/는)다고' & '-아/어서'

문법 설명	**-(ㄴ/는)다고** 어떤 행위의 목적, 의도를 나타내거나 어떤 상황의 이유, 원인을 나타낸다. 앞선 문장과 같은 목적, 의도 때문에 뒤 문장의 행위를 한다거나 앞 문장의 일을 하는 것 때문에 뒤 문장과 같은 상황이 되었음을 나타낸다. 表示某种行为的目的, 意图, 或某种情况的理由, 原因。表示和前面句子的目的相同, 因为意图而做后面句子的行为, 或者因为做前面句子的事情而变成了后面句子的情况。 **-아/어서** 앞선 행위나 상태가 원인이나 이유임을 나타낸다. 表示前面的行为或状态是后句的原因或理由。
공통점	**앞 절이 뒤 절에 대하여 이유를 나타낸다.** 表示前句是后句的理由。 ⑩ 수지가 아프**다고** 병원에 갔어요. (O) 　수지가 아**파서** 병원에 갔어요. (O) 　秀智因为生病去了医院。 　학생들이 날씨가 춥**다고** 결석을 많이 했어요. (O) 　학생들이 날씨가 **추워서** 결석을 많이 했어요. (O) 　学生们因为天气冷, 经常请假。
차이점	**'-(ㄴ/는)다고'는 뒤 절에 무정물이 주어로 올 수 없다. '-아/어서'는 뒤 절에 무정물이 주어로 올 수 있다.** '-(ㄴ/는)다고'后句主语不能是无生命体, 但是'-아/어서'后句主语没有限制。 ⑩ 날씨가 춥**다고** 얼음이 얼었다. (X) 　날씨가 **추워서** 얼음이 얼었다. (O)

因为天气太冷，冰块都冻住了。

'-(ㄴ/는)다고'로 표현되는 사건은 앞으로의 일이거나 현재의 일을 가리킨다. '-아/어서'로 표현되는 사건은 현재의 일이거나 과거의 일이 모두 가능하다.

'-(ㄴ/는)다고'表示的事情是将要发生的或者现在的事情，但是'-아/어서'过去、现在、将来都可以。

> ⑩ 동생은 나갔다고 텔레비전을 꺼 버렸다. (X)
> 동생은 나가서 텔레비전을 꺼 버렸다. (O)
> 弟弟因为出去，所以把电视关了。

'-(ㄴ/는)다고'는 뒤 절에 청유문이나 명령문이 올 수 있다. '-아/어서'는 뒤 절에 청유문이나 명령문이 올 수 없다.

'-(ㄴ/는)다고' 后句可用共动句和命令句，但是'-아/어서'不能用在共动句和命令句中。

> ⑩ 많이 안다고 무시하지 마세요. (O)
> 많이 알아서 무시하지 마세요. (X)
> 不能因为知道很多就轻视别人。

연습해 보세요.

(1) 경치가 (아름답다고/아름다워서) 우리 거기 가서 놀자.

(2) 바람이 너무 세게 (분다고/불어서) 창문이 다 깨져 버렸다.

61. '-는 바람에' & '-(으)ㄴ/는 통에'

문법 설명	**-는 바람에** 앞 절이 원인이 되어 뒤 절의 결과에 부정적인 영향을 미칠 때 쓴다. 表示原因, 且此原因对后句的结果造成了负面的消极的影响。 **-(으)ㄴ/는 통에** 어떤 부정적인 결과가 생기게 된 상황이나 원인을 나타낼 때 쓴다. 表示某一否定结果出现的状况或原因。
공통점	**두 문법은 모두 앞의 행위가 뒤 상황의 원인이나 이유가 됨을 나타낸다. 과거 '-었-'과 결합하지 않는다.** 两个语法都表示前面的行为是后面状况的原因或理由。都不与表示过去时态的'-었-'连接使用。 ⑩ 옆집에서 떠드**는 바람에** 잠을 잘 못 잤어요. (O) 옆집에서 떠드**는 통에** 잠을 잘 못 잤어요. (O) 因为邻居一直吵闹, 没睡好。 비가 오**는 통에** 여행을 갈 수 없다. (O) 비가 오**는 바람에** 여행을 갈 수 없다. (O) 因为下雨没能去旅行。
차이점	**'-는 바람에'는 주로 앞 절의 내용이 뒤 절의 부정적 결과에 영향을 끼친다. 부정적 원인이 있었음에도 의외의 긍정적 결과가 생긴 경우에도 사용할 수 있다. '-(으)ㄴ/는 통에'는 앞 절의 내용이 뒤 절의 부정적 결과에 영향을 끼쳐야 한다.** '-는 바람에'主要用于前句内容对后句结果产生的负面影响, 但是有时也用在意外出现的肯定的结果上。而 '-(으)ㄴ/는 통에'只用于前句内容对后句结果产生的负面影响。 ⑩ 상대 선수가 넘어지**는 바람에** 우리 팀이 우승을 얻었다. (O) 상대 선수가 넘어**진 통에** 우리 팀이 우승을 얻었다. (X)

因为对方选手跌倒了，我们取得了比赛的胜利。

기차가 늦게 도착하**는 바람에** 우리는 기타를 탈 수 있게 됐다. (O)

기차가 늦게 도착**한 통에** 우리는 기타를 탈 수 있게 됐다. (X)

因为火车晚到，所以我们才得以坐上了火车。

'-는 바람에'는 과거를 나타내는 '-은 바람에'나 '-ㄴ 바람에'의 형태가 없는 반면 '-은 통에'나 '-ㄴ 통에'의 형태가 있다.

'-는 바람에'没有表示过去已经发生的'-은 바람에'或者'-ㄴ 바람에'形态，但是'-(으)ㄴ/는 통에'有表示过去已经发生的'-은 통에'或者'-ㄴ 통에'形态。

예) 비가 **온 바람에** 여행이 취소됐다. (X)

비가 **온 통에** 여행이 취소됐다. (O)

因为下雨，旅行被取消了。

늦잠을 **잔 바람에** 수업 시간에 늦었다. (X)

늦잠을 **잔 통에** 수업 시간에 늦었다. (O)

因为睡了懒觉，上课迟到了。

연습해 보세요.

(1) 비가 (온 바람에/온 통에) 약속이 취소되었습니다.

(2) 상대 선수가 (실수하는 바람에/실수한 통에) 우리가 1등을 얻었다.

62. '-아/어서' & '-더니'

문법 설명	**-아/어서** 앞선 행위나 상태가 원인이나 이유임을 나타낸다. 表明前面的行为或状态是原因或理由。 **-더니** 전에 경험하여 알게 된 사실이나 상황이 뒤 문장의 결과를 낳는 원인 이나 이유가 됨을 나타낸다. 表示以前经历过而知道的事实或情况成为后句结果的原因或理 由。
공통점	**앞의 내용이 뒤의 내용에 대한 이유나 원인, 근거를 나타낸다.** 两个语法都表示前面的内容是后面内容的理由，原因和根据。 ⑩ 동생이 날짜 지난 우유를 먹**어서** 배탈이 났어요. (O) 　동생이 날짜 지난 우유를 먹**더니** 배탈이 났어요. (O) 　弟弟喝了过期的牛奶，闹肚子了。 　딸이 그 노래를 여러 번 들**어서** 가사를 다 외웠어요. (O) 　딸이 그 노래를 여러 번 듣**더니** 가사를 다 외웠어요. (O) 　女儿听了好几次那首歌，把歌词都背下来了。
차이점	**'-아/어서'는 주어의 인칭 제약이 거의 없다. '-더니'는 앞 절에 주로 3인칭 주어가 나타난다.** '-아/어서'对主语人称没有限制，　但是'-더니'主要用于主语是第3 人称的句子中。 ⑩ 제가 날짜 지난 우유를 먹**어서** 배탈이 났어요. (O) 　제가 날짜 지난 우유를 먹**더니** 배탈이 났어요. (X) 　我因为喝了过期牛奶，闹肚子了。 　오늘은 제가 머리가 아**파서** 회사에 안 나갔어요. (O) 　오늘은 제가 머리가 아프**더니** 회사에 안 나갔어요. (X)

今天我头痛，所以没去公司。

'-아/어서'는 '미안하다, 죄송하다, 반갑다, 고맙다, 감사하다' 등과 어울려 자주 쓰이는 인사말처럼 관용적으로 사용할 수 있다. 그러나 '-더니'는 그런 어휘와 같이 사용하지 않는다.
'-아/어서'常与 '미안하다, 죄송하다, 반갑다, 고맙다, 감사하다'一起 使用，表示惯用的问候语，但是-더니'不与这类词汇一起使用。

㉠ 만나서 반가웠어요. (O)
　 만나더니 반가웠어요. (X)
　 见到你很高兴。

　 도와 주셔서 감사합니다. (O)
　 도와 주시더니 감사합니다. (X)
　 非常感谢您的帮助。

연습해 보세요.

(1) 이 일은 제가 (잘못해서/잘못하더니) 미안합니다.

(2) 제가 아침에 늦게 (일어나서/일어나더니) 기차를 놓치고 말았다.

63. '-아/어서' & '-아/어'

문법 설명	**-아/어서** 행위를 시간 순서에 따라 연결함을 나타낸다. 앞선 행위나 상태가 원인이나 이유임을 나타낸다. 앞선 행위가 목적임을 나타낸다. 뒤의 행위가 일어난 시간을 나타낸다. 行为按时间顺序连接。 表明前面的行为或状态是原因或理由。 表明前面的行为是目的。 表示之后行为发生的时间。 **-아/어** 행위를 시간 순서에 따라 연결함을 나타낸다. 앞선 행위나 상태가 원인이나 이유임을 나타낸다. 앞선 행위가 목적임을 나타낸다. 뒤의 행위가 일어난 시간을 나타낸다. 行为按时间顺序连接。 表明前面的行为或状态是原因或理由。 表明前面的行为是目的。 表示之后行为发生的时间。
공통점	**일반적으로 큰 의미 차이 없이 서서 바꿔 쓸 수 있다. 또한 구어와 문어에 관계없이 쓰인다.** 两者在意义上没有太大的差异，可以换用。并且都可以用在口语和书面语中。 ⑩ 요즘 너무 많이 놀**아서** 일이 하기 싫어졌어요. (O) 　　요즘 너무 많이 놀**아** 일이 하기 싫어졌어요. (O) 　　最近玩得太多了，不想工作了。 　　현대 국가는 국민의 복지에 대한 관심이 높**아서** 그에 따른 법도

	많이 만들었습니다. (O)
	현대 국가는 국민의 복지에 대한 관심이 높**아** 그에 따른 법도 많이 만들었습니다. (O)
	现代国家对国民福利的关心很高, 因此制定了很多相关法律。
차이점	**'-아/어서'는 '이다, 아니다'와 결합할 수 있지만 '-아/어'는· '이다, 아니다'와 결합하지 않는다.**
	'-아/어서'可以与'이다, 아니다'结合使用, 但是'-아/어'不可以。
	예 이것은 내 동생의 책**이어서** 너에게 빌려줄 수 없다. (O)
	이것은 내 동생의 책**이어** 너에게 빌려줄 수 없다. (X)
	因为这个是我的弟弟的书, 所以不能借给你。
	내가 학생이 아니**어서** 학교 도서관에 못 들어가요. (O)
	내가 학생이 아니**어** 학교 도서관에 못 들어가요. (X)
	因为我不是学生, 所以不能进图书馆。

연습해 보세요.

(1) 왕밍 씨는 중국 사람이(어서/어) 한국말을 잘 못해요.

(2) 그 돈은 제 돈이 아니(어서/어) 마음대로 쓸 수 없습니다.

64. '-아/어서' & '-(으)니까'

문법 설명	**-아/어서** 앞선 행위나 상태가 원인이나 이유임을 나타낸다. 表示前句的行为或状态是后句的原因或理由。 **-(으)니까** 앞의 내용이 뒤의 내용에 대하여 이유나 판단의 근거임을 나타낸다. 表示前句内容对于后句来说是理由或判断的根据。
공통점	**모두 이유나 원인, 근거를 나타내는 연결어미이다.** 两个语法都是表示理由或者原因、根据的连接语尾。 ⑩ 유리창이 깨**져서** 교실이 엉망이 되었다. (O) 　 유리창이 깨지**니까** 교실이 엉망이 되었다. (O) 　 因为玻璃窗碎了，教室变得一片狼藉。 　 길이 좁**아서** 차 한 대만 지나갈 수 있어요. (O) 　 길이 좁**으니까** 차 한 대만 지나갈 수 있어요. (O) 　 因为路很窄，所以只能一辆车通过。
차이점	**'-(으)니까'와 비교해서 '-아/어서'는 청유문이나 명령문에서 쓸 수 없다.** '-아/어서'不能用在命令句或共动句中。 ⑩ 시간이 없**어서** 빨리 갑시다. (X) 　 시간이 없**으니까** 빨리 갑시다. (O) 　 没时间了，快走吧。 　 영화가 곧 시작**해서** 서둘러 들어가자. (X) 　 영화가 곧 시작하**니까** 서둘러 들어가자. (O) 　 电影马上开始了，我们抓紧时间进去吧。

'-아/어서'는 어미 '-았/었-', '-겠-' 뒤에 쓸 수 없다.
'-아/어서'不能与'-았/었-', '-겠-'一起使用。

⑩ 꽃을 좋아했**어서** 꽃을 샀어요. (X)
꽃을 좋아했**으니까** 꽃을 샀어요. (O)
因为喜欢花，所以买了花。

수업이 너무 늦게 끝났**어서** 파티에 못 왔지. (X)
수업이 너무 늦게 끝났**으니까** 파티에 못 왔지. (O)
下课太晚了，所以没能去聚会。

'반갑다, 고맙다, 감사하다, 미안하다' 등과 함께 자주 쓰이는 인사 말 또는 자신의 감정이나 상황에 대한 이유를 나타내는 경우에 '-(으)니까'는 쓸 수 없고 '-아/어서'를 써야 한다.
在'반갑다, 고맙다, 감사하다, 미안하다'等日常礼貌用语，或者在表达自己的感情、针对某一情况说明理由时， 不能使用'-(으)니까'，主要使用'-아/어서'。

⑩ 만났**으니까** 반가워요. (X)
만**나서** 반가워요. (O)
见到你很高兴。

도와 주**셔서** 감사합니다. (O)
도와 주시**니까** 감사합니다. (X)
感谢您的帮助。

연습해 보세요.

(1) (초대해 주셔서/초대해 주셨으니까) 감사합니다.

(2) 어린아이가 모르고 한 일이(니까/어서) 한 번만 용서해 주세요.

65. '-(으)ㄴ/는 탓에' & '-는 바람에'

문법 설명	**-(으)ㄴ/는 탓에** 앞 내용이 뒤의 부정적인 현상이 생겨난 원인이나 까닭임을 나타낸다. 表示前面的内容是后句否定结果出现的原因。 **-는 바람에** 앞 절이 원인이 되어 뒤 절의 결과에 부정적인 영향을 미칠 때 쓴다. 表示原因，且此原因对后句的结果造成了负面的消极的影响。
공통점	**모두 원인이나 이유를 나타낸다.** 两个语法都表示原因或理由。 ⑩ 안개가 짙게 끼는 **탓에** 비행기가 제시간에 도착하지 못했다. (O) 안개가 짙게 짙는 **바람에** 비행기가 제시간에 도착하지 못했다. (O) 因为下大雾，飞机不能准点到达。 비가 오는 **탓에** 여행을 갈 수 없다. (O) 비가 오는 **바람에** 여행을 갈 수 없다. (O) 因为下雨不能去旅行了。
차이점	**형용사의 경우에는 '-는 바람에'를 쓸 수 없다. 그러나 '-(으)ㄴ/는 탓에' 앞에는 동사, 명사, 형용사 모두 올 수 있다.** 两个语法意义相似，但是'-는 바람에'不能用在形容词的后面，而 '-(으)ㄴ/는 탓에'前面没有动词、名词、形容词等词性的限制。 ⑩ 돈이 부족한 **탓에** 그 옷을 사지 못했다. (O) 돈이 부족하는 **바람에** 그 옷을 사지 못했다. (X) 因为钱不够，所以没能买那件衣服。 사람이 너무 많은 **탓에** 구경을 제대로 못했다. (O) 사람이 너무 많는 **바람에** 구경을 제대로 못했다. (X) 因为人很多，没能好好参观。

'-(으)ㄴ/는 탓이다'는 문장의 끝에 올 수 있지만 '-는 바람이 다'로 문장의 끝에 올 수 없다.

并且, '-(으)ㄴ/는 탓이 다'可以用在句末, 但是'-는 바람이다'则是不正确的。

> 예 영화가 흥행에 실패한 것은 재미가 없는 **탓**이다. (O)
> 영화가 흥행에 실패한 것은 재미가 없는 **바람**이다. (X)
> 电影票房惨败的是因为内容没有意思。
> 시험 성적이 좋지 않은 것은 준비를 잘 하지 않는 **탓**이다. (O)
> 시험 성적이 좋지 않은 것은 준비를 잘 하지 않는 **바람**이다. (X)
> 这次考试成绩不好, 是因为没好好准备。

'-는 바람에'는 주로 앞 절의 내용이 뒤 절의 부정적 결과에 영향을 끼친다. 부정적 원인이 있었음에도 의외의 긍정적 결과가 생긴 경우에도 사용할 수 있다. '-(으)ㄴ/는 탓에'는 앞 절의 내용이 뒤 절의 부정적 결과에 영향을 끼쳐야 한다.

'-는 바람에'主要用于前句内容对后句结果产生的负面影响, 但是有时也用在意外出现的肯定的结果上。而 '-(으)ㄴ/는 탓에'只用于前句内容对后句结果产生的负面影响。

> 예 기차가 늦게 오는 **바람에** 기차를 탈 수 있었다. (O)
> 기차가 늦게 **온 탓에** 기차를 탈 수 있었다. (X)
> 因为火车晚到, 所以我们坐上了火车。
>
> 상대 선수가 넘어지는 **바람에** 우리 팀이 우승을 얻었다. (O)
> 상대 선수가 넘어**진 통에** 우리 팀이 우승을 얻었다. (X)
> 因为对方选手跌倒了, 我们取得了比赛的胜利。

연습해 보세요.

(1) 그 사람이 성격이 너무 (무뚝뚝하는 바람에/무뚝뚝한 탓에) 결국 그와 헤어지고 말았다.

(2) 제시간에 회의실에 도착하지 못했던 것은 아침에 너무 늦게 (일어나는 바람이다/일어난 탓이다).

66. '-(으)ㄴ/는 탓에' & '-기 때문에'

문법 설명	**-(으)ㄴ/는 탓에** 앞 내용이 뒤의 부정적인 현상이 생겨난 원인이나 까닭임을 나타낸다. 表示前面的内容是后句否定结果出现的原因。 **-기 때문에** 어떤 일의 원인이나 까닭임을 나타낸다. 表示某件事情的原因或理由。
공통점	**모두 이유나 원인을 나타낸다.** 两个语法都表示原因或理由。 ㉠ 눈이 많이 오는 **탓에** 산에 갈 수 없다. (O) 　눈이 많이 오**기 때문에** 산에 갈 수 없다. (O) 　因为雪下得很大，所以不能去爬山。 　아이가 음식을 가려 먹은 **탓에** 살이 찌지 않았다. (O) 　아이가 음식을 가려 먹었**기 때문에** 살이 찌지 않았다. (O) 　因为孩子挑食，所以不长肉。
차이점	**'-(으)ㄴ/는 탓에'는 앞 절의 내용이 뒤 절의 부정적 결과에 영향을 끼쳐야 하지만 '-기 때문에'는 앞 절과 뒤 절의 내용이 긍정적, 부정적인 것과 상관이 없다.** '-(으)ㄴ/는 탓에' 只用于前句内容对后句结果产生的负面影响, 但是'-기 때문에'前句对后句产生的肯定影响或否定影响都适用。 ㉠ 친구들이 도와주는 **탓에** 일이 일찍 끝날 것이다. (X) 　친구들이 도와주**기 때문에** 일이 일찍 끝날 것이다. (O) 　因为朋友帮助，所以工作早早地结束了。 　기차가 늦게 온 **탓에** 기차를 탈 수 있었다. (X) 　기차가 늦게 왔**기 때문에** 기차를 탈 수 있었다. (O) 　因为火车晚到，所以得以坐上了火车。

연습해 보세요.

(1) 아이가 시험을 잘 (본 탓에/봤기 때문에) 부모님이 아이스크림을 사 줬다.

(2) 사장님이 늦게 도착했(는 탓에/기 때문에) 직원들이 2시간이나 기다렸다.

67. '-(으)로 인해' & '-때문에'

문법 설명	**-(으)로 인해** 어떤 상황이나 일의 원인이나 이유를 나타낸다. 表示某一状况或事实的原因、理由。多用于书面语、格式体中。 **-때문에** 어떤 일의 원인이나 까닭을 나타낸다. 表示某一事情的原因、理由。
공통점	**모두 명사 뒤에 붙어 어떤 일의 원인이나 이유를 나타낸다는 점에서 비슷하다.** 两个语法都用在名词后面, 表示原因或理由。 ⑩ 갑자기 추워진 날씨**로 인해** 거리가 한산해졌습니다. (O) 갑자기 추워진 날씨 **때문에** 거리가 한산해졌습니다. (O) 因为突然变冷的天气, 到路边的闲散了许多。 기름값 상승**으로 인해** 대중교통을 이용하는 사람이 많아졌어요. (O) 기름값 상승 **때문에** 대중교통을 이용하는 사람이 많아졌어요. (O) 因为石油价格的上升, 使用交通工具的人们变多了起来。
차이점	**'-(으)로 인해'는 는 주로 질병, 사고, 사건이나 사태 뒤에 쓰이며 일반적인 대화보다는 문어 체나 격식체에서 쓴다.** '-(으)로 인해'主要用在疾病、事故、事件或现象的名词后面, 多用于书面语和格式体中。 ⑩ (뉴스) 홍수**로 인해** 인명피해가 크다. (O) (뉴스) 홍수 때문에 인명피해가 크다. (X) (新闻) 因为洪水, 伤亡惨重。 (뉴스)교통사고**로 인해** 아침 출근길이 복잡해 졌다. (O)

(뉴스)교통사고 **때문에** 아침 출근길이 복잡해 졌다. (X)
(新闻) 因为交通事故, 上班路变得拥堵。

'-때문에'는 앞의 명사가 나타난 원인에 초점을 두고 '-(으)로 인해'
는 뒤의 서술어로 나타난 결과에 초점이 두는 경향이 있다.
'-때문에'强调的是名词所表示的原因, '-(으)로 인해'强调的主要
是后面出现的结果。

예) 나로 **인해** 친구가 수업에 늦었어. (X)
나 **때문에** 친구가 수업에 늦었어. (O)
都是因为我, 朋友上课迟到了。

무엇으로 **인해** 화를 내느냐? (X)
무엇 **때문에** 화를 내느냐? (O)
为什么这么生气啊？

연습해 보세요.

(1) 가: 집이 엉망이네.
나: 키우고 있는 강아지 (때문에/로 인해) 집안이 엉망이 됐어.

(2) 가: 이 대리가 왜 저축이 하나도 없지?
나: 그는 자동차 (때문에/로 인해) 돈을 많이 낭비했어.

68. '-(으)므로' & '-아/어서'

문법 설명	**-(으)므로** 뒤에 오는 문장의 원인이나 이유, 근거를 나타낸다. 表示后面文章的原因, 理由和根据。 **-아/어서** 앞의 내용이 뒤의 내용에 대하여 이유나 판단의 근거임을 나타낸다. 表示前面的内容是对后面内容的理由或判断的根据。
공통점	**두 문법은 모두 앞 절의 내용이 뒤에 오는 문장의 원인이나 이유를 나타낸다.** 两个语法都表示前句为后句内容的原因、理由。 ⑩ 성적이 우수하**므로** 이 상장을 드립니다. (O) 　 성적이 우수**해서** 이 상장을 드립니다. (O) 　 因为成绩优秀, 特授予此奖状。 　 열심히 노력하**므로** 곧 한국어 실력이 향상되리라고 생각합니다. (O) 　 열심히 노력**해서** 곧 한국어 실력이 향상되리라고 생각합니다. (O) 　 因为努力学习, 所以相信韩国语实力会提高很快。
차이점	**'-(으)므로'는 문어 혹은 격식적 상황에서 뒤 절에 명령문이나 청유문이 올 수 있다. '-아/어서'는 뒤 절에 명령문이나 청유문이 올 수 없다.** '-(으)므로'主要用在书面语或格式体中, 后句可以使用命令句、共动句。但是'-아/어서'后句不能使用命令句、共动句。 ⑩ 교통이 혼잡하**므로** 대중교통을 이용하십시오. (O) 　 교통이 혼잡**해서** 대중교통을 이용하십시오. (X) 　 交通拥挤, 请使用大众交通工具。

출퇴근 시간에 길이 많이 막히**므로** 그 시간대를 피하십시오. (O)
출퇴근 시간에 길이 많이 막혀**서** 그 시간대를 피하십시오. (X)
上下班时间路很堵，请避开那个时间段。

'-(으)므로'는 과거의 '-았/었-', 미래, 추측의 '-겠-'과 결합한다. '-아/어서'는 과거의 '-었-', 미래, 추측의 '-겠-'과 결합하지 않는다.
'-(으)므로' 可以与过去时态'-았/었-', 以及未来、推测的'-겠-'一起连接使用，但是'-아/어서'不能与两者连接使用。

㉠ 추위가 풀렸**으므로** 야외 활동에 지장이 없었다. (O)
추위가 풀렸**어서** 야외 활동에 지장이 없었다. (X)
寒冷已经缓解，野外活动没有问题。

내일부터 장마에 접어들게 되겠**으므로** 전국적으로 비가 오겠습니다. (O)
내일부터 장마에 접어들게 되겠**어서** 전국적으로 비가 오겠습니다. (X)
明天开始将进入雨季，全国范围内将有降雨。

'-(으)므로'는 주로 격식적인 상황에서 사용되며 공문서, 발표문 등에서 논리적 판단의 근거를 제시할 때 자주 사용된다. '-아/어서'는 보편적인 결과에 대한 이유를 밝히는 의미가 강하다. 따라서 일반적인 자연의 현상이나 사물의 변화로 발생한 결과를 설명할 때는 주로 사용한다.
'-(으)므로' 主要用在格式体中，常用于公文，发表文等需要展示逻辑判断时使用。'-아/어서' 多用在阐明普遍结果的理由，或说明一般自然现象或事物变化所发生的结果。

㉠ 99.9% 유전자가 일치하**므로** 친자 관계가 성립한다. (문어에서 논리를 설명할 때 많이 쓰임) (O)
因为99.9%的基因一致，所以亲子关系成立。(多用于书面语，解释逻辑关系时使用)

죄를 깊이 뉘우치고 있**으므로** 형을 감한다. (문어에서 논리를 설

명할 때 많이 쓰임) (O)

因为其对自己所犯罪行深感懊悔, 所以予以减刑。(多用于书面语,解释逻辑关系时使用)

밥을 많이 먹**어서** 배가 부르다. (구어에서 일반 현상을 서술할 때 많이 쓰임) (O)

饭吃多了, 肚子饱了。(多用于口语,陈述一般现象时使用)

비가 많이 내**려서** 홍수가 났다. (구어에서 일반 현상을 서술할 때 많이 쓰임) (O)

雨下得大, 发了洪水。(多用于口语,陈述一般现象时使用)

연습해 보세요.

(1) 내일부터 장마에 접어들게 되겠(으므로/어서) 전국적으로 비가 오겠습니다.

(2) 법을 위반하였(으므로/어서) 처벌을 받는 것이 당연하다.

사동 使动

사동이란 사람이나 동물, 사물이 스스로 움직이거나 그 상태에 이르는 것이 아니라 다른 사람을 시켜서 사람이나 동물, 사물에 움직임이 생기게 하거나 그 상태에 이르도록 하는 것을 말한다. 이러한 의미를 나타내는 문장을 사동문이라고 하고 그 문장을 만드는 방법을 사동법이라고 한다.

(38) 가. 아이가 옷을 <u>입었다</u>.
    나. 엄마가 아이에게 옷을 <u>입혔다</u>.

위의 예문 (38)의 두 문장에서 '옷을 입는' 행위를 한 사람은 모두 '아이'이다. 그런데 그런 행위와 주어의 관계를 보면 두 문장은 차이가 있다. (38가)에서는 주어인 '아이'가 직접 '옷을 입는' 행위를 한 사람이지만 (38나)에서는 주어인 '엄마'가 직접 '옷을 입는' 행위를 한 사람이 아니다. 주어인 '엄마'는 아이에게 옷을 입게 한 사람이다. (38가)에서와 같이 주어가 남에게 동작을 하도록 하는 것을 사동이라 한다. 그리고 주동과 사동을 문법적인 절차에 의해 표현한 문장을 각각 주동문과 사동문이라고 하고 주동문을 사동문으로 만드는 문법적인 방법을 사동법이라고 한다.

위의 예문을 통해서 우리는 주동문과 사동 접사 '-히-'가 붙어 사동문이 만들어지는 것을 보았다. 이처럼 사동문은 항상 접사가 붙어 이루어지는 것은 아니다.

다음 예문들을 살펴보자.

(39) 가. 아이가 밥을 <u>먹는다</u>.
    나. 어머니께서 아이에게 밥을 <u>먹이신다</u>.
    다. 어머니께서 아이에게 밥을 <u>먹게 하신다</u>.

(40) 가. 아이가 옷을 <u>입는다</u>.
    나. 어머니께서 아이에게 옷을 <u>입히셨다</u>.
    다. 어머니께서 아이에게 옷을 <u>입게 하셨다</u>.

예문 (39가), (40가)의 '먹다'와 '입다'는 주동사이고 (39나)와 (40나)의 '먹이다'와 '입히다'는 사동사이다. 사동법에는 이렇게 주동사에 접사를 붙인 사동사를 써 줌으로써 사동문을 만드는 방법도 있지만 (39다)와 (40다)에서처럼 어미 '-게'와 보조동사 '하다'가 함께 쓰인 '-게 하다'를 써 줌으로써 사동문을 만드는 방법도 있다. 여기서는 전자의 경우를 접미사 사동법, 후자의 경우는 '-게 하다' 사동법이라 부르기로 한다.

사동법 부분에서는 '-게 하다'와 '-게 만들다', '-게 하다'와 '-도록 하다', '접미사 사동법'과 '-게 하다' 사동법에 대해서 살펴보겠다.

69. '-게 하다' & '-게 만들다'

문법 설명	**-게 하다** 어떤 일을 시키거나 허용함을 나타낸다. 表示使干某事或允许干某事。 **-게 만들다** 어떤 일을 시킴을 나타낸다. 表示使干某事。
공통점	**두 문법은 모두 어떤 일을 시킴을 나타낸다.** 两个语法都表示使某人干某事。 ⑩ 아이에게 교실을 청소하**게 했다.** (O) 　　아이에게 교실을 청소하**게 만들었다.** (O) 　　让孩子们打扫教室。 　　나는 아들에게 구두를 닦**게 하였다.** (O) 　　나는 아들에게 구두를 닦**게 만들었다.** (O) 　　我让儿子擦皮鞋。
차이점	**'-게 하다'는 어떤 일이 행해지도록 간접적으로 영향을 주었다는 의미로 주로 사용된다. '-게 만들다'는 '만들다'의 어휘적인 영향으로 직접적이고 적극적으로 그렇게 되도록 상황을 조정하거나 이끌었다는 의미가 강하게 나타난다.** '-게 하다'主要用于表示间接影响某事发生。'-게 만들다'受"만들다"词汇的影响，表现出了强烈的直接、积极调节、引导事情发生的意思。 ⑩ 아이가 김치를 **먹게 했어요.** (아이가 김치를 먹도록 시킴) (O) 　　让孩子吃泡菜。(只是指使孩子吃泡菜这一行为发生) 　　아이가 김치를 **먹게 만들었어요.** (아이가 김치를 먹지 않을 수 없는 상황을 만들어 먹도록 만듦) (O)

让孩子吃泡菜。(主语积极地采取措施造成让孩子不得不吃泡菜的局面)

고양이가 다시 돌아오지 못하도록 멀리 가게 **했다.** (고양이가 멀리 가도록 함) (O)
为了小猫别再回来,让它跑远了。(只是指使小猫跑远)

고양이가 다시 돌아오지 못하도록 멀리 가게 **만들었다.** (더 적극적으로 행동함) (O)
为了小猫别再回来, 让它跑远了。(主语积极采取措施造成让小猫跑远的局面)

'-게 하다'는 허용의 의미로 사용된다. 그러나 '-게 만들다'는 허용의 의미로 사용되면 어색하다.
'-게 하다'可以用在表示允许意义的句中, 但是'-게 만들다'不能用于表示许可意义的句子中。

㉠ 오늘 친구랑 늦게까지 놀**게 해** 주세요. (O)
오늘 친구랑 늦게까지 놀**게 만들**어 주세요. (?)
今天让我和朋友玩到很晚吧。

TV를 보**게 해** 주세요. (O)
TV를 보**게 만들**어 주세요. (?)
让我看一下电视吧。

연습해 보세요.

(1) 엄마, 나 아이스크림 하나만 먹게 (해/만들어) 줘.

(2) 영준 어머니, 남을 바라보기만 하는 영준에게 사탕 하나만 먹게 (해/만들어) 주세요.

70. '-게 하다' & '-도록 하다'

문법 설명	**-게 하다** 어떤 일을 시키거나 허용함을 나타낸다. 表示让做某事或允许做某事。 **-도록 하다** 어떤 일을 시키거나 허용함을 나타낸다. 表示让做某事或允许做某事。
공통점	**어떤 일을 시키거나 허락함을 나타낸다.** 两个语法都表示让做某事或允许做某事。 ⑩ 엄마가 언니를 일찍 일어나**게 하**셨다. (O) 　엄마가 언니를 일찍 일어나**도록 하**셨다. (O) 　妈妈让姐姐早点起来。 　선생님께서 학생에게 책을 보**게 해요**. (O) 　선생님께서 학생에게 책을 보**도록 해요**. (O) 　老师让学生看书。
차이점	**'-게 하다'는 청자에게 어떠한 행동을 직접 시키는 경우에는 사용할 수 없다. '-도록 하다'는 청자에게 어떠한 행동을 직접 시키는 경우에도 사용한다.** '-게 하다'不能用于直接让听者做出某一行动, '-도록 하다'可以直接让听者做出行动。 ⑩ 수업 끝나고 숙제를 하**게 하**세요. (X) 　수업 끝나고 숙제를 하**도록 하**세요. (O) 　下课后请写作业吧。 　수업 끝나고 내 사무실로 오**게 하**세요. (X) 　수업 끝나고 내 사무실로 오**도록 하**세요. (O) 　下课后请来一下我办公室吧。

'-게 하다'는 화자 자신이 어떠한 행위를 하겠다는 의지의 의미로는 사용할 수 없다. '-도록 하다'는 화자 자신이 어떠한 행위를 하겠다는 의지로 사용할 수 있다.

'-게 하다'不能用于表达说话人要做某事的强烈的意志，'-도록 하다'则能用于表达说话者要做某事的强烈意志。

> 예 식사 후에 아이스크림을 먹**게 하겠습니다**. (X)
> 식사 후에 아이스크림을 먹**도록 하겠습니다**. (O)
> 饭后我要吃冰淇淋。
>
> 이번 기말 시험에서 꼭 1등을 하**게 하겠습니다**. (X)
> 이번 기말 시험에서 꼭 1등을 하**도록 하겠습니다**. (O)
> 这次期末考试我一定要考第1名。

연습해 보세요.

(1) 미선 씨, 이따가 나를 잠깐 보(게/도록) 하세요.

(2) 교수님, 다음 주의 발표는 제가 꼭 잘 해 보(게/도록) 하겠습니다.

71. '접미사 사동법' & '-게 하다' 사동법

문법 설명	**접미사 사동법** 동사 어간에 '이, 히, 리, 기, 우, 추'를 첨가하여 만드는 사동법이다. 后缀词使动句是在动词词干后加"이, 히, 리, 기, 우, 추"等后缀词构成其使动形。 **'-게 하다' 사동법** 동사 어간에 '-게 하다'를 첨가하여 어떤 일을 시키거나 허용함을 나타낸다. 在动词后面加'-게 하다'变为使动句，表示使干某事或允许干某事。
공통점	**두 문법은 모두 문장을 사동문으로 만든다는 것이 공통점이다.** 两个语法都是将句子转换成使动句。 ㉠ 엄마가 아이에게 옷을 **입혀요**. (O) 　엄마가 아이에게 옷을 입**게 해요**. (O) 　妈妈使孩子穿上衣服。 　아빠가 아이에게 책을 **읽혀요**. (O) 　아빠가 아이에게 책을 읽**게 해요**. (O) 　爸爸使孩子读书。
차이점	**접미사 사동법은 어떤 행위의 발생에 대해 직접적으로 관여하는 반면 '-게 하다', '-도록 하다' 사동법은 어떤 행위를 하도록 직접적으로 관여하 지 않는다. 즉 후자는 전자보다 시키는 사람의 역할이 더 소극적이거나 간접적이다.** 后缀词使动句对于主语动作的发生起直接作用，直接亲自参与该动作，但是'- 게 하다'使动句中的主语不直接做该动作，而是指示对方做出某种行为句中主语直接做该动作。即，后者比前者的作用更间接。

ⓔ 엄마가 직접 침대 옆으로 가서 아픈 동생에게 밥을 **먹이고** 계세
요. (O)
엄마가 직접 침대 옆으로 가서 아픈 동생에게 밥을 **먹게 하고** 계세
요. (X)
妈妈直接去到床边喂生病的弟弟吃饭。

엄마가 안 방에 계시지만 거실에서 밥을 안 먹고 텔레비전을 보고
있는 동생에게 밥을 **먹이**셨어요. (X)
엄마가 안 방에 계시지만 거실에서 밥을 안 먹고 텔레비전을 보고
있는 동생에게 밥을 먹**게 하**셨어요. (O)
妈妈虽然在卧室但是仍然让在客厅只看电视不吃饭的弟弟吃
饭。

**접미사 사동법은 일부 동사에만 결합될 수 있지만 '-게 하다'는 모든
동사와 결합하여 사동의 의미를 나타낼 수 있다.**
后缀词使动句只能用于一部分动词中, 但是'- 게 하다'使动句可
以用于所有动词。

ⓔ 아이가 엄마에게 아이스크림을 **사이다**. (X)
아이가 엄마에게 아이스크림을 사**게 했다**. (O)
孩子让妈妈买冰淇凌。

엄마가 아이를 공원에 가**히다**. (X)
엄마가 아이를 공원에 가**게 했다**. (O)
妈妈让孩子去公园。

연습해 보세요.

(1) 아이가 피곤하니까 충분히 (쉬히세요/쉬게 하세요).

(2) 시험 중이니까 아이들에게 책을 못 (보이세요/보게 하세요).

결과 완료 結果 终结

'결과 완료'의 의미를 갖는 문법은 어떤 행위를 완전히 끝내 그 결과에 대해서 이야기할 때 주로 쓰는데 '-고 말다', '-아/어 버리다', '-아/어 놓다', '-아/어 두다', '-(으)ㄴ 결과', '-(으)ㄴ 끝에' 등이 그 대표적이다.

> (41) 가. 옷에 커피를 쏟고 말았습니다.
> 나. 나는 그에게 있는 돈을 다 줘 버렸다.

(41가)는 '커피를 옷에 쏟다'는 행위에 이르게 되었음을 나타내는데 이때 '-아/어 버리다'와 바꿔 쓸 수 있다. (41나)는 돈을 다 줘서 아무것도 남지 않았음을 나타낸다.

> (42) 가. 외출할 때 난방을 꺼 놓았다.
> 나. 그 일은 저에게 맡겨 두세요.

(42가)는 난방을 끈다는 행위를 끝내고 나서 그 상태가 지속됨을 나타내는데 (20라)는 말하는 사람에게 일을 맡긴 상태를 유지함을 나타내 '-아/어 놓다'와 의미가 비슷하다.

> (43) 가. 열심히 공부한 결과 원하는 대학에 입학할 수 있었다.
> 나. 오랜 동안 노력한 끝에 드디어 시험에 붙었다.

그리고 (43가)는 열심히 공부를 했기 때문에 원하는 대학에 입학하게 되었음을 나타내고 (43나)는 '오랜 시간 동안 열심히 한 것'이기 때문에 '시험에 붙는 것'의 결과가 나타날 수 있음을 의미한다.

이 부분에서는 '-고 말다'와 '-아/어 버리다', '-아/어 내다'와 '-아/어 버리다', '-아/어 놓다'와 '-아/어 두다', '-아/어 버리다'와 '-아/어 치우다', '-(으)ㄴ 끝에'와 '-(으)ㄴ 결과', '-(으)ㄴ 나머지'와 '-(으)ㄴ 결과' 등에 대해서 그들의 공통점과 차이점을 살펴보도록 하겠다.

72. '-고 말다' & '-아/어 버리다'

문법 설명	**-고 말다'** 어떠한 일이 결국 일어났음을 나타낸다. 表示某件事情最终发生。 **-아/어 버리다** 어떤 행위를 완전히 혹은 이미 끝내 그 결과 아무것도 남지 않았거나 부담을 덜게 되었거나 아쉬움이 남게 되었음을 나타낸다. 表示某一行为结束后，什么都没留下，或给人减轻了负担，或给人留下了遗憾。
공통점	**두 문법은 모두 원하지 않거나 의도하지 않은 상태에서 어떤 일이 결국 발생하니 안타까움을 표현한다.** 两个语法都有在不情愿或非本意的情况下最终发生的意思，因此都可以表达遗憾之情。 ⑩ 영희는 눈물을 참다가 결국 울고 **말았다**. (O) 영희는 눈물을 참다가 결국 울어 **버렸다**. (O) 英姬强忍着泪水终于哭了起来。 급히 뛰어가다가 넘어지고 **말았다**. (O) 급히 뛰어가다가 넘어져 **버렸다**. (O) 急匆匆跑着摔倒了。
차이점	**'-아/어 버리다'는 3인칭 주어에서는 주로 원하지 않았던 결과가 되었음을 나타내며 1인칭 주어에서는 부담스러운 일을 끝낸 데에 대해 마음이 후련하거나 시원함을 나타낸다. 그러나 '-고 말다'는 주로 안타까움만 나타낸다.** '-아/어 버리다'除了表达遗憾的感情之外，还有因为终于干完了某事减轻了负担内心爽快的意思。 ⑩ 오래 동안 쌓인 업무를 다 하고 **마니** 마음이 너무 시원해 졌다. (X)

오래 동안 쌓인 업무를 다 **해 버리**니 마음이 너무 시원해 졌다. (O)

终于做完了长时间积累的业务，心情变得畅快起来。

두 달 동안 싸워서 말을 안 한 두 사람이 드디어 서로의 얼굴을 보고 웃**고 말았다**. (X)

두 달 동안 싸워서 말을 안 한 두 사람이 드디어 서로의 얼굴을 보고 웃**어 버렸다**. (O)

因为吵架两个月没说话的两个人终于看着对方的脸笑了。

'-아/어 버리다'는 어떤 일을 해치운다는 의미가 있기 때문에 의지의 '-겠-'과 함께 쓰일 때 어색한 경우가 있다. '-고 말다'는 의지의 '-겠-'과 함께 쓰여 강한 의지를 나타낸다.

'-아/어 버리다'因为本身有处理掉某事的意思，所以与表示意志的'-겠-'一起使用不自然，但是'-고 말다'可以与表示意志的'-겠-'一起使用。

㉮ 이 원수를 기필코 갚**아 버리겠다**. (X)

이 원수를 기필코 갚**고 말겠다**. (O)

我一定要报仇。

일본 선수를 꼭 이**겨 버리겠다**. (X)

일본 선수를 꼭 이기**고 말겠다**. (O)

我一定要赢日本选手。

'-아/어 버리다'는 명령문이나 청유문에 사용된다. 그러나 '-고 말다'는 명령문이나 청유문에 잘 사용되지 않는다.

'-아/어 버리다'可以用在命令句、共动句中，但是'-고 말다'不能用在命令句、共动句中。

㉮ 담배를 끊**어 버려**! (O)

담배를 끊**고 마**! (X)

把烟戒了！

지금 당장 치**워 버려**! (O)
지금 당장 치우**고 마**! (X)
马上给我清理掉!

연습해 보세요.

(1) 내가 공항에 도착했을 때 비행기가 이미 가(고 말/버리)고 없었다.

(2) 내가 그 사람의 모든 행위를 경찰에게 다 폭로(하고 말았다/해 버렸다).

73. '-아/어 내다' & '-아/어 버리다'

문법 설명	**-아/어 내다** 어떤 일이 끝내 이루어짐을 나타내거나 어떤 과정을 거쳐 이룬 결과임을 나타낸다. 表示某事最终实现或经过某种过程取得的结果。 **-아/어 버리다** 어떤 행위를 완전히 혹은 이미 끝내 그 결과 아무것도 남지 않았거나 부담을 덜게 되었거나 아쉬움이 남게 되었음을 나타낸다. 表示某一行为结束后，什么都没留下，或给人减轻了负担，或给人留下了遗憾。
공통점	**최종적으로 어떤 결과가 나타나거나 이루어진다는 점에서 비슷하다.** 两个语法都表示最终出现或完成某一结果。 ㉠ 그 어려웠던 문제를 끝내 **해 냈다.** (O) 　　그 어려웠던 문제를 끝내 **해 버렸다.** (O) 　　那道难题终于解决了。 　　그동안 쌓인 스트레스는 끝내 풀**어 냈다.** (O) 　　그동안 쌓인 스트레스는 끝내 풀**어 버렸다.** (O) 　　这段时间积攒的压力最终释放了出来。
차이점	**'-아/어 내다'는 앞의 행동이 사람의 힘으로 끝내 이루어짐을 나타내는데 주로 그 행동이 힘든 과정임을 보일 때 쓴다. '-아/어 버리다'는 어떤 행동이 사람의 힘으로 이루어지거나 일이 스스로 끝나는 경우 모두 쓰인다.** '-아/어 내다'表示前面的行动依靠自己的力量最终完成，主要在那个行动经历了艰难的过程时使用。'-아/어　버리다'某事依靠人的力量完成或者事情自己完结两种情况都适用。 ㉠ 그 아이는 수술의 고통을 잘도 견뎌 **냈다.** (O)

그 아이는 수술의 고통을 잘도 견뎌 **버렸다.** (?)
那个孩子很好地经受住了手术的痛苦。

고생 끝에 드디어 운전면허증을 **따 냈다.** (O)
고생 끝에 드디어 운전면허증을 **따 버렸다.**(?)
历经艰辛, 终于拿到了驾照。

'-아/어 내다'는 주로 말하는 사람이 성취감을 가게 될 때 쓰지만 -아/어 버리다'는 말하는 이가 아쉬운 감정을 갖게 되었거나 또는 반대로 부담을 덜게 되었음을 나타낼 때 모두 쓴다.
'-아/어 내다'主要表示说话者的成就感, '-아/어 버리다'表示说话者遗憾的感情或减轻负担的轻松感。

㉠ 한 시간 만에 회의장에 있는 모든 사람이 모두 **가 냈다.** (X)
한 시간 만에 회의장에 있는 모든 사람이 모두 **가 버렸다.** (O)
一个小时内会场上的所有人都走了。

내 실수로 지갑을 잃**어 냈어요.** (X)
내 실수로 지갑을 잃**어 버렸어요.** (O)
因为我的失误, 把钱包给弄丢了。

연습해 보세요.

(1) 우산을 안 가져 와서 비에 흠뻑 젖어 (버렸다/냈다).

(2) 2시간 늦게 도착해 보니 친구들이 음식을 모두 먹어 (버렸다/냈다).

74. '-아/어 놓다' & '-아/어 두다'

문법 설명	**-아/어 놓다** 어떤 행위를 끝내고 그 상태를 유지함을 나타낸다. 表示某一行为结束后期状态一直维持着。 **-아/어 두다** 어떤 행위나 동작을 한 상태를 그대로 유지함을 나타낸다. 다른 일을 준비하기 위해 어떤 행위를 먼저 하거나 한 상태로 있음을 나타낸다. 表示某一行为或动作结束后一直保持某种状态。表示为了准备 其他的事情而先做完某事或保持这一状态。
공통점	**두 문법은 모두 동작이 완료되고 그 결과를 지속한다는 의미가 있다.** 两个语法都有行动结束状态持续的意思。 ㉠ 차를 잠시 서점 앞에 세워 **놓고** 화장실에 갔어요. (O) 　 차를 잠시 서점 앞에 세워 **두고** 화장실에 갔어요. (O) 　 把车停在书店前面后去了卫生间。 　 문을 꼭 잠가 **놓았다**. (O) 　 문을 꼭 잠가 **두었다**. (O) 　 把门锁好了。
차이점	**'-아/어 두다'는 어떤 일을 대비하기 위한다는 의미를 내포한다.** '-아/어 두다'有为以后可能发生的事情而提前准备的意思。 ㉠ 시험을 잘 보려면 이 부분의 내용을 미리 알아 **놓으세요**. (X) 　 시험을 잘 보려면 이 부분의 내용을 미리 알아 **두세요**. (O) 　 想要考试考得好的话，这部分内容先提前熟悉一下吧。 　 나중에 필요할까 봐 메모해 **놓았어요**. (X) 　 나중에 필요할까 봐 메모해 **두었어요**. (O) 　 怕以后会用到，记下来了。

'-아/어 놓다'는 부정적 의미의 동사와 결합할 수 있다. 그러나 '-아/어 두다'는 부정적 의미의 동사와 결합하지 않는다.
'-아/어 놓다' 能与否定意义的动词一起使用, 但是 '-아/어 두다' 不能与否定意义的动词一起使用。

㉠ 그 일은 이미 엎질러 놓은 물이다. (O)
그 일은 이미 엎질러 둔 물이다. (X)
那件事已经覆水难收。

부숴 놓은 도자기가 아저씨에 의해 다시 복원되었다. (O)
부숴 둔 도자기가 아저씨에 의해 다시 복원되었다. (X)
打碎的陶瓷被叔叔重新复原了。

형용사, '이다'와 결합하여 '-아/어 놓아서, 아/어 놓으니'의 구성으로 쓴다. '-아/어 두다'는 동사와만 결합한다.
'-아/어 놓다' 可以与形容词, '이다' 结合以 '-아/어 놓아서, 아/어 놓으니' 的形态使用, '-아/어 두다' 只能与动词一起使用。

㉠ 그 가방은 너무 비싸 놓으니 잘 팔리지가 않는다. (O)
그 가방은 너무 비싸 두니 잘 팔리지가 않는다. (X)
那包定价那么贵, 不好买。

수업에 2시간이나 늦어 놓으니 선생님에게 뭐라고 하란 말인가? (O)
수업에 2시간이나 늦어 두니 선생님에게 뭐라고 하란 말인가? (X)
上课迟到了整整两个小时, 能让老师说什么呢?

'-어 두다'는 후에 나타날 일을 대비하기 위한 것이므로 무책임하거나 부정적인 의미로는 사용하지 않는다.
'-아/어 두다' 因为是为了准备后面发生的事情, 所以不用于不负责任或者否定的意义的句中。

㉠ 우리집 강아지가 내가 만든 작품을 다 부숴 놓았어요 (O)

우리집 강아지가 내가 만든 작품을 다 부숴 두었어요 (X)
我们家小狗把我做的作品全部损坏了。

그 귀한 걸 실수로 치워 놓았다. (O)
그 귀한 걸 실수로 치워 두었다. (X)
不小心把那么珍贵的东西打扫了。

연습해 보세요.

(1) 시험에 나올 테니까 미리 외워 (놓으세요/두세요).

(2) 시험 기간 동안 공부하는 학생이 많아서 도서관에 밤새도록 불을 켜 (놓았/
두었)다.

75. '-아/어 버리다' & '-아/어 치우다'

문법 설명	**-아/어 버리다** 어떤 행위를 완전히 혹은 이미 끝내 그 결과 아무것도 남지 않았거나 부담을 덜게 되었거나 아쉬움이 남게 되었음을 나타낸다. 表示某一行为结束后, 什么都没留下, 或给人减轻了负担, 或给人 留下了遗憾。 **-아/어 치우다** 어떤 행위의 결과가 하나도 남지 않도록 빠르게 완전히 끝냄을 나타 낸다. 表示干净利落地完全结束某事。
공통점	**어떤 행위를 완전히 혹은 이미 끝냄을 나타낸다는 점에서 비슷하다.** 两个语法都表示某一行为完全结束或已经结束。 ⑨ 김 씨는 얼마 남지 않은 물건을 떨이로 팔**아 버렸다.** (O) 　 김 씨는 얼마 남지 않은 물건을 떨이로 팔**아 치웠다.** (O) 　 金先生把所剩无几的东西全部甩卖了出去。 　 우리가 남은 음식을 다 먹**어 버렸다.** (O) 　 우리가 남은 음식을 다 먹**어 치웠다.** (O) 　 把我们吃剩的食物全吃光了。
차이점	**'-아/어 버리다'는 의도하지 않은 일이 끝내 발생했다는 용법도 있지만 '-아/어 치우다'는 주로 인위적으로 어떤 일을 빨리 끝냄을 나타낸다.** '-아/어　버리다'还有一个用法是不是自己主观意志希望的事情最 终发生了, 但是'-아/어 치우다'主要是人为地将某件事快速地处理 掉。 ⑨ 그날에 그 사람이 **가 버리고** 나서 얼마나 섭섭했던지 모른다. (O) 　 그날에 그 사람이 **가 치우고** 나서 얼마나 섭섭했던지 모른다. (X) 　 那天他走后, 不知道有多么伤心。

너무 슬퍼서 참다 못해 울**어 버렸다**. (O)
너무 슬퍼서 참다 못해 울**어 치웠다**. (X)
悲伤至极哭了出来。

연습해 보세요.

(1) 며칠 동안 구름이 그렇게 많이 꼈더니 마침내 비가 와 (버렸다/치웠다).

(2) 내가 공항에 도착했을 때 비해기는 이미 출발해 (버리/치우)고 없었다.

76. '-(으)ㄴ 끝에' & '-(으)ㄴ 결과'

문법 설명	**-(으)ㄴ 끝에** '오랜 시간 동안 어떤 일을 힘들게 한 후에'라는 의미로 뒷문장에는 그 후에 얻게 되는 결과가 나온다. 表示很长时间艰难地做一件事以后得到的结果。 **-(으)ㄴ 결과** 어떤 일을 한 후 뒤 내용이 결말의 상태로 나타남을 표현할 때 쓴다. 表示做完某事后以某一结局的状态出现。
공통점	**두 문법은 모두 어떤 일을 한 후에 생긴 결말을 나타내는 표현이다.** 两个语法都表示某件事情发生以后的结局。 ⑩ 여러 시행 착오를 겪은 **끝에** 신제품 개발에 성공했다. (O) 여러 번의 시행 착오를 겪은 **결과** 신제품 개발에 성공했다. (O) 经过多次试错，终于成功开发出了新产品。 박 씨는 여러 차례 조사를 받은 **끝에** 범죄 혐의가 없음이 밝혀졌다.(O) 박 씨는 여러 차례 조사를 받은 **결과** 범죄 혐의가 없음이 밝혀졌다. (O) 朴某经过接受多次调查，被证实没有犯罪嫌疑。
차이점	**'-(으)ㄴ 끝에'는 주로 어떤 일을 오랜 시간에 걸쳐 많은 노력을 기울인 후에 얻은 최종적인 결과임을 나타내는데 수고로운 과정을 더 강조한다. 이와 반대로 '-(으)ㄴ 결과'는 많은 시간과 노력을 투여하지 않아도 되기 때문에 결과 자체를 더 강조한다.** '-(으)ㄴ 끝에'主要是某件事情经过了很长时间、投入了很多努力得到的最终结果，强调的是艰辛的过程，而'-(으)ㄴ 결과'即使没有付出很多时间和努力也可以，因此更加强调结果本身。 ⑩ 잠깐 이야기한 **끝에** 다음 주 회의를 갖지 못한다는 것이다. (X)

잠깐 이야기**한 결과** 다음 주 회의를 갖지 못한다는 것이다. (O)
短暂交谈得出的结果是下周会议开不了。

인터넷을 검색**한 끝에** 그 사람에 대한 소개는 단 한 줄도 없더라.
(O)
인터넷을 검색**한 결과** 그 사람에 대한 소개는 단 한 줄도 없더라.
(X)
在网上搜了一下结果没找到一行关于那人的介绍。

연습해 보세요.

(1) 감옥에 간 (끝에/결과) 그의 가족과 직장을 모두 잃었다.

(2) 친구를 한 번 배신한 (끝에/결과) 그 후에 누구도 그를 믿어주지 않게 되었다.

77. '-(으)ㄴ 나머지' & '-(으)ㄴ 결과'

문법 설명	**-(으)ㄴ 나머지** 어떤 행위를 하거나 어떤 상태에 이른 결과임을 나타낸다. 주로 그 행위와 상태가 무리하게 이루어져 부정적인 결과가 발생했음을 표현한다. 表示某一行为或者状态出现的结果。主要指因为过程不合理而出现的否定的结果。 **-(으)ㄴ 결과** 어떤 일을 한 후 뒤 내용이 결말의 상태로 나타남을 표현할 때 쓴다. 表示做完某事后以某一结局的状态出现。
공통점	**두 문법은 모두 어떤 일을 한 후에 생긴 결말을 나타내는 표현이다.** 两个语法都表示某件事情发生以后的结局。 ㉠ 매일 밤늦게까지 친구들과 어울려 **논 나머지** 성적이 말이 아니게 떨어졌다. (O) 매일 밤늦게까지 친구들과 어울려 **논 결과** 성적이 말이 아니게 떨어졌다. (O) 每天和朋友玩到深夜，以至于成绩跌落得不像话。 그는 며칠 밤을 **샌 나머지** 쓰러지고 말았다. (O) 그는 며칠 밤을 **샌 결과** 쓰러지고 말았다. (O) 他熬了几天夜结果晕倒了。
차이점	**'-(으)ㄴ 결과'는 긍정적과 부정적인 경우에 모두 쓰일 수 있는 반면, '-(으)ㄴ 나머지'는 부정적인 경우에만 사용된다.** '-(으)ㄴ 결과'在肯定的或是否定意义的句子都适用，'-(으)ㄴ 나머지'主要用在否定意义的句中。 ㉠ 열심히 노력**한 나머지** 시험에 합격했다. (X) 열심히 노력**한 결과** 시험에 합격했다. (O)

努力学习后考试终于及格了。

3년 동안 한국어를 배**운 나머지** 한국 대학에 합격할 수 있었어요. (X)
3년 동안 한국어를 배**운 결과** 한국 대학에 합격할 수 있었어요. (O)
学了3年韩语最终被韩国大学录取。

'-(으)ㄴ **결과**'는 주로 동사 뒤에 붙지만, '-(으)ㄴ **나머지**'는 동사와 형용사 뒤에 모두 쓰일 수 있다.
'-(으)ㄴ 결과'主要用在动词后面, '-(으)ㄴ 나머지'在动词、形容词、名词后面都可以使用。

㉠ 그 영화배우는 상을 받고 기**쁜 나머지** 울어 버렸다. (O)
그 영화배우는 상을 받고 기**쁜 결과** 울어 버렸다. (X)
那位电影演员获奖后喜极而泣。

그 영화를 보면서 너무 슬**픈 나머지** 울어 버렸다. (O)
그 영화를 보면서 너무 슬**픈 결과** 울어 버렸다. (X)
看电影时, 因为太难过而流泪了。

연습해 보세요.

(1) 저는 한국 문화를 좋아한 (나머지/결과) 한국어를 배우게 되었습니다.

(2) 열심히 다이어트를 한 (나머지/결과) 살이 빠졌다.

확인 의문 确认 疑问

한국어에서 문장의 종류는 '평서문, 의문문, 명령문, 청유문, 감탄문'으로 나누어진다. 말하는 사람이 듣는 사람에게 아무것도 요구하지 않고 자기의 생각이나 어떤 사실을 일방적으로 말하는 문장을 평서문이라고 하고, 어떤 사실에 대한 자신의 놀람이나 감탄의 느낌을 나타내는 문장을 감탄문, 상대방에게 대답을 요구하는 문장을 의문문, 상대방의 행동을 요구하는 문장을 명령문, 말하는 사람 자신과 함께 어떤 행동을 하기를 요구하는 문장을 청유문이라고 한다.

의문문은 말하는 사람이 듣는 사람에게 질문하여 대답을 요구하는 문장이다. 한국어의 의문문은 문장 끝이 서술어에 의문형 종결어미를 붙임으로써 이루어진다.

> (44) 가. 신문을 봅니다.
>   나. 신문을 봅니까?

(44)에서 볼 수 있는 것처럼 한국어는 평서형 종결어미를 의문형 종결어미로 바꿔 주면 의문문이 된다. 다음 (45)의 예들은 모두 서술어에 의문형 종결어미가 붙어 만들어지는 의문문들이다.

> (45) 가. 어느 회사에 다닙니까?
>   나. 무슨 신문을 봐요?
>   다. 오늘 날씨가 좋지요?
>   라. 여기에 언제 왔소?
>   마. 우리는 어떻게 살아야 하는가?
>   바. 모두 왔나?
>   사. 뭐 해?
>   아. 매일 운동을 하니?

위의 예문 중 밑줄 친 부분에 사용된 '-ㅂ/습니까', -아/어요, -지요, -소,

-는가, -나, -니' 등이 대표적인 의문형 종결어미들인데, 문장에서 서술어로 쓰이는 동사나 형용사, '명사이다' 어간 뒤에 이들을 붙이면 그 문장은 의문문이 된다.

　이 부분에서의 '확인 의문'은 의문문에 속하며 '확인'의 의미를 갖는 문법은 다른 사람한테서 들은 얘기를 확인하는 듯이 물어볼 때 쓰는 것이고 '의문'은 상대방에게 물어볼 때 쓰는 것인데 억양을 약간 올리며 말한다. 다음으로 '-(ㄴ/는)다고요?'와 '-(ㄴ/는)다면서요?', '-(ㄴ/는)다면서요?'와 '-(ㄴ/는)다지요?', '-나요?'와 '-아/어요?', '-니?'와 '-아/어?', '-(으)ㄹ까'와 '-(으)ㄹ래'의 공통점과 차이점에 대해서 살펴보겠다.

78. '-(ㄴ/는)다고요?' & '-(ㄴ/는)다면서요?'

문법 설명	**-(ㄴ/는)다고요?** 다른 사람의 말을 확인하거나 따져 물을 때 쓴다. 주로 앞서 상대방이 한 말을 옮겨와 다시 되묻는 것이다. 在确认他人的话或者追问时使用。主要是把之前对方说的话再重复问一遍。 **-(ㄴ/는)다면서요?** 다른 사람에게서 들은 말을 상대방에게 확인하여 물을 때 쓴다. 用疑问的形式跟对方再次确认从别人那里听到的内容。
공통점	**두 문법은 어떤 일에 대해 상대방을 확인하여 물어본다는 점에서 비슷하다.** 两个语法都表示向对方确认和询问某事。 ㉠ 제주도에 다녀왔**다고요?** (O) 제주도에 다녀왔**다면서요?** (O) 你去济州岛了？ 그 사람이 일을 잘 못한**다고요?** (O) 그 사람이 일을 잘 못한**다면서요?** (O) 那人工作不行？
차이점	**'-(ㄴ/는)다고요?'는 상대방이 앞서 한 말을 당장 옮겨 와 다시 되묻는 데 쓰고 '-(ㄴ/는)다면서요?'는 전에 다른 장소에서 다른 사람을 통해 들은 사실을 가지고 당사자에게 확인할 때 쓴다.** '-(ㄴ/는)다고요?'主要表示当场重复对方刚刚说过的话，进行反问，'-(ㄴ/는)다면서요?'则是将之前在其他地方通过其他人得知的事实，现在来向当事人确认。 ㉠ 철수한테 들었는데 이번 방학에 제주도에 다녀왔**다고요?** (X) 철수한테 들었는데 이번 방학에 제주도에 다녀왔**면서요?** (O)

听哲洙说放假你去济州岛了？

뭐라고요? 내일 병원에 안 **간다고요?** (O)
뭐라고요? 내일 병원에 안 **간다면서요?** (X)
你说什么？明天不去医院了？

연습해 보세요.

(1) 미선한테 들었는데 넌 대학원 시험을 안 보(ㄴ다면서요?/ㄴ다고요?)

(2) 방금 뭐라고? 그 비밀 네가 미선한테 얘기했(다면서요?/다고요?)

79. '-(ㄴ/는)다면서요?' & '-(ㄴ/는)다지요?'

문법 설명	**-(ㄴ/는)다면서요?** 말하는 사람이 들어서 알고 있는 사실을 확인하고자 할 때에 쓴다. 表示说话者想确认自己听说的事实。 **-(ㄴ/는)다지요?** 다른 사람에게 들은 내용을 확인할 때 쓴다. 表示说话者想向他人求证自己听说过的事实。
공통점	**두 문법은 모두 의문문에 쓰여 말하는 사람이 어떤 사실을 확인할 때 쓴다.** 两个语法都用在疑问句中表示说话者为了求证自己听说的事实。 ㉠ 내일 비가 **온다면서**? (O) 　내일 비가 **온다면서**? (O) 　听说明天下雨？ 　어제 아침에 지각**했다면서요**? (O) 　어제 아침에 지각**했다지요**? (O) 　听说昨天早上迟到了？
차이점	**'-(ㄴ/는)다면서요'는 들은 사실을 확인한다는 뜻 외에 상대방에게 빈정거리는 말투로 과거에 한 말에 대해 묻는다는 뜻도 있다. '-(ㄴ/는)다지요'는 들은 사실을 확인한다는 뜻 외에 어떤 상황이나 상태에 대해 걱정을 하거나 의아해할 때에도 쓴다.** '-(ㄴ/는)다면서요'除了确认听说过的事实以外还有嘲笑的语气向对方确认过去说过的话，'-(ㄴ/는)다지요'可以用在确认自己听说的事实，也可以用在表达对某事的担忧、怀疑。 ㉠ 이것을 언제 다 만**든다면서**? (X) 　이것을 언제 다 만**든다지**? (O)

这些东西什么时候都能做完啊？

또 먹어? 언제는 살 빼려고 아무것도 안 먹**는다면서**? (O)
또 먹어? 언제는 살 빼려고 아무것도 안 먹**는다지**? (X)
又开始吃？什么时候自己说要减肥什么都不吃的？

연습해 보세요.

(1) 이렇게 많은 걸 언제 다 한(다면서/다지)?

(2) 벌써 자러 가? 언제는 오늘까지 꼭 완성한(는다면서?/는다지?)

80. '-나요?' & '-아/어요?'

문법 설명	**-나요?** 앞의 내용에 대해 상대방에게 물어봄을 나타낸다. 就前面的内容向对方询问。 **-아/어요?** 상대방에게 물어볼 때 쓴다. 用于向对方发问。
공통점	격식을 차리지 않아도 되는 환경이나 관계에서 듣는 사람을 높일 때 에 사용한다. 어떤 상황이나 사실을 질문하는 종결어미이다. 都用在不需要讲究格式的环境或关系中，用于尊重听者时使用。 并且是提问某一情况或事实的终结语尾。 ⑩ 롯데월드는 몇 시에 문을 여**나요**? (O) 　롯데월드는 몇 시에 문을 열**어요**? (O) 　乐天世界几点开门？ 　내일 민수 씨도 가**나요**? (O) 　내일 민수 씨도 **가요**? (O) 　明天民秀也要去吗？
차이점	'-나요'는 비격식체이며 부드럽다는 느낌을 준다. '-아/어요'도 비격 식체이고 부드러운 느낌을 주지만 그 정도가 '-나요'보다는 덜하다. '-나요'用在非格式体中给人一种柔和的感觉，'-아/어요'也用在非 格式体中，但是语气没有'-나요'柔和。 ⑩ 이젠 이 문제에 대해 알겠**나요**? (말투가 더 부드러운 느낌) (O) 　现在对于这个问题明白了吗？(语气更加柔和) 　이젠 이 문제에 대해 알겠**어요**? (O) 　现在对于这个问题明白了吗？

'-나요'는 '이다, 아니다'와 결합하지 못한다. '-아/어요'는 '이다, 아니다'와 결합할 수 있다.

'-나요' 不与'이다, 아니다'结合使用, 但是 '-아/어요'可以与'이다, 아니다'结合使用。

㉠ 아들이 벌써 대학생이**나요**? (X)
　아들이 벌써 대학생이**에요**? (O)
　儿子应是大学生了吗？

　너 어제 간 건 아니**나요**? (X)
　너 어제 간 건 아니**에요**? (O)
　你不是昨天去的吗？

'-나요' 구문에서 '이다, 아니다'가 '-았/었', '-겠-'과 결합하지 못한다. '-아/어요' 구문에서는 '이다, 아니다'가 '-았/었', '-겠-'과 결합할 수 있다.

'-나요' 句中이다, 아니다'不与'-았/었', '-겠-'一起使用, 但是'-아/어요'句中可以连接使用。

㉠ 아들이 대학생이겠**나요**? (X)
　아들이 대학생이겠**어요**? (O)
　儿子得是大学生了吧？

　벌써 가시겠**나요**? (X)
　벌써 가시겠**어요**? (O)
　现在就要走吗？

연습해 보세요.

(1) 친구가 한국사람이 아니겠(나요/어요)?

(2) 아들이 대학생이 아니(나요/에요)?

81. '-니?' & '-아/어?'

문법 설명	**-니?** 물음의 의미를 나타낸다. 表示询问。 **-아/어?** 물음의 의미를 나타낸다. 表示询问。
공통점	두 문법이 모두 친한 친구나 아랫사람에게 어떤 상황이나 사실을 질문할 때 쓴다. 两种语法都用于向好朋友或下属询问某种情况或事实。 ⑩ 영수야, 밥 먹**니**? (O) 　　영수야, 밥 먹**어**? (O) 　　英秀，吃饭吗？ 　　민정아, 내일 가**니**? (O) 　　민정아, 내일 **가**? (O) 　　敏正，明天走吗？
차이점	'-니'는 친한 친구나 아랫사람에게만 쓸 수 있는데 친밀하더라도 윗사람에게는 쓸 수 없다. 그러나 '-아/어'는 친한 친구나 아랫사람 뿐 아니라 매우 친밀한 윗사람에게도 쓸 수 있다. '-니'只能用于好朋友或下属，即使关系亲密也不能用于上级，但是'-아/어'不仅能用于好朋友或下属，而且也能用于关系亲密的上级。 ⑩ 영수 형, 밥 먹**니**? (X) 　　영수 형, 밥 먹**어**? (O) 　　英秀哥，吃饭吗？

지영 언니, 지금 가니? (X)
지영 언니, 지금 **가**? (O)
智英姐姐, 现在走吗?

연습해 보세요.

(1) 언니, 이 것 한번 가르쳐 줘도 (돼/되니)?

(2) 형, 내일 나랑 같이 (가니/가)?

82. '-(으)ㄹ까' & '-(으)ㄹ래'

문법 설명	**-(으)ㄹ까** 말하는 사람의 의심이나 의문을 나타내거나 상대방의 의향, 의견을 묻거나 제안함을 나타낸다. 表示说话的人的怀疑或疑问，询问或提出对方的意向，意见。 **-(으)ㄹ래** 상대방의 의향을 알아보거나 제안을 나타낸다. 表示询问对方意图或提建议。
공통점	**모두 상대방에게 제안을 함을 나타낸다.** 两个语法都有表示向对方提建议的意思。 ⑩ 우리 드라마 **볼까**? (O) 　 우리 드라마 **볼래**? (O) 　 我们看个电视剧怎么样？ 　 우리 같이 해 **볼까**? (O) 　 우리 같이 해 **볼래**? (O) 　 我们一起做吧？
차이점	**상대방에게 제안할 때는 '-(으)ㄹ까'는 주어가 '나, 우리' 등 1인칭이** **여야 한다. '-(으)ㄹ래'는 주어가 '우리'를 빼고 1인칭일 때 사용할** **수 없다.** 表示向对方提建议时，'-(으)ㄹ까'主语只能是第一人称，'-(으)ㄹ 래'除了"我们"以外不能使用第1人称。 ⑩ 제가 먼저 집에 **갈까요**? (O) 　 제가 먼저 집에 **갈래요**? (X) 　 我先回家吗？ 　 제가 저녁에 전화**할까요?** (O) 　 제가 저녁에 전화**할래요?** (X)

我晚上打电话可以吗？

'-(으)ㄹ까'는 3인칭의 경우 추측의 의문을 나타내는데 '-(으)ㄹ래'는 3인칭 문장에 쓸 수 없다.

'-(으)ㄹ까'主语为第3人称时表示推测的疑问，但是'-(으)ㄹ래'不能用在第3人称的句中。

㈜ 교수님이 오늘 학교에 나오**실까요**? (O)
　　교수님이 오늘 학교에 나오**실래요**? (X)
　　教授今天会来学校吗？

　　아저씨가 출근**할까요**? (O)
　　아저씨가 출근**할래요**? (X)
　　大叔上班吗？

'-(으)ㄹ까'는 의문문의 종결형으로만 쓰인다. '-(으)ㄹ래'는 의문문과 평서문에 모두 사용할 수 있다. 평서문에서는 주어의 '의향'을 나타내므로 주어가 1인칭이어야 한다.

'-(으)ㄹ까'只能用在疑问句中。'-(으)ㄹ래'在疑问句或陈述句中都可以使用，因为用在陈述句中是表示意向，所以主语必须是第1人称。

㈜ 제가 저녁에 전화**할까요**. (X)
　　제가 저녁에 전화**할래요**. (O)
　　我想傍晚打电话。

　　민선이 내일 운동**할까요**? (O)
　　미선이 내일 운동**할래요**? (X)
　　美善明天运动吗？

'-(으)ㄹ래'는 '-을까'보다 더 비격식적이기 때문에 말하는 사람보다 윗사람이나 높은 사람에게는 사용할 수 없다.

'-(으)ㄹ래'没有'-(으)ㄹ까'正式，因此当听着比说话人职位高或年龄大时，不宜使用。

㉝ 선생님, 몇 시쯤 가**실까요**? (윗사람O)
　　선생님, 몇 시쯤 가**실래요**? (윗사람X)
　　老师，请问您几点走？

　　부장님, 몇 시쯤 가**실까요**? (높은 사람 O)
　　부장님, 몇 시쯤 가**실래요**? (높은 사람X)
　　部长，请问您几点走？

연습해 보세요.

(1) 난 내일 저녁에 숙제 할(까요/래요).

(2) 저 사람은 무엇을 타고 왔(을까/을래)?

희망 요구 希望 要求

말하는 사람이 어떤 사실이나 사건에 대해 바람, 소망, 우려 등을 나타낼 때 쓰이는 표현들이 있다.

> (46) 가. 여행이나 <u>갔으면 좋겠다</u>.
> 나. 일이 <u>잘되어야 하는데</u>.
> 다. 비밀이 새 <u>나가면 안 되는데</u>.
> 라. 나도 학교에 <u>가고 싶다</u>.

(46가)는 '-(으)면 좋겠다'를 써서 말하는 사람의 소망을, (46나), (46다)는 '-아/어야 하다', '-(으)면 안 되다'를 써서 말하는 사람의 우려를 나타낸다. (46라)의 경우는 행위자인 '나'의 바람을 나타내어 말하는 사람만이 이 표현을 쓸 수 있는데, 다른 사람의 바람을 표현할 때는 '-고 싶어하다'를 쓴다.

'희망 요구' 부분에서는 '-고 싶다' & '-고 싶어하다', '-고자'와 '-기 위해', '-고자'와 '-(으)려고', '-아/어야지요'와 '-지 그래요', '-(으)라고'와 '-게', '-(으)면 좋겠다'와 '-았/었으면 좋겠다', '-지 그래요'와 '-지 그랬어요' 등의 공통점과 차이점에 대해 살펴보겠다.

83. '-고 싶다' & '-고 싶어하다'

문법 설명	**-고 싶다** 말하는 사람이 원하거나 바라는 내용을 나타낸다. 表示说话着想要做的或者期待的内容。 **-고 싶어 하다** 말하는 사람이 아닌 다른 사람이 주어로 쓰여 그 사람이 바라거나 원하는 것을 나타낸다. 表示第三人作主语时其希望的或者愿意做的事情。
공통점	두 문법은 모두 바라거나 원하는 것을 나타낼 때 쓴다. 两个语法都有希望或者愿望的意思。 ⑩ 어떤 것을 드시고 **싶어요**? (○) 　어떤 것을 드시고 **싶어 해요**? (○) 　请问想吃什么？ 　연휴 때 놀이공원에 가고 **싶어요**. (○) 　연휴 때 놀이공원에 가고 **싶어 해요**. (○) 　休假时想去游乐场。
차이점	'-고 싶다'는 말하는 사람이 어떤 행위를 하기를 원함을 나타내고 '-고 싶어 하다'는 말하는 사람이 아닌 다른 사람이 주어로 쓰여 그 사람이 바라거나 원하는 것을 나타낸다. '-고 싶다'主要表现说话人想要做某一行为时使用, '-고 싶어 하다'则是第三人作主语时表达其希望或愿望时使用。 ⑩ 저는 제주도에 가고 **싶어요**. (○) 　저는 제주도에 가고 **싶어 해요**. (X) 　我想去济州岛。 　사람들은 모두 건강하게 살고 **싶어요**. (X) 　사람들은 모두 건강하게 살고 **싶어 해요**. (○) 　人们都想健康地生活。

연습해 보세요.

(1) 수미 씨의 아버지께서는 퇴직 후에 뭘 하(고 싶어요/고 싶어 해요)?

(2) 나는 맛있는 불고기를 먹(고 싶어요/고 싶어 해요).

84. '-고자' & '-기 위해'

문법 설명	**-고자** 말하는 사람이 어떤 행위를 하려는 의도나 희망을 가지고 있거나 어떤 상태를 지향함을 나타낸다. 表示说话的人有做某种行为的意图或希望，或向往某种状态。 **-기 위해** 어떤 일을 하는 목적이나 의도를 나타낸다. 表示做某事的目的或意图。
공통점	**어떤 행동의 목적이나 의도를 나타낸다.** 表示某种行动的目的或意图。 ⑩ 한국어를 잘하**기 위해** 열심히 공부합니다. (O) 　한국어를 잘하**고자** 열심히 공부합니다. (O) 　为了学好韩语而努力。 　그는 성공하**고자** 열심히 노력했다. (O) 　그는 성공하**기 위해** 열심히 노력했다. (O) 　他为了成功而不懈努力。
차이점	**'-고자'는 '이다'와 쓸 수 있지만 '-기 위해'는 '이다'와 쓸 수 없다.** '-고자'可以与'이다'一起使用，但是'-기 위해'不与'이다'一起使用。 ⑩ 나는 훌륭한 선생님이**고자** 한다. (O) 　나는 훌륭한 선생님이**기 위해** 한다. (X) 　我想成为一名优秀的老师。 　국내 가장 좋은 회사이**고자** 노력한다. (O) 　국내 가장 좋은 회사이**기 위해** 노력한다. (X) 　努力成为国内最好的公司。

'-고자'는 의도를 가지고 있음을 나타내므로 청유문이나 명령문, 당위 표현과는 잘 쓰지 않는다. '-기 위해'는 어떤 목적을 이루려고 하는 행동이 있어야 하므로 청유문이나 명령문, 당위 표현과 함께 쓸 수 있다.

'-고자'因为表示意图, 所以不用在命令句、共动句中, 但是'-기 위해'因为有想实现某一目标的行动, 所以可以用在命令句、共动句中。

㉾ 이번 일을 해 내**고자** 열심히 합시다. (X)
　이번 일을 해 내**기 위해** 열심히 합시다. (O)
　为了完成这件事, 让我们努力吧。

　불우 이웃을 돕**고자** 조금씩 돈을 모읍시다. (X)
　불우 이웃을 돕**기 위하여** 조금씩 돈을 모읍시다. (O)
　为了帮助不幸的邻居, 让我们凑一点钱吧。

'-고자'는 단순히 의도만을 나타낼 수 있지만 '-기 위해'는 의도만을 나타낼 경우 쓰지 않는다.

'-고자'可以用在单纯表示意图的句子中, 但是'-기 위해'不能用在只表示意图的句中。

㉾ 지금부터 회의를 시작하**고자** 한다. (O)
　지금부터 회의를 시작하**기 위해** 한다. (X)
　现在开始开会。

　수업을 시작하**고자** 합니다. (O)
　수업을 시작하**기 위해** 합니다. (X)
　现在开始上课。

'-고자'는 주로 격식을 갖춘 말이나 공식적인 장소에서의 대화, 글에서 많이 사용한다. '-기 위해'는 격식이나 비격식 말이나 글에서 모두 사용한다.

'-고자'主要用在格式体场合的对话或文章中, '-기 위해'格式体与非格式体都可以使用。

ⓔ 너를 만나**고자** 왔지.(?)
　너를 만나**기 위해** 왔지. (O)
　为了见你来的。

　밥 먹**고자** 식당에 가지.(?)
　밥 먹**기 위해** 식당에 가지. (O)
　为了吃饭去食堂啊。

연습해 보세요.

(1) 불우 이웃을 돕(고자/기 위해) 무슨 일이든 시작하자.

(2) 저희들은 좋은 부모이(고자/기 위해) 노력합니다.

85. '-고자' & '-(으)려고'

문법 설명	**-고자** 말하는 사람이 어떤 행위를 하려는 의도나 희망을 가지고 있거나 어떤 상태를 지향함을 나타낸다. 表示说话的人有做某种行为的意图或希望，或向往某种状态。 **-(으)려고** 어떤 행위를 할 의도나 목적이 있음을 나타낸다. 表示做某事的意图。
공통점	**어떤 행동의 목적이나 의도, 희망의 의미를 나타낸다.** 表示某种行动的目的或意图，希望的意义。 ⑩ 한국어를 잘하**려고** 열심히 공부합니다. (O) 한국어를 잘하**고자** 열심히 공부합니다. (O) 想学好韩国语努力地学习。 우리는 되도록 빨리 도착하**고자** 서둘렀다. (O) 우리는 되도록 빨리 도착하**려고** 서둘렀다. (O) 我们为了尽快到达快马加鞭。
차이점	**'-고자'는 '이다'와 쓸 수 있다. '-(으)려고'는 '이다'와 쓸 수 없다.** '-고자'可以与'이다'一起使用，但是'-(으)려고'不能与'이다'一起使用。 ⑩ 나는 훌륭한 선생님이**고자** 한다. (O) 나는 훌륭한 선생님이**려고** 한다. (X) 我想成为优秀的老师。 저는 훌륭한 대학생이**고자** 지금까지 노력해 왔습니다. (O) 저는 훌륭한 대학생이**려고** 지금까지 노력해 왔습니다. (X) 我为了成为一名优秀的大学生，一直努力到现在。

'-고자'는 주로 격식을 갖춘 말이나 공식적인 장소에서의 대화, 글에서 많이 사용한다. '-(으)려고'는 공식적이고 비공식적 말이나 글에서 모두 사용한다.

'-고자' 常用于有格式的话或在正式场合的对话、文章中。'-(으)려고'在正式和非正式对话、文章中都能使用。

> 예) 너를 만나**고자** 왔어.(?)
> 너를 만나**려고** 왔어. (O)
> 为了见你来的。
>
> 밥 먹**고자** 식당에 왔지.(?)
> 밥 먹**으려고** 식당에 왔지. (O)
> 来食堂是为了吃饭呀。

연습해 보세요.

(1) 저희들은 좋은 부모이(고자/려고) 노력합니다.

(2) 영수야, 너 거기 가서 뭘 하(고자/려고)?

86. '-아/어야지요' & '-지 그래요'

문법 설명	**-아/어야지요** 상대에게 어떤 일에 대한 의사를 묻거나 권하는 뜻을 나타낸다. 表示询问对方的意图或劝说。 **-지 그래요** 상대방이 하지 않는 일에 대해서 조심스럽게 권유할 때 쓴다. 윗사람 에게 는 쓰지 않는다. 小心地建议对方做其不去做的事情。不用于跟长辈的谈话中。
공통점	**상대방에게 어떤 일을 해야 한다고 건의하거나 권유할 때 쓴다는 점** **에서 비슷하다. 또한 모두 구어에서 쓰인다.** 两个语法都表示向对方提建议或劝诫其应该做某事。并且都只 在口语中使用。 ⓔ 입맛이 없어도 밥을 먹**어야지요**. (O) 　입맛이 없어도 밥을 먹**지 그래요**. (O) (말투가 더 부드러움) 　即使没胃口也得吃点饭啊。 　숙제를 다 했으면 선생님께 제출**해야지요**. (O) 　숙제를 다 했으면 선생님께 제출**하지 그래요**. (O) (말투가 더 부 　드러움) 　作业都做完了话就应该交给老师啊。
차이점	**어떤 일을 하는 필수성과 당위성 정도로 보면'-아/어야지요'가 '-지** **그래요'보다 말투가 더 강하다.** 按照必须、必要、应当性的程度'-아/어야지요'的语气比'-지 그래 요'强硬一些。 ⓔ 오늘은 마감 일이에요. 오늘 안으로 꼭 제출**해야지요**. (O) 　오늘은 마감 일이에요. 오늘 안으로 꼭 제출하**지 그래요**. (X) 　今天是截止日，今天之内一定得上交。

시험을 보려면 신분증을 꼭 가져 **와야지요**. (O)
시험을 보려면 신분증을 꼭 가져 오**지 그래요**. (X)
要想考试的话, 必须得携带身份证。

'-아/어야지요'는 화자 스스로의 다짐을 하거나 예상되는 일이 이루어지지 않았음을 나타내기도 한다.
'-아/어야지요' 也可以用于说话者表示自己的决心或者表示事情不如意时使用。

㉠ 이 일은 오늘 내에 마무리 지**어야지요**. (O)
이 일은 오늘 내에 마무리 지**지 그래요**. (X)
我今天得做完这件事。

마음이 어수선해서 일이 손에 잡**혀야지요**. 여태 아무것도 못 했어요. (O)
마음이 어수선해서 일이 손에 잡히**지 그래요**. 여태 아무것도 못 했어요. (X)
我心烦意乱, 没心思干活, 到现在什么也没做。

연습해 보세요.

(1) 다시는 그러지 않겠다고 했으니, 내가 믿(어야지요/지 그래요).

(2) 자꾸 내일까지 제출하라고 하지 마세요. 내가 그때까지 다 끝낼 수 있(어야지/지 그래).

87. '-(으)라고' & '-게'

문법 설명	**-(으)라고** 어떤 행위의 목적, 의도를 나타낸다. 앞선 문장과 같은 목적, 의도 때문에 뒤 절의 행위를 함을 나타낸다. 表示后句行为的目的或意图。 **-게** 어떤 일이 행해지도록 간접적으로 영향을 주었다는 의미로 주로 사용된다. 主要表示间接影响某事发生。
공통점	**모두 말하는 사람이 상대방에게 어떤 의도나 목적을 가할 때 쓰인다.** 两个语法都表示说话者为让他人做某事的意图或目的。 ㉧ 도움이 필요하면 언제든지 연락하**라고** 내 전화번호를 가르쳐 줬다. (O) 도움이 필요하면 언제든지 연락하**게** 내 전화번호를 가르쳐 줬다. (O) 为了让他在需要帮助的时候能随时联系到我, 我把电话号码告诉了他。 사원들에게 경험을 쌓**으라고** 외국 연수의 기회를 줍니다. (O) 사원들에게 경험을 쌓**게** 외국 연수의 기회를 줍니다. (O) 为了让员工们积累经验, 给了他们去外国研修的机会。
차이점	**'-(으)라고'는 간접인용의 형태로 나타나 마치 상대방에게 직접 명령을 내리듯이 요구사항이 더 직접적이고 명령적이다. 그러나 '-게'는 보다 더 간접적이고 덜 명령적이다.** '-(으)라고'是间接引用形式, 就像是直接对对方下命令似的口吻, 因此说话者对对方提出的要求更加直接、具有威胁性。但是'-게'说话者没有直接下命令的感觉, 所提出的要求更加间接。

⑩ 오후 회의에 참석하**라고** 아침부터 전화했다. (명령을 내리듯이 요구함) (O)

为了让参加下午的会议, 一大早就打了电话。(像下命令一样要求)

오후 회의에 참석하**게** 아침부터 전화했다. (더 간접적이고 완곡하게 요구함) (O)

为了让参加下午的会议, 一大早就打了电话。(更间接、委婉地作出要求)

'-(으)라고'의 부정 표현은 '-지 말라고'이고 '-게'의 부정 표현은 '-지 않게'이다.

'-(으)라고'的否定句为'-지 말라고', '-게'的否定句为'-지 않게'。

⑩ 수업에 늦지 말**라고** 아침마다 전화한다. (O)
수업에 늦지 말**게** 아침마다 전화한다. (X)
为了不让上课迟到每天早上都打电话。

아이가 다시 이런 잘못을 하지 말**라고** 호되게 혼냈다. (O)
아이가 다시 이런 잘못을 하지 말**게** 호되게 혼냈다. (X)
为了不让孩子再犯类似的错误狠狠地教训了他。

연습해 보세요.

(1) 아이들에게 아이스크림을 먹지 않(으라고/게) 냉장고에 넣었다.

(2) 아이들에게 TV를 보지 않(으라고/게) 전원을 꺼 버렸다.

88. '-(으)면 좋겠다' & '-았/었으면 좋겠다'

문법 설명	**-(으)면 좋겠다** 앞으로 일어나기를 바라는 소망이나 바람을 나타내거나 현실과 다르게 되기를 바라는 희망을 나타낸다. 表現出希望以后发生的愿望或愿望, 或者表现出希望与现实不同的希望。 **-았/었으면 좋겠다** 희망이나 바람을 나타낸다. 表示希望。
공통점	**말하는 사람이 현재와 반대 상황을 가정하여 희망함을 나타낸다.** 表示说话的人假设与现在相反的情况。 예 할아버지의 병이 빨리 나으시**면 좋겠**지만 연세가 많으셔서 회복이 느려요. (O) 할아버지의 병이 빨리 나으**셨으면 좋겠**지만 연세가 많으셔서 회복이 느려요. (O) 虽然希望爷爷的病能快点好起来但他年纪大了, 恢复得很慢。 수지가 대학에 가**면 좋겠**어요. (O) 수지가 대학에 **갔으면 좋겠**어요. (O) 秀智能上大学就好了。
차이점	**'-(으)면 좋겠다'는 주로 아직 일어나지 않은 상황에 대한 희망인데 반해 '-았/었으면 좋겠다'는 이미 일어난 일과 반대되는 내용, 현재 사실과 반대되는 상황을 가정할 때 많이 쓰며 현실이 달라지기를 희망하거나 현실이 그렇지 않음을 아쉬워함을 나타낸다.** '-(으)면 좋겠다'主要是表达对尚未发生情况的希望, '-았/었으면 좋겠다' 多用于假设与已经发生的事情相反的内容, 与现在的事实相反的情况, 表现出希望现实发生变化或对现实并非如此的遗憾。

⑩ 키가 좀 더 크**면 좋겠다.** 그럼 모델이 될 수 있었을 텐데. (X)
키가 좀 더 컸**으면 좋겠다.** 그럼 모델이 될 수 있었을 텐데. (O)
个子再高一点就好了，那样就能成为模特了。

(새 선생님을 보고 나서) 우리 새 선생님이 여자**이면 좋겠어요.**
(X)
(새 선생님을 보고 나서) 우리 새 선생님이 여자**였으면 좋겠어요.**
(O)
（见到新老师后）我们的新老师是女老师就好了。

**'-(으)면 좋겠다'는 화자가 요구하는 사항이 현재 혹은 빠른 시간
내에 이루어지기를 바랄 때 사용하므로 더 직접적이고 강한 표현이
다. '-았/었으면 좋겠다'는 화자가 청자에게 비교적 완곡하게 요구할
때 사용하는 표현이다.**
'-(으)면 좋겠다'因为叙述者希望在现在或短时间内完成所要求的
事项时使用，所以是更加直接和强烈的表现'-았/었으면 좋겠다'这
是说话者对听者要求比较委婉时使用的表达方式。

⑩ 철수 씨가 가**면 좋겠어요.** (O)
哲洙去就好了。

철수 씨가 **갔으면 좋겠어요.**(더 완곡한 느낌) (O)
哲洙去就好了。（表达更加委婉）

연습해 보세요.

(1) 내가 돈이 많(으면/았으면) 좋겠어. 그러면 너를 많이 도와 줬을 텐데.

(2) 기차가 제시간에 (오면/왔으면) 좋겠는데 우리가 지각하지 않았을 거야.

89. '-지 그래요' & '-지 그랬어요'

문법 설명	**-지 그래요** 상대방이 하지 않는 일에 대해서 조심스럽게 권유할 때 쓴다. 윗사람에게 는 쓰지 않는다. 小心地建议对方做其不去做的事情。不用于跟长辈的谈话中。 **-지 그랬어요** 상대방이 한 과거 일에 대해서 권유할 때 쓴다. 对于对方已经做过的事情进行委婉地劝诫的时候使用。
공통점	**상대방에게 조심스럽게 건의하거나 권유할 때 쓴다는 점에서 비슷하다.** 两个语法都表示委婉地向对方提建议或劝诫。 ⑩ 아이가 그렇게 그 장난감을 갖고 싶다는데 웬만하면 사 주**지 그래요**. (O) 아이가 그렇게 그 장난감을 갖고 싶다는데 웬만하면 사 주**지 그랬어요**. (O) 孩子那么想要那个玩具，差不多就给他买个吧。 물어보면 솔직하게 얘기해 주**지 그래요**. (O) 물어보면 솔직하게 얘기해 주**지 그랬어요**. (O) 问你意见的话就坦诚地告诉他吧。
차이점	**'-지 그래요'는 아직 하지 않는 일에 대해서 권유할 때 쓰이지만 '-지 그랬어요'는 상대방이 이미 한 일에 대해서 권유할 때 쓰인다.** '-지 그래요'主要用于对对方还没有做的事情进行委婉地劝诫, 而'-지 그랬어요'是对说话者已经做完的事情进行劝导或劝诫时使用。 ⑩ 가: 숙제를 낸다는 게 일기장을 내고 말았어요. 　　나: 숙제인지 일기장인지 잘 보고 내**지 그래요**. (X) 　　　　本来要交作业本的, 不小心把日记本给交上去了。 　　　　你应该好好看一下是作业还是日记本再交的。

가: 숙제를 낸다는 게 일기장을 내고 말았어요.
나: 숙제인지 일기장인지 잘 보고 내**지 그랬어요.** (O)
本来要交作业本的, 不小心把日记本给交上去了。
你应该好好看一下是作业还是日记本再交的。

가: 내일 주말인데 버스 타면 사람이 많을 거야.
나: 조금 비싸지만 택시 타고 가**지 그래.** (O)
明天是周末, 坐公交车的话人会很多的。
虽然稍微贵点, 还是坐地铁去吧。

가: 내일 주말인데 버스 타면 사람이 많을 거야.
나: 조금 비싸지만 택시 타고 가**지 그랬어요.** (X)
明天是周末, 坐公交车的话人会很多的。
虽然稍微贵点, 还是坐地铁去吧。

연습해 보세요.

(1) 어제 공원에서 아이가 그렇게 울었는데 아이스크림 하나를 좀 사 주지 (그래
/그랬어).

(2) 내일 조금 일찍 집에서 출발하지 (그래/그랬어).

변화 중단 变化 中断

두 문장을 '변화와 중단'의 의미로 이어 주는 문법에는 '-게 되다', '-아/어
지다', '-다가' 등이 있다. '변화'의 의미를 갖는 문법은 주어의 의지나 바람과
는 달리 다른 사람의 행위나 어떤 외부적인 조건에 의해 어떤 상황에 이르
게 되었음을 나타내고 '중단'의 의미를 갖는 문법들은 앞 문장의 행위가 진
행되어 가는 도중이나 그 행위가 끝난 후 다른 행위로 바뀔 때 쓴다.

> (47) 가. 병원에 오기 싫었는데 너무 두통이 심해서 이렇게 결국 병원
> 에 오게 되었어요.
> 나. 철수는 술을 먹자 얼굴이 벌게졌다.
> 다. 아까는 비가 오다가 이제는 눈이 온다.

(47가)는 주인인 말하는 사람의 의지로는 병원에 오기 싫었지만 두통 때
문에 결국 병원에 왔다는 것을 나타낸다. (47나)는 술을 먹어서 얼굴빛이
점점 벌건 상태로 변화됨을 나타낸다. (47다)는 비가 오는 것이 그치고 눈
이 오는 상황으로 전환이 되었음을 나타낸다.

다음으로 '변화 중단'의 의미를 갖는 근의 문법 '-게 되다'와 '-아/어지다',
'-다 못해'와 '-지 못해', '-다가'와 '-았/었다가', '-다가'와 '-다가는' 등에 대해
서 살펴보겠다.

90. '-게 되다' & '-아/어지다'

문법 설명	**-게 되다** 어떤 상황에서 다른 상황으로 변화하였음을 나타낸다. 이 때의 변화는 자연스럽게 생긴 변화가 아니라 어떤 노력이나 인위적인 것에 의한 변화인 경우가 많다. 表示从某种情况转变为另一种情况。这个时候的变化很多时候不是自然发生的变化，而是通过某种努力或人为的变化。 **-아/어지다** 동사에 붙어 어떠한 행위를 하게 되거나 어떤 동작이 저절로 일어나 그러한 상태로 됨을 나타낸다. 用在动词后面，表示要做某种行为，或者某个动作自动起来，变成那样的状态。
공통점	**어떤 행위를 하게 되거나 어떠한 상태로 됨을 나타낸다는 점에서 비슷하다.** 表现出进行某种行为或处于某种状态这一点是相似的。 ㉠ 친구를 만나서 기분이 좋**게 됐어요**. (O) 　　친구를 만나서 기분이 좋**아졌어요**. (O) 　　见到朋友心情变好了。 　　철수와 싸우고 나서는 외삼촌댁에 잘 안 가**게 돼**. (O) 　　철수와 싸우고 나서는 외삼촌댁에 잘 안 가**져**. (O) 　　与哲洙吵完架后就不太去舅舅家了。
차이점	**'-게 되다'는 변화한 결과를 더 강조하기 때문에 '결국, 마침내, 드디어'와 같이 잘 쓰이는데, '-아/어지다'는 변화하는 과정을 더 강조하기 때문에 '점점, 차츰'과 같이 모양이 천천히 변화하는 것을 뜻하는 부사와 함께 사용할 수 있다.** '-게 되다'因为强调是变化后的结果，所以常与'결국, 마침내, 드디어'等副词一起使用。'-아/어지다'强调的是变化的过程，　所以所

以常与'점점, 차츰'等副词一起使用。

예) 날씨가 추워서 두꺼운 옷을 입**게 되었어요**. (결과 강조) (O)
天气很冷，所以穿了厚厚的衣服。(强调结果)

점점 날씨가 **추워져요**. (과정 강조) (O)
天气渐渐变冷。(强调过程)

'-게 되다'는 주어의 의지나 바람과는 달리 다른 사람의 행위나 외부적인 조건에 의해 어떤 상황에 이르게 되었음을 나타낸다. '-아/어지다'는 어떤 행위나 동작이 저절로 일어나 그러한 상태로 됨을 나타낸다.
'-게 되다'表示变化不是由主语的意志或期望发生，而是由人为或外部原因发生。'-아/어지다'表示行为或动作是自然而然地发生的。

예) 선교사의 도움으로 이 학교가 100년 전에 세우**게 됐어요**. (O)
선교사의 도움으로 이 학교가 100년 전에 **세워졌어요**. (X)
因为传道士的帮助，该学校在100年前被建立起来。

핸드폰이 고장 나서 버튼을 잘 안 누르**게 되었어요**. (X)
핸드폰이 고장 나서 버튼을 잘 안 **눌러져요**. (O)
手机坏了，按不了键了。

'-게 되다'는 일부 형용사 '비싸다, 따뜻하다, 곱다' 등과의 결합에 제약을 보이지만 '-아/어지다'는 모든 형용사와 결합하여 사용될 수 있다.
'-게 되다' 不能与'비싸다, 따뜻하다, 곱다'等一部分形容词一起使用，但是'-아/어지다'可以与所有形容词一起连接使用。

예) 그 남자를 만나고 나서 그녀의 마음이 따뜻하**게 되었다**. (X)
그 남자를 만나고 나서 그녀의 마음이 따뜻**해졌다**. (O)
遇到那个男人后她的心变得温暖了起来。

코로나 이후 물가가 비싸**게 되었다**. (X)
코로나 이후 물가가 비**싸졌다**. (O)
疫情以后，物价变贵了。

연습해 보세요.

(1) 손님이 너무 없어서 문을 (닫게 됐어요/닫아졌어요).

(2) 그 자전거는 페달을 밟지 않아도 잘 (가게 되었다/가졌다).

91. '-다 못해' & '-지 못해'

문법 설명	**-다 못해** 앞말이 뜻하는 행동이나 상태가 극에 달해 그것을 더 이상 유지할 수 없 음을 나타낸다. 表示某一行为或者某一状态达到了极限, 无法再继续维持下去。 **-지 못해** 주어의 의지나 바람은 있지만 그에 필요한 능력이 없거나 다른 어떤 것에 의해 주어의 의지대로 되지 아니함을 나타낸다. 表示主语虽然有意志或愿望, 但是没有能力、或者因为其他原因而无法实现。
공통점	두 문법이 모두 어떤 일을 끝내 할 수 없게 된다는 뜻이 있다. 两个语法都有最终没能做成某事的意思。 ⑩ 계약직 직원들이 부당한 대우를 견디**다 못해** 집단 소송을 제기했다. (O) 계약직 직원들이 부당한 대우를 견디**지 못해** 집단 소송을 제기했다. (O) 合同制员工无法忍受不公正的待遇发起了集体诉讼。 직장 동료들의 노골적인 따돌림을 참**다 못해** 사표를 냈답니다. (O) 직장 동료들의 노골적인 따돌림을 참**지 못해** 사표를 냈답니다. (O) 无法忍受职场同事露骨的排挤, 交了辞职信。
차이점	**'-다 못해'는 극에 달하는 과정을 동시에 강조하지만 '-지 못해'는 결과만 강조한다.** '-다 못해'强调的是到达极限经历的过程, '-지 못해'强调的是结果。 ⑩ 나는 중국어를 배우지 않아서 중국어를 하**지 못해요.** (O)

我因为没学过所以说不了中文。
나는 중국어를 하**다 못해** 영어를 말하기 시작했다. (O)
我实在说不了中文开始说英语。

목이 아파서 말하지 **못해요.** (O)
因为嗓子疼不能说话。
목이 아파서 말하**다 못해** 손짓으로 소통했다. (O)
因为嗓子疼实在说不了话就用手势交流了。

'-다 못해'는 형용사와 동사 뒤에 모두 쓰일 수 있지만 '-지 못해'는
동사 뒤에만 쓰일 수 있다.
'-다 못해'前面可以接动词或形容词，但是'-지 못해'前面只能连
接动词。

㉠ 배가 고프**다 못하여** 아프기 시작했다. (O)
배가 고프**지 못하여** 아프기 시작했다. (X)
肚子饿到极限开始疼了。

희**다 못해** 푸른빛이 도는 치아이다. (O)
희**지 못해** 푸른빛이 도는 치아이다. (X)
一颗白得甚至是蓝色的牙齿.

연습해 보세요.

(1) 큰 상을 받은 여배우가 기쁘(지 못해/다 못해) 울었다.

(2) 억울하(지 못해/다 못해) 욕설을 퍼부었다.

92. '-다가' & '-았/었다가'

문법 설명	**-다가** 어떤 행위나 상태가 중단되고 다른 행위나 상태로 바뀜을 나타낸다. 表示某一行为或状态中断变成了其他的行为或状态。 **-았/었다가** 어떤 행위가 끝나고 다른 행위로 바뀜을 나타낸다. 앞 행위와 뒤 행위 는 반대된다. 表示某一动作结束后转变成其他的动作。主要是用前后动作相反的 动词。
공통점	**두 문법은 모두 한 동작이 다른 동작으로 바뀐다는 뜻을 가진다.** 两个语法都有某一动作转变为其他的动作的意思。 ⑩ 엘리베이터에 타**다가** 사람이 너무 많아서 계단으로 내렸어요. (O) 엘리베이터에 **탔다가** 사람이 너무 많아서 (다시 나와서) 계단으로 내렸어요. (O) 上了电梯发现人好多又下来了。 분위기가 좋**다가** 말 한 마디로 분위기가 썰렁해졌다. (O) 분위기가 **좋았다가** 말 한 마디로 분위기가 썰렁해졌다. (O) 气氛挺好来着，因为一句话变得冷场了。
차이점	**'-다가'는 앞의 동작이 진행되는 도중에 다른 동작으로 바뀌는 반면 '-았/었다가'는 앞의 동작이 완료된 후에 뒤의 동작으로 바뀐다. 또한 앞 동작과 뒤 동작이 보통 상반된다.** '-다가'是前面动作进行的过程中中断然后转变为其他动作，'-았/ 었다가'是前面动作做完后转变为其他动作，前后动作一般为相反 意义的动作。 ⑩ 샤워를 하**다가** 전화를 받았다. (O) 샤워를 **했다가** 전화를 받았다. (X)

正洗着洗着澡，接了电话。

텔레비전을 켜**다가** 재미없어서 껐다. (X)
텔레비전을 **켰다가** 재미없어서 껐다. (O)
打开了电视，没意思，就又关上了。

연습해 보세요.

(1) 4층 강의실에 (올라갔다가/올라가다가) 책을 안 가진다는 걸을 인식해서
    다시 내려왔다.

(2) 겉옷을 입(었다가/다가) 너무 더워서 다시 벗었다.

93. '-다가' & '-다가는'

문법 설명	**-다가** 어떤 행위나 상태가 중단되고 다른 행위나 상태로 바뀜을 나타낸다. 앞선 행위나 상태가 뒤에 벌어지는 부정적인 상황의 원인이나 근거가 됨을 나타낸다. 表示某一行为或状态被中断而变成了后面的行为或状态。 表示前面的行为或状态是后面发生的否定状况的原因或根据。 **-다가는** 어떤 행위나 상태가 중단되고 다른 행위나 상태로 바뀜을 나타낸다. 앞 절의 내용과 같은 이미 일어난 사실이 계속되면 뒤 절의 내용과 같이 원하지 않는 결과를 가져오게 됨을 나타낼 때 쓴다. 表示某一行为或状态被中断而变成了后面的行为或状态。 表示如果前句中已经发生的事情持续下去的话，就会导致后句中 不好的结果。
공통점	**두 문법이 모두 어떤 행위나 상태가 중단되고 다른 행위나 상태로 바뀜을 나타내는 뜻이고 앞의 행동이나 상태가 뒤 절의 부정적인 상 황으로 바뀜을 나타낸다.** 两个语法都有某一行为或状态被中断而变成了后面的行为或状 态和前面的行动或状态转换成为后句消极的状况的意思。 ㉠ 그렇게 예의 없이 행동하**다가** 모든 사람들이 싫어하게 될지도 몰 라요. (O) 그렇게 예의 없이 행동하**다가는** 모든 사람들이 싫어하게 될지도 몰라요. (O) 再那样没有礼貌地行动的话，说不定所有人都会讨厌你的。 이렇게 사람들이 소비를 안 하**다가** 회사들이 망하겠어요. (O) 이렇게 사람들이 소비를 안 하**다가는** 회사들이 망하겠어요. (O) 人们再继续不消费的话，公司就要倒闭了。

차이점	**'-다가'에 비해 '-다가는'은 바뀐 뒤의 행위나 상태 또는 부정적인 상황을 더 강하게 표현하는 느낌이 있다.** '-다가는'与'-다가'相比，变换后的行为、状态，或是否定的状况所蕴含的意味更加强烈。 예) 무리하**다가** 병이 날 거야. (O) 做事太拼命，会病倒的。 무리하**다가는** 병이 날 거야. (말하는 사람의 태도가 더 엄숙하며 말투가 더 엄격함) (O) 做事太拼命，会病倒的。(说话者态度更严肃、语气更重) 과속을 하**다가** 조만간 사고를 내겠다. (O) 과속을 하**다가는** 조만간 사고를 내겠다. (말하는 사람의 태도가 더 엄숙하며 말투가 더 엄격함) (O) 速度过快早晚出交通事故。(说话者态度更严肃、语气更重) **'-다가'는 뒤 절은 제한이 별로 없지만 '-다가는'의 뒤 절은 추측을 나타낸 '-(으)ㄹ 것이다', '-겠다'가 쓰이는 것이 어울린다.** -다가'后句的终结语尾没有限制，但是'-다가는'后句的终结语尾主要为表示推测的'-(으)ㄹ 것이다'或者 '-겠다'。 예) 공부를 계속 안 하**다가** 결국 낙제됐다. (O) 공부를 계속 안 하**다가는** 결국 낙제됐다. (X) 一直不学习，结果不及格了。 쉴 틈이 없이 일을 하**다가** 결국 쓰러지고 말았다. (O) 쉴 틈이 없이 일을 하**다가는** 결국 쓰러지고 말았다. (X) 忙得连休息的时间都没有，结果倒下了。

연습해 보세요.

(1) 밤늦게까지 게임을 하(다가/다가는) 건강이 나빠졌다.

(2) 수지는 욕심을 부리(다가/다가는) 있던 재산도 모두 날렸다.

시간 시제 时间 时态

시제란 어떤 사거이나 행위가 어떤 시점에 있었는지, 같은 문장 속에 하나 이상의 사건이나 행위가 나타나 있을 때 그들 사이의 시간상의 앞뒤 관계가 어떠한지를 문법 형태로 나타낸 것을 말한다. 대부분의 언어는 시제를 가지고 있으며, 일반적으로 시제는 '과거-현재-미래'로 구분되거나 '과거-비과거'로 구분된다.

과거시제는 말하는 시점을 기준으로 할 때 이미 일어난 동작이나 상태를 나타내는 시간 표현을 말한다. 과거시제는 문장의 종결형인 '-았/었-'과 '-았/었었-'이 있다.

중국인 한국어 학습자에게는 과거 시제'-았/었었-'과 '-았/었-'에 대해 구분하지 못할 때가 많다. '-았/었었-'은 '-았/었-'의 중복 형태인데 이 두 문법이 모두 과거에 발생한 일에 대해 설명하는 것이기 때문에 학습자가 언제 '-았/었었-'을 사용해야 하는지, 또 언제 '-았/었-'을 사용해야 하는지에 대해 구분하지 못한다.

'-았/었었-'은 과거의 사건이나 사실이 현재와 다르거나, 말할 때보다 훨씬 오래 전에 일어나 현재와는 시간상 거리가 멀어 단절되어 있음을 표현하기 위해 주로 사용된다는 데 '-았/었-'과 차이가 난다. 다음의 예를 보면 더 명확할 것이다.

(48) 가. 나는 어제 친구를 만나러 부산에 갔었다.
    나. 수미는 어제 친구를 만나러 부산에 갔다.

(49) 가. 아가 전화가 왔었어요.
    나. 전화가 왔어요. 전화 받으세요.

(48가)의 '부산에 갔었다'는 전에 부산에 간 경험이 있으나 현재는 부산에 있지 않음을 나타내고, (49가)의 '전화가 왔었다'는 전화가 온 적이 있으나 현재 전화가 와 있는 상태는 아니라는 사실을 나타낸다. 그러나 (48나)의

'부산에 갔다'는 수미가 부산에 가서 현재 여기에 없다는 의미를 나타내며, (49나)의 '전화가 왔다'는 지금 현재 전화가 와 있다는 것을 나타낸다.

'시간 시제' 부분에서 '-았/었었-'과 '-았/었-'의 공통점과 차이점에 대해 살펴보겠다.

94. '-았/었었-' & '-았/었-'

문법 설명	**-았/었었-** 어떤 상황이 과거에 있었지만 그 후에 그 상황이 계속되지 않고 다른 상황이 있음을 나타낸다. 某一事情过去曾经发生过, 现在的状况已经发生了改变。 **-았/었-** 말하는 시점에서 볼 때 문장이 나타내는 상황이나 사건이 이미 일어났음을 나타낸다. 以现在为基准, 句子中出现的状况或者事件已经发生。
공통점	**두 문법이 모두 과거에 발생한 일에 대해 설명한다.** 两个语法都是表示对过去发生事情的解释说明。 ㉉ 부장님, 댁에서 전화가 **왔었**어요. (O) 부장님, 댁에서 전화가 **왔**어요. (O) 部长, 您家里打来了电话。 그는 결혼**했었**어요. (O) 그는 결혼**했**어요. (O) 他结婚了。
차이점	**'-았/었-'은 단순히 사건이나 행동이 과거에 일어났음을 나타내거나 그 사건이나 행위가 완료되어 그 상태가 유지되고 있음을 나타내지만 '-았/었었-'은 어떤 상황이 과거에 있었지만 그 후에 그 상황이 계속되지 않고 다른 상황으로 바뀌었음을 나타낸다.** '-았/었-'只单纯地表示某一事情或行为在过去发生过, 或者该事情或行为发生后其状态保持到现在；'-았/었었-'则表示某一行为过去曾经发生过, 但是其状态不再存在, 现在已经转成了其他状况。 ㉉ 영수 씨, 아까 3시쯤 거래처에서 전화가 **왔**어요. (X) 영수 씨, 아까 3시쯤 거래처에서 전화가 **왔었**어요. (O)

英秀, 刚才3点左右从客户那边来电话了。

얼마 전까지 여기에 포스터가 붙어 있**었었**어요. (O)
얼마 전까지 여기에 포스터가 붙어 있**었**어요. (X)
直到不久前这里还贴着海报了呢。

연습해 보세요.

(1) 민수 씨 지금 고기 안 좋아해? 예전에는 고기가 없으면 밥을 안 먹(었었/
   었)죠.

(2) 2년 전까지 부산에 살(았었/았)는데 지금은 서울에 살고 있죠.

선택 나열 选择 罗列

두 문장을 '선택'의 의미로 이어 주는 연결어미는 '-거나', '-든지' 등이 있다. 이 어미들은 두 가지 이상의 상황에서 그중 하나를 선택하거나 선택될 수 있을 때 쓴다.

> (50) 가. 저는 일요일에 혼자 음악을 듣거나 영화를 봅니다.
> 나. 산으로 가든지 바다로 가든지 결정을 하자.
> 다. 산으로 가<u>든가</u> 바다로 가<u>든가</u> 결정을 하자.

'선택'의 의미를 나타내는 어미는 부사 '또는'과 같은 기능을 한다. 즉, 두 가지 중 하나가 선택된다는 의미이다. (50가)는 '일요일에 혼자 음악 감상 또는 영화 감상을 한다'는 의미이고, (50나)는 '바다 또는 산 중에서 갈 곳을 정하라'는 의미이다. '-든지'대신에 (50다)와 같이 '-든가'를 사용할 수 있다.

선택의 의미를 갖는 연결어미는 주어진 상황에서 하나를 선택하는 것이 아니라 아래와 같이 어느 것을 선택해도 상관이 없거나 주어진 모든 것을 다 포함하는 의미를 갖기도 한다.

> (51) 가. 밥을 먹거나/든지 빵을 먹거나/든지 네 마음대로 해라.
> 나. 여기 있는 것은 텔레비전이거나/든지 피아노거나/든지 모두
>   팔 겁니다.

위의 예문처럼 (51가)는 '밥이든 빵이든 상관없다'는 의미이고, (51나)의 의미는 '텔레비전 또는 피아노 둘 중 하나를 선택하여 파는 것'이 아니라 '텔레비전과 피아노를 포함하여 그곳에 있는 모든 것을 판다'는 의미이다.

두 문장을 '나열'의 의미로 이어 주는 연결어미에는 '-고', '-(으)며' 등이 있다. 이 어미들은 특별히 다른 의미를 갖지 않고 단순히 두 문장을 연결할 때 쓴다. 나열의 의미를 갖는 연결어미들은 앞뒤의 문장을 같은 무게로 대등하게 연결한다. 즉, 이와 같은 연결어미를 통해 비슷한 성격의 여러 문장

들을 나열할 수 있다. 따라서 아래와 같은 문장들은 순서를 바꾸어도 그 기본적 의미는 달라지지 않는다.

(52) 가. 바람이 불고 눈이 옵시다.
　　　나. 눈이 오고 바람이 붑니다.
　　　다. 마이클은 미국 사람이며 소냐는 러시아 사람입니다.
　　　라. 소냐는 러시아 사람이며 마이클은 미국 사람입니다.

　본 책에서는 '선택 나열' 부분에서 '-고'와 '-(으)며' , '-거나'와 '-(ㄴ/는)다거나', '-든지'와 '-거나', '-(으)나마나'와 '-거나 말거나'와 '-(으)ㄹ 둥 말 둥'과 '-(으)ㄹ락 말락' 등 근의 문법에 대해 설명한다.

95. '-고' & '-(으)며'

문법 설명	**-고** 시간의 순서와 상관없이 행위나 상태, 사실을 나열함을 나타낸다. 与时间顺序无关，罗列了行为、状态和事实。 **-(으)며** 둘 이상의 행위나 상태를 대등하게 연결함을 나타낸다. 表示对等地连接两个以上的行为或状态。
공통점	**두 가지 이상의 사실을 대등하게 연결함을 나타낸다.** 都表示并列连接两件以上的事实。 ⑩ 왕밍 씨는 친절하**고** 재미있습니다. (O) 왕밍 씨는 친절하**며** 재미있습니다. (O) 王敏既亲切又有趣。 선생님, 영수 씨의 아버지는 회사원이**고** 어머니는 주부예요. (O) 선생님, 영수 씨의 아버지는 회사원이**며** 어머니는 주부예요. (O) 老师，英秀的爸爸是公司职员，妈妈是主妇。
차이점	**'-고'는 글을 쓸 때와 말할 때 둘 다 사용한다. '-(으)며'는 글을 쓸 때 주로 사용한다.** '-고'书面书和口语中都可以使用，但是'-(으)며'主要用在书面语中。 ⑩ (이야기할 때) 지금 가? 밖에 춥**고** 바람도 많이 부는데...(O) (이야기할 때) 지금 가? 밖에 추**으며** 바람도 많이 부는데...(?) （聊天时）现在走？外面又冷，风也很大…… (이야기할 때) 노래도 불렀**고** 춤도 췄으니 이제 가야지. (O) (이야기할 때) 노래도 불렀**으며** 춤도 췄으니 이제 가야지.(?) （聊天时）歌也唱了舞也跳了，现在该走了。 **'-고'는 과거 사실을 나타낼 때, 앞 절에 과거 시제를 나타내는 '-았/**

었-'을 써도 되고 쓰지 않아도 된다. '-(으)며'는 과거 사실을 나타낼 때, 앞 절에 과거 시제를 나타내는'-았/었-'을 쓰는 것이 일반적이다.
'-고'在表示过去时， 前面可以用过去时态'-았/었-',也可以不用。但是'-(으)며' 在表示过去时，通常在前面要加'-았/었-'。

⑩ 나는 숙제를 하고 친구도 함께 숙제를 했다. (O)
　나는 숙제를 하며 친구도 함께 숙제를 했다. (X)
　我也做作业，朋友也做作业。

　그 일을 누가 하고 언제 했는지 사실대로 말해라. (O)
　그 일을 누가 하며 언제 했는지 사실대로 말해라. (X)
　那件事谁做的，什么时候做的，如实交代。

'-고'는 청유문이나 명령문과도 어울릴 수 있으나, '-(으)며'는 이들 문장과 어울리면 어색해진다. 그것은 '-(으)며'가 주로 글말에서 사용되기 때문이다.

⑩ 사과도 먹고 배도 먹어라. (O)
　사과도 먹으며 배도 먹어라. (X)
　你也吃苹果，也吃梨吧。

　춤도 추고 노래도 부르자. (O)
　춤도 추며 노래도 부르자. (X)
　又跳舞又唱歌吧。

'-고'는 두 가지 이상의 상태나 행동을 겸하고 있을 때 사용할 수 없다. '-(으)며'는 두 가지 이상의 상태나 행동을 겸하고 있을 때 사용할 수 있다.
'-고'不能在兼有两种以上状态或行为， 但是'-(으)며'可以兼有两种以上状态或行为。

⑩ (동시에) 나는 아침 식사를 하고 신문을 본다. (X)
　(동시에) 나는 아침 식사를 하며 신문을 본다. (O)
　(同时进行) 我一边吃早饭一边看报纸。

졸**고** 강의를 들었더니 뭘 들었는지 하나도 생각나지 않는다. (X)
졸**며** 강의를 들었더니 뭘 들었는지 하나도 생각나지 않는다. (O)
边打盹边听课，一点也想不起来听了什么。

연습해 보세요.

(1) 어제 친구도 보(고/며) 숙제도 했다.

(2) (동시에) 동생이 설거지를 하(고/며) 음악을 들어요.

96. '-거나' & '-(ㄴ/는)다거나'

문법 설명	**-거나** 앞의 것이나 뒤의 것 중에서 하나를 선택함을 나타낸다. 表示在前或后两者中选择其一。 **-(ㄴ/는)다거나** 여러 가지 행위를 예로 들어 나열하면서 설명할 때 쓴다. 以各种行为为例，罗列进行说明时使用。
공통점	**둘 이상의 사건이나 행동, 예를 나열한다는 의미가 있다는 점에서는 공통점이 있다.** 共同点是罗列两个以上的事件或行动、例子。 ⑩ 너무 힘들**거나** 아프**거나** 할 때 학교는 안 가요. (O) 　너무 힘든**다거나** 아프**다거나** 할 때 학교는 안 가요. (O) 　很累或是不舒服时就不去学校。 　한국에서는 너무 춥**거나** 덥**거나** 하는 날에는 건강을 위해 챙겨 　먹는 음식이 있어요. (O) 　한국에서는 너무 춥**다거나** 덥**다거나** 하는 날에는 건강을 위해 챙 　겨 먹는 음식이 있어요. (O) 　在韩国，在太冷或太热的时候，为了健康会准备一些食物。
차이점	**나열하는 경우 '-거나'는 '-거나 -거나'의 식으로 반복하여 사용해서 뒤에 '하-'를 붙여 사용할 수도 있고 그렇지 않을 수도 있다. 그러나 '-(ㄴ/는)다거나'는 항상 '-는다거나 -는다거나'의 구성으로 쓰여 뒤 에 '하-'를 붙여 사용한다.** 在表示罗列时，'-거나'以'-거나 거나'重复的形式使用，可以在后面 加上'하-'，也可以不加。但是'-(ㄴ/는)다거나'通常以-(ㄴ/는)다거 나 -(ㄴ/는)다거나'的形式出现，此时得在后面加上'하-'。 ⑩ 주말에 밥을 먹**거나** 영화를 보**거나** 시간을 보내요. (O)

주말에 밥을 먹는다거나 영화를 본다거나 시간을 보내요. (X)
周末吃饭或看电影来打发时间。

비가 오거나 눈이 오거나 상관없이 행사는 취소를 안 합니다. (O)
비가 온다거나 눈이 온다거나 상관없이 행사는 취소를 안 합니다.
(X)
不管下雨或下雪，活动不会取消。

'-거나'에는 어느 쪽을 선택해도 상관없다는 의미가 있어서 '-거나 말
거나' 꼴로 쓰여 상태나 행동에 대해 긍정과 부정을 나열하고 그 중
어느 것을 선택해도 상관없음을 나타낼 수 있다. 그러나 '-(ㄴ/는)다
거나'는 두 개 이상의 행위나 상태를 제시하여 어느 쪽이든 상관없음
을 나타내지 않는다.
'-거나' 有无论选择哪一种都无所谓的意思，所以可以用'-거나 말
거나'的形态表示不管选择肯定的还是否定的，都没关系。但是'-
(ㄴ/는)다거나'则没有二选一的用法。

㉘ 친구가 기다리거나 말거나 항상 약속 시간을 지키지 않아요. (O)
친구가 기다린다거나 만다거나 항상 약속 시간을 지키지 않아요.
(X)
不管朋友等不等，总是不遵守约定的时间。

그 사람이 듣거나 말거나 하고 싶은 말을 다 하고 왔어요. (O)
그 사람이 듣는다거나 만다거나 하고 싶은 말을 다 하고 왔어요.
(X)
不管那个人听不听，我都把想说的话都说了。

연습해 보세요.

(1) 시간이 있으면 노래(하거나/한다거나) 쉬거나 시간을 보내요.

(2) 시간이 (있거나 말거나/있다거나 만거나) 일주일에 한 번씩 꼭 부모님 댁에
가요.

97. '-든지' & '-거나'

문법 설명	**-든지** 여러 가지 중에서 어느 것을 선택함을 나타낸다. 表示从几个里面作出选择的意思。 **-거나** 앞의 것이나 뒤의 것 중에서 하나를 선택함을 나타낸다. 表示从两者中选择其一。
공통점	**모두 두 가지 중에서 하나를 선택할 때 쓴다.** 两个语法都有从几个选项中选择其中之一的意思。 ⑩ 졸업하고 나서 취직을 하**든지** 대학원에 진학할 거예요. (O) 졸업하고 나서 취직을 하**거나** 대학원에 진학할 거예요. (O) 毕业后要么就业要么读研究生。 노래를 하**든지** 춤을 추**든지** 해야 한다. (O) 노래를 하**거나** 춤을 추**거나** 해야 한다. (O) 要么唱歌, 要么跳舞。
차이점	**'-든지'는 여러 가지 중에서 두 가지를 보여주는 것으로 제시된 것 외에도 다른 것을 선택할 수 있는 가능성이 있다. 하지만 '-거나'는 반 드시 두 가지 중 하나를 선택할 때 쓴다.** '-든지'是在很多个选择中只列出两个进行选择, 除了这两个选项 之外, 还有其他选择, 而'-거나'则表示只有列出的这两个选择, 从 中二选一。 ⑩ 가: 주말에 뭐 해요? 나: (선택 사항이 2개 이상일 경우) 친구를 만나**든지** 집에서 쉴 거예요. (O) (선택 사항이 2개 이상일 경우) 친구를 만나**거나** 집에서 쉴 거예요. (X)

周末干什么？

（选项多于这2个时）打算或者见朋友或者在家里休息。

가: 어떤 남자 친구를 사귀고 싶어요?

나: (선택 사항이 2개만일 경우) 친절하**든지** 재미있는 사람과 한
번 사귀고 싶어요. (X)

(선택 사항이 2개만일 경우) 친절하**거나** 재미있는 사람과 한번
사귀고 싶어요. (O)

你想交往什么样的男朋友？

（只有两个选项时）我想交往有亲和力的或者有趣的。

'-든지'는 자연스럽게 '무엇, 누구, 어디, 언제' 등의 대명사와 함께
사용할 수 있지만 '-거나'는 가능하기는 하나 어색하다.

'-든지'可以自然地与疑问代词一起使用，但是'-거나'与疑问代词
一起使用时虽然也可以但是不自然。

예) 무엇을 먹**든지** 잘 먹는다. (O)

무엇을 먹**거나** 잘 먹는다. (?)

不管吃什么都吃得很好。

언제 가**든지** 아름다운 곳이다. (O)

언제 가**거나** 아름다운 곳이다. (?)

不管什么时候去都是很美丽的地方。

'-든지'는 문장의 끝에 올 수 있지만 '-거나'는 문장의 끝에 올 수
없다.

'-든지'可以用在句子的结尾，但是'-거나'不可以用在句子的结尾。

예) 심심하면 나 좀 도와주**든지**. (O)

심심하면 나 좀 도와주**거나**. (X)

闲着无聊就帮一下我呗。

영 마음에 안 들면 직접 하**든지**. (O)

영 마음에 안 들면 직접 하**거나**. (X)

确实是不合心意的话，就自己做呗。

연습해 보세요.

(1) (선택 사항이 2가지만 있을 경우) 주말에 야구를 보(든지/거나) 영화를 볼
    까 싶어.

(2) 시간이 남으면 게임을 좀 하(든지/거나).

98. '-(으)나마나' & '-거나 말거나'

문법 설명	**-(으)나마나** 어떤 행동을 해도 안 한 것과 다름이 없을 정도로 뻔하다는 뜻을 나타낸다. 表示即使做了某一行为也与没做没什么区别。 **-거나 말거나** 앞의 동사의 행위 여부와 상관없이 확실하게 결과를 추측할 수 있을 때 쓴다. 表示与前句行为无关，都会出现后面的结果。
공통점	**두 문법이 모두 앞의 행동과 상관없이 뒤의 동작이나 상태가 나타날 거라고 추측할 때 쓰인다.** 两个语法都表示与前句行为无关，预测都会出现后句的行为。 ㉠ 이 숙제는 열심히 하**나마나** 결과는 마찬가지이다. (O) 　이 숙제는 열심히 하**거나 말거나** 결과는 마찬가지이다. (O) 　这个作业认真做与不做结果都是一样的。 　이 법안은 표결하**나마나** 쉽게 통과될 것이다. (O) 　이 법안은 표결하**거나 말거나** 쉽게 통과될 것이다. (O) 　该法案表决与否都会顺利通过的。
차이점	**'-(으)나마나'는 종결어미로 쓰일 수 있으나 '-거나 말거나'는 종결어 미로 쓰일 수 없다.** '-(으)나마나' 可作为终结语尾，但是'-거나 말거나'不可以做终结语尾 使用。 ㉠ 가: 아버지께 환갑잔치를 어떻게 하실 건지 여쭤 봅시다. 　　问一下爸爸的六十大寿怎么办。 　나: 여쭤보**나마나**예요. 분명히 집에서 하자고 하실 거예요. (O) 　　问与不问一样。肯定是说在家里办。

가: 아버지께 환갑잔치를 어떻게 하실 건지 여쭤 봅시다.
问一下爸爸的六十大寿怎么办。
나: 여쭤보**거나 말거나**예요. 분명히 집에서 하자고 하실 거예요.
(X)
问与不问一样。肯定是说在家里办。

가: 당신 우리 아들 성적표 봤어?
儿子的成绩单你看过了吗？
나: 보**나마나**야. 난 기대 안 했는데. (O)
看不看都一样，我没抱什么期望。
가: 당신 우리 아들 성적표 봤어?
儿子的成绩单你看过了吗？
나: 보**거나 말거나**야. 난 기대 안 했는데. (X)
看不看都一样，我没抱什么期望。

연습해 보세요.

(1) 먹(으나마나/거나 말거나)예요. 엄청 매울 걸요.

(2) 보(나마나/거나 말거나)예요. 재미없을 거야.

99. '-(으)ㄹ 둥 말 둥' & '-(으)ㄹ락 말락'

문법 설명	**-(으)ㄹ 둥 말 둥** 무슨 일을 하는 듯도 하고 하지 않는 듯도 하여 열심히 하지 않거나 제대로 하지 않음을 나타낸다. 表示某件事情似做非做，并不认真地去完成 **-(으)ㄹ락 말락** 어떤 일이 거의 일어날 것 같다가 안 일어남을 나타낸다. 表示某件事几乎要发生却不发生。
공통점	**어떤 일이 완전히 끝나지 않거나 어떤 상태가 제대로 되어 있지 않음을 나타낸다.** 表示某事没有完全结束或状态不佳。 ⑩ 그 사람이 얘기를 **할 둥 말 둥** 망설이고 있다. (O) 　그 사람이 얘기를 **할락 말락** 망설이고 있다. (O) 　那个人犹豫着要说不要说。 　동건이가 **잘 둥 말 둥** 하다가 스르르 잠들었다. (O) 　동건이가 **잘락 말락** 하다가 스르르 잠들었다. (O) 　东健似睡非睡，不知不觉睡着了。
차이점	**'-(으)ㄹ 둥 말 둥'은 주어가 어떤 일을 대충하거나 열심히 하지 않은 소극적인 태도가 포함되어 있지만 '-(으)ㄹ락 말락'은 사실만 서술할 뿐 주어의 소극적인 태도 등 의미가 없다.** '-(으)ㄹ 둥 말 둥'包含主语做某事马马虎虎或不认真的消极态度，但是'-(으)ㄹ락 말락'主要是陈述事实，没有很多主语的感情和态度在里面。 ⑩ 그는 그 대학에 **붙을 둥 말 둥** 하는 간당간당한 점수로 원서를 냈다. (X) 　그는 그 대학에 **붙을락 말락** 하는 간당간당한 점수로 원서를 냈

다. (O)

他以不确定能否考上那所大学的分数提交了志愿书。

겨우 보**일 둥 말 둥 하**다가 안 보인다. (X)
겨우 보**일락 말락 하**다가 안 보인다. (O)

若隐若现地，后来就看不见了。

연습해 보세요.

(1) 아내가 나에 대한 불만이 많아서 요즘 집안일도 (할 둥 말 둥/할락 말락)
하거든요.

(2) 그동안 열심히 공부하지 않아서 기말시험은 합격선에 (닿을 둥 말 둥/닿을
락 말락) 했다.

비교 유사 比较 相似

'비교'의 뜻을 나타내는 조사는 비교의 성격에 따라 크게 두 종류로 나뉜다. 첫째는 차등 비교이다. 차등 비교는 비교하는 두 항목 사이에 차이가 있음을 보여 주는 것으로, 이를 나타내기 위한 문장은 대체로 '비교 대상＋비교 기준＋비교 내용'의 구조를 가지며 이때 비교 기준에 부사격조사 '보다'를 사용한다.

> (53) 가. 민수는 영수보다 더 빨리 뛴다.
> 나. 영미가 순희보다 키가 더 크다.

둘째는 동등 비교인데 여기에는 두 가지가 있다. 하나는 부사격조사 '처럼'이나 '만큼'을 사용하여 나타내는 것이고, 다른 하나는 부사격조사 '와/과'를 사용하여 나타내는 것이다. 한국어에서 동등 비교 구문과 차등 비교 구문은 비교 기준에 붙는 조사만 다를 뿐 그 문장구조는 같다.

> (54) 가. 민수는 갓난아기처럼 많이 잔다.
> 나. 이 시계는 저 시계와 모양이 같다.
> 다. 민수는 영수와 달라.

'유사'의 뜻을 갖는 문법으로는 한 사물이 다른 사물과 어떤 성격상 비슷함을 나타내는데 '-듯이', '-(으)ㄴ/는 편이다', '-(으)ㄴ/는/ㄹ 모양이다' 등이 있다.

> (55) 가. 그는 춤을 추듯이 몸을 한 바퀴 돌렸다.
> 나. 그 사람은 한국어를 잘하는 편이다.
> 다. 오늘은 늦게까지 일하는 모양이네요.

(55가)는 그가 춤을 추지는 않지만 꼭 춤을 추는 것처럼 자기의 몸을 한 바퀴 돌렸다는 것이고, (55나)는 대체로 그 사람이 한국어를 잘하는 부

류에 속한다는 것을 나타내며 (55다)는 아직 퇴근하지 않고 남아서 일을 하거나 저녁 식사를 하는 것을 보고 늦게까지 일을 하는 것으로 추측함을 나타낸다.

'비교 유사' 이 부분에서는 '-게 보이다'와 '-아/어 보이다', '-(ㄴ/는)다는 듯이'와 '-(으)ㄴ/는 듯이', '-듯이'와 '-다시피', '-듯이'와 '-(으)ㄴ/는 듯이', '-보다'와 '-에 비해', '-(으)ㄴ/는 셈이다'와 '-(으)ㄴ/는 편이다', '-(으)ㄴ/는 양'과 '-(으)ㄴ/는 듯', '-(으)ㄴ/는/ㄹ 모양이다'와 '-(으)ㄴ/는/ㄹ 것 같다'의 공통점과 차이점에 대해서 자세히 살펴보겠다.

100. '-게 보이다' & '-아/어 보이다'

문법 설명	**-게 보이다** 대상의 내용이나 상태가 짐작됨을 나타낸다. 表示对对象的内容或状态的推测。 **-아/어 보이다** 어떤 대상에 대해 겉으로 볼 때 그러하다고 느껴지게 되거나 짐작됨을 나타낸다. 对某一对象，表示从表面上看是那样的感觉或推测。
공통점	**어떤 대상에 대해 겉으로 볼 때 그러하다고 느껴지게 되거나 짐작됨을 나타낸다는 점에서 비슷하다.** 两者均表示某个对象从表面上看上去或推测是那样的。 ⑩ 그 사람의 얼굴이 훨씬 좋**게 보이**네. (O) 　그 사람의 얼굴이 훨씬 좋**아 보이**네. (O) 　那个人的脸看起来好得多。 　그는 착하**게 보이**지만 실레론 그렇지 않아. (O) 　그는 착**해 보이**지만 실레론 그렇지 않아. (O) 　他看起来很善良，但其实不是。
차이점	**'-게 보이다'는 동사와 형용사 뒤에 붙어 어떤 것에 대해 짐작하여 말할 때 쓸 수 있지만 '-아/어 보이다'는 형용사 뒤에만 쓰일 수 있다.** '-게　보이다'可以用在动词、形容词后面表示对某一事物的推测，但是'-아/어 보이다'只能用在形容词后面。 ⑩ 그는 운동을 잘 하**게 보인**다. (O) 　그는 운동을 잘 **해 보인**다. (X) 　他看起来运动很好。 　나이가 들**게 보이**지만 행동이 꽤 빠른 편이다. (O)

나이가 들**어 보이**지만 행동이 꽤 빠른 편이다. (X)
虽然看起来年龄很大，但是行动算是相当迅速的。

연습해 보세요.

(1) 그 학생이 공부를 꽤 잘하(게/여) 보이는데 실제로는 공부를 하나도 못한다.

(2) 모두 준비를 잘하(게/여) 보이지만 막상 회의가 시작될 때 회의장이 아수라
장이 돼 버렸다.

101. '-(ㄴ/는)다는 듯이' & '-(으)ㄴ/는 듯이'

문법 설명	**-(ㄴ/는)다는 듯이** 선행문의 내용을 직접 말하지는 않지만 마치 그렇게 말하는 것처럼 후행 문의 행동을 한다는 의미이다. 表示虽然没有直接说，但是就像是那样说一样，从而做了后面的行动。 **-(으)ㄴ/는 듯이** 무언가 그 상황과 견주어 비슷한 상황이라고 추측함을 나타낸다. 表示与某一状况做比较推测是与其相似的情况。
공통점	**모두 한 상황이 다른 상황과 견주어 두 상황이 비슷함을 나타낸다.** 都表示两个情况有相似性。 ⑩ 마치 예상이라도 했**다는 듯이** 질문에 막힘없이 대답을 잘 했어요. (O) 마치 예상이라도 **한 듯이** 질문에 막힘없이 대답을 잘 했어요. (O) 就像预想到了一样，很好地回答了问题。 그렇게 큰 고통을 겪고도 그는 아무 일도 없었**다는 듯이** 태연하게 행동했다. (O) 그렇게 큰 고통을 겪고도 그는 아무 일도 없었**던 듯이** 태연하게 행동했다. (O) 经历了那么大的痛苦，他还是若无其事地行动。
차이점	**형용사나 '-겠' 뒤에 '-(으)ㄴ/는 듯이' 쓰일 수 없다.** '-(으)ㄴ/는 듯이'前面不能出现形容词或表示推测的语尾'-겠'。 ⑩ 선생님 말씀을 듣고 잘 알겠**다는 듯이** 고개를 두어 번 끄덕였습니다. (O) 선생님 말씀을 듣고 잘 알겠**는 듯이** 고개를 두어 번 끄덕였습니다. (X)

听了老师的话，好像很清楚似的点了两下头。

한국 친구의 농담을 이해하지 못했어도 정말 재미있**다는 듯이** 큰 소리로 웃어 준다. (O)
한국 친구의 농담을 이해하지 못했어도 정말 재미있**는 듯이** 큰 소리로 웃어 준다. (X)
虽然没能理解韩国朋友的玩笑，但好像真的很有趣似的大声笑出来。

연습해 보세요.

(1) 꼬마는 잘 모르겠(다는 듯이/는 듯이) 눈만 껌벅이고 있었다.

(2) 김치가 너무 (맵다는 듯/매운 듯) 아이가 계속 물을 마셨다.

102. '-듯이' & '-다시피'

문법 설명	**-듯이** 앞 내용처럼 뒤 내용도 그러함을 나타낸다. 表示后面的内容就像前面的内容一样。 **-다시피** '-는 바와 같이'나 '그와 다름없이' 등의 뜻을 나타내 表示"与......相同"、"正如......"的意思。
공통점	**앞 절의 내용과 같거나 유사함을 나타낸다.** 表示后句内容与前句的内容一样或相似。 ⑨ 앞에서 이야기했**듯이** 광고는 10초의 예술이다. (O) 앞에서 이야기했**다시피** 광고는 10초의 예술이다. (O) 如前所述，广告是十秒的艺术。 여러분 방금 보셨**듯이** 환경피해가 심각한 수준에 이르렀다. (O) 여러분 방금 보셨**다피시** 환경피해가 심각한 수준에 이르렀다. (O) 正如大家刚才看到的，环境损害已经达到了严重的程度。
차이점	**'-다시피'는 연결어미로만 사용되어 '듣는 사람이 이미 알고 있는 정보와 같음' 혹은 '앞서 말한 내용과 같거나 유사함'을 드러낸다. 반면 '-듯이'는 '땀이 비가 오듯이, 나비가 춤을 추듯이'와 같이 비유적 의미가 더 강하다.** '-다시피'只用作连接语尾使用，表示'与听的话已知的事实相同'或者'与前面所讲的相同'。相反地，'-듯이'就像'汗如雨下'、'像蝴蝶跳舞一样'等比喻的意思更强。 ⑨ 비가 오**듯이** 땀이 쏟아진다. (O) 비가 오**다시피** 땀이 쏟아진다. (X) 汗如雨下。 돈을 물 쓰**듯** 쓴다. (O)

돈을 물 쓰**다시피** 쓴다. (X)
花钱如流水。

'-듯이'는 형용사와 결합할 수 있지만 '-다시피'는 형용사와 결합할 수 없다.

'-듯이'可以与形容词一起使用， 但是'-다시피'不能与形容词一起使用。

예 외모가 꽃처럼 예쁘**듯이** 성격도 역시 고왔다. (O)
외모가 꽃처럼 예쁘**다시피** 성격도 역시 고왔다. (X)
就像外貌如花般漂亮一样，性格也很好。

사람마다 얼굴이 다르**듯이** 나라마다 풍습 도 다릅니다. (O)
사람마다 얼굴이 다르**다시피** 나라마다 풍 습도 다릅니다. (X)
正如每个人的长相不同，每个国家的风俗也不同。

연습해 보세요.

(1) 시험을 못 봤다고 아이를 쥐 잡(듯이/다시피) 잡았다.

(2) 사람마다 얼굴이 다르(듯이/다시피) 나라마다 풍습도 다릅니다.

103. '-듯이' & '-(으)ㄴ/는 듯이'

문법 설명	**-듯이** 앞 내용처럼 뒤 내용도 그러함을 나타낸다. 表示后面的内容就像前面的内容一样。 **-(으)ㄴ/는 듯이** 무언가가 그 상황과 견주어 비슷한 상황이라고 추측함을 나타낸다. 表示与某一状况做比较推测是与其相似的情况。
공통점	**두 문법은 모두 앞의 내용과 비슷하다는 유사성을 나타낸다.** 两个语法都有与前面内容相似的意思。 ⑩ 오랜 여행을 떠나**듯이** 가방을 여러 개 들고 나왔다. (O) 　오래 여행을 떠나**는 듯이** 가방을 여러 개 들고 나왔다. (O) 　就像要去长时间旅行似的，提了好几个包出来了。 　거대한 파도가 일**듯이** 사람들의 가슴에 분노가 일었다. (O) 　거대한 파도가 이**는 듯이** 사람들의 가슴에 분노가 일었다. (O) 　人们心中的愤怒就像巨浪一样翻腾起来
차이점	**'-(으)ㄴ/는 듯이'는 단순히 앞 내용을 추측하는 것이고 '-듯이'는 앞 내용과 뒤 내용의 모양이나 모습과 거의 같음을 나타낸다. 그러므로 '-듯이'는 비유적인 표현으로 많이 쓴다.** '-(으)ㄴ/는 듯이'只是单纯推测前面的内容，类似于中文的"好像……"，"可能……"，'-듯이'表示前后的内容相似，类似于中文的"就像……的样子"，因此常用于比喻句中。 ⑩ 두 사람이 자주 만나**듯이** 서로 간에 비밀이 없다. (X) 　두 사람이 자주 만나**는 듯이** 서로 간에 비밀이 없다. (O) 　两个人好像经常见面的样子，互相之间没有秘密。 　누가 물을 쓰**듯이** 계속 물소리가 난다. (O) 　누가 물을 쓰**는 듯이** 계속 물소리가 난다. (X) 　好像是谁在用水，一直有水流的声音。

연습해 보세요.

(1) 아이가 (착하듯이/착한 듯이) 부모님을 잘 돕는다.

(2) 민호 씨는 물 (쓰듯이/쓰는 듯이) 돈을 쓴다.

104. '-보다' & '-에 비해'

문법 설명	**-보다** 앞 말이 비교의 기준이 되는 대상임을 나타낸다. 表示比较的对象。 **-에 비해** 앞의 명사가 비교의 대상이 되어 뒤 내용과 같은 결과가 있음을 나타낼 때 쓴다. 表示与其他事物进行比较或是以此事物为标准对另一事物进行判断时使用。
공통점	**두 문법은 모두 명사 뒤에 붙어 비교의 대상임을 나타낸다.** 两个语法都用在名词后面，表示比较的对象。 ㉠ 철수는 영희**보다** 영어를 잘한다. (O) 철수는 영희**에 비해** 영어를 잘한다. (O) 哲洙比英熙英语好。 언니**보다** 여동생이 키가 더 크다. (O) 언니**에 비해** 여동생이 키가 더 크다. (O) 妹妹比姐姐个子更高。
차이점	'-보다'는 성질이 같은 두 가지 비교 대상일 경우만 쓰인다. '-에 비해'는 비교 대상뿐만 아니라 비교 기준을 나타내기도 한다. '-보다'只用在表示比较两个同类对象，'-에 비해'不仅可以表示比较对象，还可以用来表示比较两个基准。 ㉠ 그 사람은 아는 것**보다** 표현을 잘 못해. (X) 그 사람은 아는 것**에 비해서** 표현을 잘 못해. (O) 那个人比起自己的所知道的，表达得不行。 그 사람이 나이**보다** 성숙하다. (X) 그 사람이 나이**에 비해** 성숙하다. (O)

那人与年龄相比，更加成熟。

'-보다' 는 연결어미 뒤에도 쓰일 수 있다.

'-보다'可以用在一部分连接语尾的后面，但是'-에 비해'不可以。

㉄ 우리 아이는 집에서**보다** 학교에서 더 밥을 잘 먹어요. (O)
우리 아이는 집에서**에 비해** 학교에서 더 밥을 잘 먹어요. (X)
我的孩子比起在家里，在学校吃饭吃得更好。

아이가 집에**보다** 학교에 있는 시간이 더 길어요. (O)
아이가 집에**에 비해** 학교에 있는 시간이 더 길어요. (X)
孩子在学校的时间比在家长。

연습해 보세요.

(1) 서울시는 면적(보다/에 비해) 인구가 너무 많다.

(2) 아이가 학교에서(보다/에 비해) 놀이공원에서 더 잘 놀아요.

105. '-(으)ㄴ/는 셈이다' & '-(으)ㄴ/는 편이다'

문법 설명	**-(으)ㄴ/는 셈이다** 사실 꼭 그렇지는 않지만 앞뒤의 상황으로 짐작해 볼 때 그런 정도이 거나 그러한 결과라고 말할 수 있을 때 쓴다. 虽然事实并非完全如此，但是从前后情况判断类似于这样的程度 或结果。 **-(으)ㄴ/는 편이다** 어떤 사실을 단정적으로 말하기보다는 대체로 어떤 쪽에 가깝거나 속한다고 말할 때 쓴다. 表示说话者在描述某件事实时，不是非常肯定，而是倾向于某一 方面。
공통점	**두 문법은 모두 말한 내용이 확실히 그렇지 않지만 대략 이러하다는 뜻을 나타낸다.** 两个语法都表示事实虽然不确实就是如此，但是类似于这样。 ⑩ 이번 시험이 어려웠으니까 80점이면 잘 **본 셈이에요**. (O) 　이번 시험이 어려웠으니까 80점이면 잘 **본 편이에요**.(O) 　这次考试很难，80分就可以算是考得好了。 　고향에 계신 부모님께 일주일에 두 세번 전화를 해 드리니까 자주 **하는 셈이에요**.(O) 　고향에 계신 부모님께 일주일에 두 세번 전화를 해 드리니까 자주 **하는 편이에요**.(O) 　一周打给家乡的父母两三次电话，可以算是经常打的。
차이점	**'-(으)ㄴ/는 셈이다'는 어떤 일을 하는 것과 비슷하다고 판단할 때 쓰고 비교 대상이 구체적이고 한정적이다. '-(으)ㄴ/는 편이다'는 대 체로 어떤 쪽에 속한다고 말할 때 쓰고 대상이 더 광범위적이다.** '-(으)ㄴ/는 셈이다'是判断与某一事实相仿时使用，比较的对象具 体单一，'-(으)ㄴ/는 편이다'是判断某一事情属于某一范围或大类

时使用，相仿的对象范围广。

㉮ 태어난 지 얼마 안 되어 서울로 왔으니 서울이 고향**인 셈이다.** (O)

태어난 지 얼마 안 되어 서울로 왔으니 서울이 고향**인 편이다.** (X)

出生没多久就来到了首尔，首尔可以算是故乡。

주최 측에서 숙박료와 식사를 모두 제공하고 있으니 이번 여행은 거의 무료**인 셈이지.** (O)

주최 측에서 숙박료와 식사를 모두 제공하고 있으니 이번 여행은 거의 무료**인 편이지.** (X)

因为主办方提供住宿费和饮食，所以这次旅行算是免费的。

연습해 보세요.

(1) 작년에 손해 본 것과 고생한 것을 계산하면 손해를 본 (셈/편)이다.

(2) 우리 아버지는 키가 180cm이니까 키가 큰 (셈/편)이다.

106. '-(으)ㄴ/는 양' & '-(으)ㄴ/는 듯'

문법 설명	**-(으)ㄴ/는 양** 일부러 어떠한 행동이나 모양을 하고 있음을 나타낸다. 表示故意做某事或装作某种样子。 **-(으)ㄴ/는 듯** 무언가 그 상황과 견주어 비슷한 상황이라고 추측함을 나타낸다. 表示与某种情况相比较，推测是类似的情况。
공통점	**두 문법이 모두 다 무언가가 그 상황과 견주어 비슷한 상황이라고 추측함을 나타낸다는 뜻이 있다.** 两个语法都有就某一状况进行推测的意思。 ㉠ 오랜 여행을 떠나**는 양** 가방을 여러 개 들고 나왔다. (O) 　오랜 여행을 떠나**는 듯** 가방을 여러 개 들고 나왔다. (O) 　好像要去旅行很久的样子，背了好几个包出来了。 　그 남자가 아이를 때리**는 양** 손을 들었다. (O) 　그 남자가 아이를 때리**는 듯** 손을 들었다. (O) 　那男人像是要打孩子似的抬起了手。
차이점	**'-(으)ㄴ/는 양'은 '-(으)ㄴ/는 듯'보다 겉으로 나타난 보습을 견주어 추측하는 경향이 강하다.** '-(으)ㄴ/는 양'更侧重就某一事物的外在表现进行推测。 ㉠ 집에 아무도 없**는 양** 조용하다. (X) 　집에 아무도 없**는 듯** 조용하다. (O) 　家里好像一个人都没有，非常安静。 　너무 큰 소리가 나**는 양** 아이가 두 손으로 귀를 막아 버렸다. (X) 　너무 큰 소리가 나**는 듯** 아이가 두 손으로 귀를 막아 버렸다. (O) 　好像发出了巨大的声响，孩子用两手捂住了耳朵。

'-는 양'은 일부러 '무엇이나 누구처럼 행동한다'는 주관적인 의사가 더 강하다.

'-는 양'某人故意作出'像什么似的行动'的主观意识更强。

㉠ 너를 좋아하는 **양** 친절을 베풀고 있으나 그게 다 속셈이 있어서야. (O)

너를 좋아하는 **듯** 친절을 베풀고 있으나 그게 다 속셈이 있어서야. (X)

装作像是喜欢你似的，对你万分亲切，其实心里有小算盘。

그 남자가 어린 아이를 때릴 **양** 손을 들었지만 마음이 너무 아프다. (O)

그 남자가 어린 아이를 때릴 **듯** 손을 들었지만 마음이 너무 아프다. (X)

那男人举起手做出像是要打孩子的样子，但是心却很痛。

연습해 보세요.

(1) 이아가 어른의 주의를 일부러 끌리는 (양/듯) 과장한 동작을 취한다.

(2) 비가 온 (양/듯) 땅이 젖어 있다.

107. '-(으)ㄴ/는/ㄹ 모양이다' & '-(으)ㄴ/는/ㄹ 것 같다'

문법 설명	**-(으)ㄴ/는/ㄹ 모양이다** 다른 상황으로 미루어 현재 그런 일이 일어나고 있거나 어떤 상황이 라고 추측함을 나타낸다. 表示看到某种状态或某种行为后以此为据推测他人的行动或状 态。 **-(으)ㄴ/는/ㄹ 것 같다** 여러 상황으로 미루어 현재 그런 일이 일어나거나 상태에 있다고 추측 함을 나타낸다. 从各种情况来推测现在可能会发生或处于这种状态。
공통점	**두 문법은 모두 추측의 의미를 나타낸다.** 两个语法都有推测的意思。 ㉖ 민호는 테니스를 잘 치는 **것 같아요**. (O) 　민호는 테니스를 잘 치는 **모양이에요**. (O) 　敏浩网球好像打得不错。 　어제 모임에 사람이 많이 **온 것 같아요**. (O) 　어제 모임에 사람이 많이 **온 모양이에요**. (O) 　昨天的聚会好想来了很多人。
차이점	**'-(으)ㄴ/는/ㄹ 모양이다'는 말하는 사람이 간접경험 이나 외적인 단 서를 미루어 추정할 때만 쓰는데'-(으)ㄴ/는/ㄹ 것 같다'는 말하는 사람이 직접 경험한 사실에 대해서 확신 없이 이야기할 때도 쓴다.** '-(으)ㄴ/는/ㄹ 모양이다'是根据自己的经验或是事情外在表现出 来的线索为根据进行的客观推测'-(으)ㄴ/는/ㄹ 것 같다'也可以 用在说话者根据自己亲身经历的事情进行的主观推测。 ㉖ 제가 생각하기에 줄리아 씨가 늦는 **것 같아요**. (O) 　제가 생각하기에 줄리아 씨가 늦는 **모양이에요**. (X)

我感觉朱利安好像迟到了。

제가 보기에는 이번에 미선 씨가 이길 **것 같아요.** (O)
제가 보기에는 이번에 미선 씨가 이길 **모양이에요.** (X)
我看来这次美善似乎能赢。

'-(으)ㄴ/는/ㄹ 것 같다'는 자신에 대한 사실이나 생각을 간접적으로 부드럽게 표현하기 위해 사용하기도 하지만 '-(으)ㄴ/는/ㄹ 모양이다'는 그런 용법이 없다.
'-(으)ㄴ/는/ㄹ 것 같다'可以用在说话者自己身上，委婉地表达自己的想法，但是'-(으)ㄴ/는/ㄹ 모양이다'没有这样的用法。

㉑ 난 배가 조금 고픈 **모양**이어서 뭘 좀 먹으러 왔지. (X)
난 배가 조금 고픈 **것 같**아서 뭘 좀 먹으러 왔지. (O)
我有点肚子饿所以来买点吃的。

난 감기에 걸린 **모양**이어서 약을 사러 나왔다. (X)
난 감기에 걸린 **것 같**아서 약을 사러 나왔다. (O)
我好像有点感冒，出来买药了。

연습해 보세요.

(1) 제 생각으로는 영수 씨가 열심히 하는 (모양이에요./것 같아요.)

(2) 저는 한국어를 잘하는 (모양이에요./것 같아요.)

회상 추억 回想 回忆

과거에 경험한 일을 회상하여 표현하려고 할 때는 서술어에 '-더-'를 붙인다. 과거시제를 나타내는 '-았/었-'은 단순히 사건이 일어난 시점이 과거임을 나타내는 반면, '-더-'는 말하는 사람이 과거의 어느 시점에서 직접 보고 듣고 느끼고 경험한 것을 현재의 시점에서 그 당시의 상황대로 회상하여 말하는 것임을 나타낸다. 종결형에서는 주로 '-던데(요)', -더라, -더군(요), -데(요)'의 형태로, 연결형에서는 '-더니, -던데'의 형태로 사용한다.'-더'는 화자가 과거의 어느 시점에서 지각을 통해 즉 감각 기관을 이용한 인식을 통해 새로 알게 된 사실에 쓰이기 때문에 직접적으로 경험하지 않은 일에 대해 사용하지 못한다.

> (56) 가. 마이클이 한국어를 잘하던데요.
>   나. 마이클이 도서관에서 공부하더라.

> (57) 가. 마이클이 열심히 공부하더니 시험에 붙었다.
>   나. 마이클이 요즘 안 보이던데 어디 갔나?

(56가)는 마이클이 한국어를 말하는 것을 보고 '한국어를 잘하는구나'라고 느낀 후 현재 시점에서 그 사실을 회상하여 듣는 사람에게 말하는 문장이고, (56나)는 마이클이 도서관에서 공부하는 모습을 본 것을 회상하여 그것을 듣는 사람에게 전달해 주는 문장이다. 그리고 (57가)는 마이클이 열심히 공부한 것을 회상하면서 그 결과 시험에 붙었음을 나타내는 문장이고, (57나)는 마이클이 안 보이는 것을 회상하면서 그와 관련된 내용을 묻는 문장이다.

그런데 '-더-'는 (56), (57)의 예문에서처럼 어간 뒤에 바로 연결하여 사용하기도 하지만 다음과 같이 과거시제를 나타내는 '-았/었-'과 어울려 '-았/었던데요, -았/었더라, -았/었더군요, -았/었네(요), -았/었더니, -았/었던데' 등으로 사용하기도 한다.

(58) 가. 수미는 벌써 왔던데요.

　　　나. 벌써 회의 준비를 다 끝냈더라.

　　　다. 아까 보니 수미가 왔던데 어디 갔나?

이때 '-았/었더-' 형태는 말하는 사람이 경험할 과거 당시에 이미 동작이 완료되어 있었음을 의미한다. 즉 수미가 오는 것을 보고 그것을 회상해 말할 때는 "수미가 오던데요."라고 표현하나, 수미가 이미 와 있는 것을 보고 회상해 말할 때는 (58나)처럼 "수미가 왔던데요"라고 표현한다.

한편 '-더-'형과 '-았/었더-' 형은 동작이 완료되었는지 아닌지를 기준으로 하여 사용하기도 하지만 아래 (59)의 종결형 '-더니', '-았/었더니'의 경우는 주어의 인칭에 따라 구분하여 사용하기도 한다.

(59) 가. 마이클이 공부를 열심히 하더니 시험에 붙었다.

　　　나. 내가 공부를 열심히 했더니 시험에 붙었다.

즉, '-더니'는 주어가 이인칭, 삼인칭인 문장에서만 사용할 수 있는 반면, '-았/었더니'는 주어가 일인칭인 문장에서만 사용할 수 있다.

또한, '-더라'는 '-았/었-'이 있든 없든 일반적으로 주어가 이인칭이나 삼인칭인 경우에 사용된다.

(60) 가. 어제는 날씨가 참 좋더라. (O)

　　　나. 너 오늘 일찍 학교에 왔더라. (O)

　　　다. 나는 노래를 잘하더라. (X)

　　　라. 나는 일찍 학교에 왔더라. (X)

(60가), (60나)는 주어가 '날씨', '너'로 삼인칭과 이인칭이기 때문에 올바른 문장이 되지만, (60다), (60라)는 주어가 일인칭 '나'이기 때문에 틀린 문장이 된다.

'회상 추억' 부분에서 '-더라'와 '-더군', '-더라고요'와 '-았/었더라고요', '-던데'와 '-(으)ㄴ/는데', '-던데요'와 '-더라고요' 등 근의 문법의 공통점과 차이점에 대해 살펴보겠다.

108. '-더라' & '-더군'

문법 설명	**-더라** 과거 어느 때에 직접 경험하여 새로 알게 된 사실에 대해 어떤 느낌을 실어 지금 상대방에게 옮겨 전달할 때 쓴다. 表示对过去的某个时候亲身经历而知道的事实，注入自己的某种感觉，传达给对方。 **-더군** 과거 어느 때에 직접 경험하여 새로 알게 된 사실에 대해 어떤 느낌을 실어 지금 상대방에게 전달할 때 쓴다. 表示对过去的某个时候亲身经历而知道的事实，注入自己的某种感觉，传达给对方。
공통점	**두 문법이 모두 말하는 이가 과거에 직접 경험하여 알게 된 새로운 사실을 상대방에게 말하는 종결어미이다.** 两个语法都是说话者把自己过去亲身经历而知道的事实告诉对方时使用的终结语尾。 ⑩ 철수 씨는 키가 크**더라**. (O) 　철수 씨는 키가 크**더군**. (O) 　哲洙个子很高呢。 　이 식당 비빔밥이 정말 맛있**더라**. (O) 　이 식당 비빔밥이 정말 맛있**더군**. (O) 　这家饭店拌饭真的好吃呢。
차이점	**'-더군'은 '-더라'보다 감탄의 의미가 상대적으로 강하며, '-더라'는 사실을 전달하는 의미가 두드러질 때에 더 적절하다.** '-더군'比'-더라'感叹的意味要强烈一些，'-더라'在强调转达事实本身的意义上更恰当。 ⑩ 아침에 눈이 많이 왔**더군요**. (감탄 의미가 더 강함) (O)

早上雪下得好大啊。(感叹意味更强)
아침에 눈이 많이 왔**더라고요**. (사실 전달 의미가 더 강함) (O)
早上雪下得好大啊。(转达事实意味更强)

'-더라'는 의문사와 함께 쓰여, 과거에 경험한 사실을 기억해 내기 위해 애쓰면서 혼잣말하듯이 할 때에 사용한다. '-더군'은 어떤 사실에 대한 감탄의 의미를 가지고 있으므로 의문사와 같이 쓰이지 못한다.

'-더라'可以与疑问词一起使用，表示说话者对于过去经历的事情，努力地一边回想一遍自言自语，'-더군'因为表示都某事的感叹，所以不与疑问词一起使用。

㉠ (혼잣말을 하면서) 그 사람의 이름이 뭐**더라**? (O)
　 (혼잣말을 하면서) 그 사람의 이름이 뭐**더군**? (X)
　 (自言自语) 那人名字叫啥来着？

　 (혼잣말을 하면서) 거기 어디**더라**? (O)
　 (혼잣말을 하면서) 거기 어디**더군**? (X)
　 (自言自语) 那是哪来着？

연습해 보세요.

(1) 거기까지 가면 몇 시간 걸렸(더라/더군)?

(2) 그 때 거기 누가 있(더라/더군)?

109. '-더라고요' & '-았/었더라고요'

문법 설명	**-더라고요** 어느 때에 직접 경험하여 새로 알게 된 사실에 대해 지금 상대방에게 옮겨 전달할 때 쓴다. 表示说话人将自己过去亲身经历而知道的事情转述给对方。 **-았/었더라고요** 어느 때에 직접 경험하여 새로 알게 된 사실에 대해 지금 상대방에게 옮겨 전달할 때 쓴다. 表示说话人将自己过去亲身经历而知道的事情转述给对方。
공통점	**두 문법이 모두 과거 경험한 일에 대해 회상하면서 말하는데 말하는 사람이 직접 경험한 일에 한해서만 쓸 수 있다.** 两个语法都表示说话者一边回想自己过去经历的事情一边告诉对方，只能用于说话人回想自己亲身经历的事情。 ⑩ 비가 참 많이 오**더라고요**. (O) 비가 참 많이 왔**더라고요**. (O) 雨下得好大呢。 나랑 싸운 뒤 나가**더라고요**. (O) 나랑 싸운 뒤 나갔**더라고요**. (O) 和我吵完架以后出去了。
차이점	**말하는 사람이 목격한 당시의 상태나 동작이 진행 중이라면 '-더라고요'를 사용하고, 목격한 당시에 동작이 이미 끝났다면 '-았/었더라고요'를 사용한다.** 根据说话者目睹当时的情形来区别，如果目睹当时动作或者状态正在发生或存在，则使用语法'-더라고요'，话者目睹当时动作已经结束，则使用'-았/었더라고요'。 ⑩ 제가 집에 도착할 때 할아버지께서 벌써 가시**더라고요**. (X)

회상 추억(回想 回忆) 319

제가 집에 도착할 때 할아버지께서 벌써 **가셨더라고요**. (O)
我到家时爷爷已经走了呢。

방학 때 영국에 갔다가 왔는데 전보다 물가가 많이 오르**더라고요**. (X)
방학 때 영국에 갔다가 왔는데 전보다 물가가 많이 올랐**더라고요**. (O)
放假时去了趟英国，发现物价比之前上涨了不少。

연습해 보세요.

(1) 가: 혹시 이 대리 봤어요? 급히 의논할 사항이 있는데 자리에 없네요.

나: 아까 보니까 1층 로비에서 손님과 (얘기하더라고요/얘기했더라고요).

(2) 가: 그 마음에 든 반지 안 샀어?

나: 어제 사러 백화점에 갔는데 가격이 너무 (비싸더라고요/비쌌더라고요).

110. '-던데' & '-(으)ㄴ/는데'

문법 설명	**-던데** 말하고자 하는 내용과 관련되거나 대립되는 과거의 상황을 미리 제시할 때 쓰는 어미이다. 表示事先提示与想说的内容相关或对立的过去情况。 **-(으)ㄴ/는데** 과거의 어떤 장면을 되살려 떠올리면서 그때 느낀 사실에 대해 감탄하듯이 말할 때 쓴다. 또한 과거의 어떤 상황을 전달하면서 듣는 사람의 반응을 기대함을 나타낸다. 表示说话者回想自己过去曾经亲身感受或亲眼见到的事实, 述说给对方并带有感叹的口气。有期待得到对方的回应的意思。
공통점	모두 연결어미와 종결어미로 쓰일 수 있다. 이 화제에 대해서 계속 얘기해 나가고 싶거나 상대방의 반응을 기대한다는 의미가 있다. 都可以用来做连接语尾, 也可以做终结语尾, 都蕴涵了希望就该话题继续讨论下去、期待对方反应的意味。 ㉠ 부산에 눈이 많이 왔**는데** 따뜻하게 입어. (O) 　부산에 눈이 많이 왔**던데** 따뜻하게 입어. (O) 　釜山下了大雪, 穿暖和点。 　지난 여름에 여기는 날씨가 너무 더웠**는데**. (O) 　지난 여름에 여기는 날씨가 너무 덥**던데**. (O) 　去年夏天这里的天气特别热。
차이점	**'-던데'는 말하는 사람이 과거 직접 경험한 사실에 대해서 회상하면서 상대방에게 말할 때 쓰는 반면, '-(으)ㄴ/는데'는 말하는 사람이 자신이 경험한 일이 아니어도 가지고 있는 정보를 말할 수도 있다.** '-던데'是说话者根据自己过去的亲身经验, 一边回想一边告诉对方;但是在 '-(으)ㄴ/는데'语法中, 所言事实可以不是说话者亲身经历的, 只是作为提示说明的背景, 告知对方有这么回事。

예) (회상 의미) 지난 주 그 식당에 갔는데 맛이 너무 좋**던데요** 한 번 가 보세요. (O)
（回想意味）上周我去了那家饭店，口味非常好，你也去试试吧。
(배경 설명 의미)
다음 달에 시험이 있**는데** 잘 준비하세요. (O)
（说明背景意味）下个月有考试，好好准备吧。

연습해 보세요.

(1) (회상 의미) 그 때 그 분을 한 번만 뵈었는데 마음이 참 따뜻한 분이(시던데요/신데요).

(2) (배경 설명 의미) 주말에 학부모 회의가 있(는데/던데) 그 때 시간을 비워야겠다.

111. '-던데요' & '-더라고요'

문법 설명	**-던데요** 과거의 어떤 장면을 되살려 떠올리면서 그때 느낀 사실에 대해 감탄하듯이 말할 때 쓴다. 또한 과거의 어떤 상황을 전달하면서 듣는 사람의 반응을 기대함을 나타낸다. 表示说话者回想自己过去曾经亲身感受或亲眼见到的事实，述说给对方并带有 感叹的口气。有期待得到对方的回应的意思。 **-더라고요** 어느 때에 직접 경험하여 새로 알게 된 사실에 대해 지금 상대방에게 옮겨 전달할 때 쓴다. 말하는 사람이 직접 경험한 일에 한해서만 쓸 수 있다. 表示说话人将自己过去亲身经历而知道的事情转述给对方。只能用于说话人回 想自己亲身经历的事情。
공통점	**두 문법은 모두 말하는 사람이 과거에 직접적으로 경험한 일에 대해 회상하면서 말할 때 쓴다.** 两个语法都表示说话者一边回想自己过去直接经历的事情一边转达给对方。 ⑩ 주말에 설악산에 갔다 왔는데 경치가 참 아름답**던데요**. (O) 　주말에 설악산에 갔다 왔는데 경치가 참 아름답**더라고요**. (O) 　周末去了一趟雪岳山，景色真的很美丽呢。 　미선 씨가 열심히 공부하는 걸 보니 이번 시험을 잘 보겠**던데요**. 　(O) 　미선 씨가 열심히 공부하는 걸 보니 이번 시험을 잘 보겠**더라고요**. 　(O) 　从美善认真学习的样子来看，这次考试应该会考得不错。
차이점	**'-던데요'는 과거의 어떤 상황을 전달하면서 듣는 사람의 반응을 기대 하는 뜻을 나타내는 반면, '-더라고요'는 단순하게 전달할 때에**

사용한다.

'-던데요'蕴含了在向对方转达过去的某一状况时，期待得到对方的回应的意思。但是'-더라고요'只是单纯地传达事实。

> ㉤ (상대방의 반응을 기대하면서) 민호가 아까 집에 가**던데요**. (O)
> (상대방의 반응을 기대하면서) 민호가 아까 집에 가**더라고요**. (X)
> （期待对方就此事做出反应）敏浩刚才回家了呢。
>
> (단순하게 사실을 전달하면서) 교실에 가 보니 학생들이 모두 갔
> **던데요**. (X)
> (단순하게 사실을 전달하면서) 교실에 가 보니 학생들이 모두 갔
> **더라고요**. (O)
> （单纯叙述事实）我去教室一看学生都走没了呢。

'-더라고요'는 '-더라'의 형태로 의문사와 함께 쓰여, 과거에 경험한 사실을 기억해 내기 위해 애쓰면서 혼잣말 하듯이 할 때에 사용한다.
'-더라고요'以非尊敬形 '-더라'的形式与疑问词一起使用, 表示说话者对于过去经历的事实一边努力回想一边自言自语。

> ㉤ (혼잣말 하면서) 그 사람 이름이 뭐**던데**? (X)
> (혼잣말 하면서) 그 사람 이름이 뭐**더라**? (O)
> （自言自语）那人名字叫啥来着？
>
> (혼잣말 하면서) 지난 주 갔던 그 식당 이름이 뭐**던데**? (X)
> (혼잣말 하면서) 지난 주 갔던 그 식당 이름이 뭐**더라**? (O)
> （自言自语）上周去的那家饭店叫啥名字来着？

연습해 보세요.

(1) (상대방의 반응을 기대하면서) 그 식당은 음식이 진짜 맛있(던데/더라고).
한 번 안 갈래?

(2) (혼잣말 하면서) 어제 갔던 식당이 어디(던데/더라)?

감탄 의아 感叹 惊讶

감탄문은 말하는 사람이 새로 알거나 느낀 것을 감탄하며 표현하는 문장으로, 감탄형 종결어미 '-(는)군(요), -네(요), -(는)구나, -아라/어라' 등을 문장 끝의 서술어에 붙임으로써 이루어진다.

> (61) 가. 이 빵 정말 맛이 있군요!
> 나. 마이클이 한국말을 아주 잘하네요!
> 다. 날씨가 아주 춥군!
> 라. 구두가 참 예쁘구나!
> 마. 산이 무척 높네!
> 바. 아이, 재미있어라!

감탄문에는 일반적으로 (61)과 같이 문장 뒤에 느낌표를 붙이나, 감탄의 의미가 약할 때는 온점을 붙여도 된다.

그런데 감탄의 의미는 감탄문으로만 표현되는 것이 아니라 평서문으로도 표현될 수 있다. 이 경우는 주로 '와'와 같은 감탄사가 함께 쓰이거나 '아주, 무척, 매우, 꽤, 정말, 굉장히' 등과 같은 정도를 나타내는 말과 함께 쓰인다.

> (62) 가. 이 사과 정말 맛있다!
> 나. 와! 수전 씨의 한국말 실력이 아주 많이 늘었어요!

감탄형 종결어미도 말하는 사람과 듣는 사람의 나이나 친한 정도에 따라 구분하여 사용하기도 한다.

> (63) 가. 진호: 마이클 씨가 한국말을 아주 잘하네요.
> 수미: 네, 그동안 실력이 많이 늘었네요.
> 나. 마이클: 설악산이 무척 아름답군요.
> 영희: 네, 그래서 일년 내내 관광객이 많이 와요.

듣는 사라이 말하는 사람보다 나이가 많거나 지위가 더 높은 사람인 경우, 또는 아직 가까운 사이가 아니라서 편하게 말할 수 없는 경우에는 (63가), (63나)와 같이 '-네요, -(는)군요'를 사용한다.

듣는 사람이 말하는 사람과 나이가 같거나 말하는 사람보다 나이가 적을 때, 혹은 지위가 더 낮은 경우에는 보통 (64가)-(64라)와 같이 '-(는)구나, -는군, -네, -아라/어라'를 사용한다.

(64) 가. 교사: 이제 피아노를 제법 잘 치는구나.
　　　　학생: 정말요? 선생님께서 칭찬해 주시니 아주 기뻐요.
　　　나. 사장: 모두들 열심히 일하는군.
　　　　과장: 네, 다들 열심히 일하고 있습니다.
　　　다. 친구1: 물건 값이 많이 올랐네.
　　　　친구2: 그래서 요즘은 시장에 가기가 겁나.
　　　라. 친구1: 어휴, 힘들어라.
　　　　친구2: 힘들면 좀 쉬었다 해.

(65) 강아지가 아주 귀엽네.

(64가), (64나)는 윗사람이 아랫사람에게 이야기하는 경우이고, (64다), (44라)는 친구 사이에서 편하게 이야기하는 경우이다. (64가)-(64라)에 사용된 감탄형 종결어미들은 (65)에서와 같이 말하는 사람이 혼잣말로 감탄의 의미를 표현할 때는 사용된다.

'감탄 의아' 부분에서 '-네요'와 '-는군요', '-다니'와 '-(ㄴ/는)다니'의 공통점과 차이점에 대해 살펴보겠다.

112. '-네요' & '-는군요'

문법 설명	**-네요** 말하는 사람이 직접 경험하여 새롭게 알게 된 사실에 대해 감탄함을 나타낼 때 쓴다. 表示说话的人对亲身经历后新了解的事实的感叹。 **-는군요** 새롭게 알게 된 사실에 감탄하듯이 말할 때 쓴다. 주로 말하는 순간 어떤 장면이나 상황을 보거나 들으면서 말할 때 많이 쓴다. 表示对新知道的事实的感叹。主要在说话的瞬间看到或听到某个场面或情况时使用。
공통점	**새롭게 알게 된 사실에 대하여 감탄함을 나타낸다.** 表示对新知道的事实发出感叹。 예) 철수 씨는 키가 크**네요**. (○) 　　철수 씨는 키가 크**군요**. (○) 　　哲洙个子很高呢。 　　철수가 1등을 했**네요**. (○) 　　철수가 1등을 했**군요**. (○) 　　哲洙拿了第一名。
차이점	**'-네요'는 말하는 사람의 직접적인 경험을 통하여 알게 된 사실에 대해 감탄하며 말할 때만 사용할 수 있다. '-는군요'는 말하는 사람이 직접 경험하거나, 다른 사람에게서 들어 알게 된 사실에 대해 감탄하며 말할 때 모두 사용할 수 있다.** '-네요'只有在对说话人的直接经验所了解到的事实赞叹和说话时才能使用。'-는군요'说话的人在亲身经历或对从别人那里听到的事实感叹的时候都可以使用。 예) 가: 이 식당 비빔밥이 정말 맛있어요.

나: 아, 그래요? (먹지 않고) 이 식당의 비빔밥이 맛있네요. (X)
这家饭店的拌饭很好吃。
啊，是吗？（还没吃）这家饭店的拌饭很好吃呢。

가: 이 식당 비빔밥이 정말 맛있어요.
나: 아, 그래요? (먹지 않고) 이 식당의 비빔밥이 맛있군요. (O)
这家饭店的拌饭很好吃。
啊，是吗？（还没吃）这家饭店的拌饭很好吃呢。

'-네요'는 말하는 사람이 현재 인식하게 된 어떤 사실에 대해 감탄하며 말할 때 사용한다. 그러므로 과거 경험에 대한 과거의 인식을 나타내는 '-더-'와 함께 쓸 수 없다. '-는군요'는 말하는 사람이 현재와 과거에 인식하게 된 어떤 사실에 대해 감탄하며 말할 때 사용한다.
'-네요'因为是说话者对于现在刚知道的事实表示感叹，所以不能与表示过去回想的'-더'一起使用。'-는군요'因为表示对过去或现在知道的事实的感叹，所以可以与表示过去回想的'-더'一起使用。

㉔ 철수가 1등을 했더네요. (X)
철수가 1등을 했더군요. (O)
哲洙拿了第一名呢。

하숙집 아주머니가 만든 김치가 맛있더네요. (X)
하숙집 아주머니가 만든 김치가 맛있더군요. (O)
寄宿家大婶做的泡菜很好吃呢。

연습해 보세요.

(1) 강아지가 집을 잘 지켰더(네요/군요).

(2) 가: 어제 마이클 씨가 계속 전화했어요.
나: 그랬(네요/군요).

113. '-다니' & '-(ㄴ/는)다니'

문법 설명	**-다니** 뜻밖의 일이라서 놀라거나 감탄함을 나타낸다. 뒤에 그에 대해 말하는 사람의 생각이나 판단, 감정 등을 나타내는 문장이 올 수 있다. 表示发生的事情出乎说话人的意料之外。后句通常为说话者的判断、感想。 **-(ㄴ/는)다니** 다른 사람에게 들은 것을 판단의 근거로 삼음을 나타낸다. 将从其他人那里听到的话作为判断的依据。
공통점	**두 문법은 모두 말하는 사람의 놀라거나 감탄의 느낌을 나타낼 수 있다.** 两个语法都可以表达说话着吃惊或感叹的语气。 ㉠ 민호에게 여자 친구가 생기**다니** 믿을 수 없어. (O) 민호에게 여자 친구가 생겼**다니** 믿을 수 없어. (O) 敏镐竟然有了女朋友，真是不可思议。 나하고 만나기로 해 놓고 안 오**다니** 그럴 수 있니? (O) 나하고 만나기로 해 놓고 안 온**다니** 그럴 수 있니? (O) 约好了和我见面竟然没来，有这样的吗？
차이점	**'-(ㄴ/는)다니'는 말하는 사람이 다른 사람의 말을 근거로 하여 놀라거나 감탄 느낌을 표현하는데 '-다니'는 말하는 사람이 직접 보고 감탄감을 표현한다는 점에서 두 문법은 차이가 있다.** '-(ㄴ/는)다니'是以听说的话语作为根据表达说话人的惊讶或感叹，'-다니'可以是说话者自己亲眼看到后发出感叹，在这一点上两者是有区别的。 ㉠ 말로만 들었는데 네가 서울대에 합격하**다니** 참 부럽다. (X) 말로만 들었는데 네가 서울대에 합격했**다니** 참 부럽다. (O)

我听说你竟然考上了首尔大学，真是羡慕啊。

아까 시험장에서 민호를 봤는데 이만큼 살이 **찌다니** 정말 믿을 수가 없어. (O)

아까 시험장에서 민호를 봤는데 이만큼 살이 **찐다니** 정말 믿을 수가 없어. (X)

刚才在考场上看到民浩，他竟然这么胖了，真不敢相信。

연습해 보세요.

(1) "어머, 미선 아니야? 우리 이런 곳에서 다 (만나다니/만난다니) 너무 반갑다!"

(2) 뭐라고? 이렇게 맛있는 건 고작 1000원 이(다니/라니) 믿을 수가 없어.

수단 방식 手段 方式

'수단 방식'은 어떤 도구나 수단을 통해 일을 한다는 의미인데 '-(으)로'나 '-(으)로써'를 사용한다. 이 두 가지 중 일반적으로는 '-(으)로'가 더 많이 사용되나, 아래 (66)처럼 동사의 명사형인 경우에는 '-(으)로써'가 많이 사용된다.

(66) 가. 민수는 톱으로 나무를 잘랐다.
     나. 나는 기차로 출근하다.
     다. 힘으로 해결하려 하지 말고 대화로 해결하라.

(67) 가. 그가 장렬하게 죽음으로써 그의 부하들은 살 수 있었다.
     나. 그는 일등을 함으로써 자신의 욕구를 충족시켰다.

재료를 나타내는 경우에는 '-(으)로써'를 잘 쓰지 않고 '-(으)로'를 많이 쓴다.

(68) 가. 포도로 술을 만들었다.
     나. 나무로 집을 지었다.
     다. 우유로 치즈를 만들었다.

'수단 방법' 부분에서는 '-을/를 통해'와 '-(으)로써' 근의 문법의 공통점과 차이점에 대해 살펴보겠다.

114. '-을/를 통해' & '-(으)로써'

문법 설명	**-을/를 통해** 일정한 공간, 기간, 과정이나 경험을 걸치거나, 어떤 사람이나 물체를 매개로 하거나 중개하게 함을 나타낸다. 通过一定的空间、时间、过程或经验，以某人或物体为媒介或中介。 **-(으)로써** 어떤 행위의 도구나, 수단, 방법을 나타내거나 어떤 물건의 재료나 원료가 됨을 나타낸다. 表现某种行为的工具，手段，方法，或成为某种物的材料或原料。
공통점	**어떤 과정이나 경험을 거치거나 어떤 행위의 방법임을 나타낸다는 점에서 비슷하다.** 二者均表示通过某种过程或经验，或者某一行为的方法。 ⑩ 대화**를 통해** 오해를 풀 수 있을까? (O) 　대화**로써** 오해를 풀 수 있을까? (O) 　可以用对话解开误会吗? 　실습**을 통해** 이론을 익힌다. (O) 　실습**으로써** 이론을 익힌다. (O) 　通过实习熟悉理论。
차이점	**'-(으)로써'는 수단과 방법을 나타내지만 '-을/를 통해'는 과정, 경험뿐만 아니라 어떤 사람이나 물건을 매개로 한다는 의미도 갖는다.** '-(으)로써'主要表示手段、方法，但是'-을/를 통해'不仅表示过程、经验，而且还表示以某人或某一事物作为媒介。 ⑩ 비상구**를 통해** 빠져 나갔다. (O) 　비상구**로써** 빠져 나갔다. (X) 　通过紧急出口撤离出去了。 　망원경**을 통해** 밖을 내다본다. (O)

망원경**으로써** 밖을 내다본다. (X)

用望远镜看外面。

연습해 보세요.

(1) 그 편지는 철수(를 통해/로써) 전달되었다.

(2) 방학(을 통해/으로써) 여행을 다녔다.

계기 배경 契机 背景

문장을 '계기 배경'의 의미로 이어 주는 문법에는 '-(으)ㄴ/는데', '-자' 등이 있다. '배경'의 의미를 갖는 문법들은 뒤 문장에서 어떤 일에 대해 설명하거나 묻거나 시키거나 제안하기 위하여 그 대상과 연관되는 상황이나 배경을 앞 문장에서 미리 말할 때 쓴다. '계기'의 의미를 갖는 문법들은 앞 상황이 뒤 상황의 원인이나 동기임을 나타낸다.

(69) 가. 손님이 오시는데 뭘 준비하죠?
　　　나. 시간도 많은데 천천히 해라.
　　　다. 어린아이는 선물로 장난감을 받자 마냥 즐거워했다.
　　　라. 동네에 안 좋은 소문이 나자 그 집은 이사를 가 버렸다.

위의 문장들에서 앞 문장들은 뒤 문장들에 대한 상황이나 배경, 계기나 원인을 제시하는 역할을 한다. (69가)의 경우 '뭘 준비하죠?' 라고 물어야 하는 상황이 앞 문장에서 '손님이 오시는 것'으로 제시되고 있다. (69나)의 경우는 '천천히 하라'고 말할 수 있는 상황, 즉 '시간이 많다'는 사실을 앞에서 말하고 있다. (69다)는 아이가 선물로 장난감을 받고 그것으로 인해 즐거워한다는 것이고 (69라)는 그 집이 이사를 간 동기나 계기가 동네에 안 좋은 소문이 났기 때문이라는 것이다.

이 부분에서는 근의 문법인 '-는 도중에'와 '-는 길에', '-(으)ㄴ/는 가운데'와 '-(으)ㄴ/는 와중에', '-(으)ㄴ/는 김에'와 '-는 길에', '-(으)ㄴ/는 김에'와 '-(으)ㄹ 겸', '-(으)ㄴ/는 동안에'와 '-(으)ㄴ/는 사이에', '-을/ㄹ 때'와 '-을/ㄹ 적', '-자마자'와 '-자'에 대해서 살펴보겠다.

115. '-는 도중에' & '-는 길에'

문법 설명	**-는 도중에** 길을 가는 중간이나 일이 계속되고 있는 과정이나 일의 중간임을 나타낸다. 表示去某地的途中、事情进行的过程或中间。 **-는 길에** '가거나 오는 도중이나 기회에'의 의미를 나타낼 때 쓴다. 表示"借着去或者来的途中、机会"的意思。
공통점	**두 문법은 모두 어떤 일을 하는 도중에 다른 행위를 함을 나타낸다.** 两个语法都表示做某事的中途做其他的行为。 ⑳ 민경이는 가게에 가**는 도중에** 우체국에 잠시 들러 편지를 부쳤다. (O) 민경이는 가게에 가**는 길에** 우체국에 잠시 들러 편지를 부쳤다. (O) 敏静在去店里的路上顺便去了趟邮局寄了信。 퇴근하**는 도중에** 우연히 친구를 만났다. (O) 퇴근하**는 길에** 우연히 친구를 만났다. (O) 下班路上偶然遇到了朋友。
차이점	**'-는 길에'는 앞에 주로 '가다', '오다' 등 동사와 함께 쓰이는데 '-는 도중에'는 '가다', '오다' 외의 동사들하고도 자유롭게 함께 쓰인다.** '-는 길에'前面主要与'去'、'来'等移动动词一起使用, 但是'-는 도중에'除了移动动词外也与其他动词一起使用。 ⑳ 영화 보**는 도중에** 팝콘을 먹었다. (O) 영화 보**는 길에** 팝콘을 먹었다. (X) 看电影途中吃了爆米花。

시내에서 운전을 하는 **도중에** 교통사고를 목격했다. (O)
시내에서 운전을 하는 **길에** 교통사고를 목격했다. (X)
在市区开车途中目睹了交通事故。

연습해 보세요.

(1) 회의실에서 회의를 하는 (길에/도중에) 경찰서에서 급한 연락이 왔다.

(2) 식당에서 식사하는 (길에/도중에) 전화벨이 울렸다.

116. '-(으)ㄴ/는 가운데' & '-(으)ㄴ/는 와중에'

문법 설명	**-(으)ㄴ/는 가운데** 선행문의 내용이 진행되는 중에 후행문의 내용이 발생했음을 나타 낸다. 表示某一行为是在某一事件的进行之中，或是在某一大背景下发生。 **-(으)ㄴ/는 와중에** 일이나 사건 따위가 시끄럽고 복잡한 가운데 벌어짐을 나타낸다. 表示事情或事件等在嘈杂复杂的情况下发生。
공통점	**두 문법은 다 앞의 내용이 진행되는 과정에 뒤의 내용이 발생한다는 뜻을 나타낸다.** 两个语法都有在做前面的事情过程中发生了后面的事情的意 思。 ㉐ 다들 음식을 하느라 바쁜 **가운데** 보기만 하는 시누이가 얄밉다. (O) 다들 음식을 하느라 바쁜 **와중에** 보기만 하는 시누이가 얄밉다. (O) 大家都在忙碌着做饭，这时只看不做的小姑子格外讨人厌。 개 식용 종식을 두고 시민들 간의 논의가 활발**한 가운데** 정부가 이와 관련된 토론회를 열었다. (O) 개 식용 종식을 두고 시민들 간의 논의가 활발**한 와중에** 정부가 이와 관련된 토론회를 열었다. (O) 就终结食用狗问题，市民间的讨论非常活跃，在这种情况下， 政府召开了与此相关的讨论会。
차이점	'-(으)ㄴ/는 가운데'는 좋은 일이든 나쁜 일이든 상관없지만 '-(으)ㄴ /는 와중에'중의 '와중'은 '흐르는 물이 소용돌이치는 가운데인 '渦 中'의 뜻을 지니므로 '시끄럽고 복잡하게 벌어지는 가운데'라는 뜻을 나타낸다.

'-(으)ㄴ/는 가운데'用在好事、坏事中都可以使用。相反, '-(으)ㄴ/는 와중에'则表示事情多在吵闹、喧哗和复杂的氛围中发生。

㉠ 그는 많은 사람이 보**는 가운데** 무대에 올라갔다. (O)
그는 많은 사람이 보**는 와중에** 무대에 올라갔다. (X)
他在很多人注视的目光中走上了舞台。

유학 생활을 하**는 가운데** 좋은 친구들을 사귀었어요. (O)
유학 생활을 하**는 와중에** 좋은 친구들을 사귀었어요. (X)
在留学生活中交了一些好朋友。

연습해 보세요.

(1) 선생님이 주목하신 (가운데/와중에) 학생이 강단에 올라갔다.

(2) 우리의 모든 생활 방식은 생각하는 (가운데/와중에)에서 이루어진다.

117. '-(으)ㄴ/는 김에' & '-는 길에'

문법 설명	**-(으)ㄴ/는 김에** 어떤 일을 하거나 이미 일어난 상황을 이용하여 계획하지 않았던 다른 일이나 행동을 함께 할 때 쓴다. 利用做某件事或利用已经发生的某件事顺道做之前并没有计划的事情。 **-는 길에** '가거나 오는 도중이나 기회에'의 의미를 나타낼 때 쓴다. 表示"借着去或者来的途中、机会"的意思。
공통점	**어떤 동작이 발생함을 기회로 삼아서 뒤의 동작이나 행동이 같이 발생함을 나타낸다.** 两个语法都有表示利用做前面的动作的机会一起做了后面的动作或行动。 ㉠ 철수는 가게에 가**는 김에** 우체국에 잠시 들러 편지를 부쳤다. (O) 철수는 가게에 가**는 길에** 우체국에 잠시 들러 편지를 부쳤다. (O) 哲洙去店铺时借机去了趟邮局寄了封信。 집에 오**는 김에** 마트에 들러 고기를 사왔다. (O) 집에 오**는 길에** 마트에 들러 고기를 사왔다. (O) 来家时顺道去了趟超市买了肉。
차이점	'-(으)ㄴ/는 김에'는 어떤 일이 일어난 상황을 이용하여 계획하지 않았던 일을 한다는 의미가 있기 때문에 '-은/ㄴ 김에' 형태가 있다. '-는 길에'는 주로 '가다', '오다'와 함께 쓰여 가거나 오는 도중이나 기회에 어떤 일을 한다는 뜻으로 '-은/ㄴ 길에' 형태가 없다. '-(으)ㄴ/는 김에'表示借着做某事的机会顺便做了并没有计划的事情, 有表示过去的'-은/ㄴ 김에'的形态。 '-는 길에'主要与"来"、"去"这类移动动词一起使用, 表示在途中顺道做某事的意思, 没有表示过去的'-은/ㄴ 길에'形态。

> 예) 어제 시내에 **간 김에** 옷을 샀다. (O)
> 어제 시내에 **간 길에** 옷을 샀다. (X)
> 昨天去市中心顺便买了衣服。
>
> 선생님을 **본 김에** 사건에 대해서 얘기해 드렸다. (O)
> 선생님을 **본 길에** 사건에 대해서 얘기해 드렸다. (X)
> 见老师时顺便给说了那一事件。

연습해 보세요.

(1) 말이 나온 (김에/길에) 아주 다 털어 버립시다.

(2) 모인 (김에/길에) 어디 놀러나 갈까?

118. '-(으)ㄴ/는 김에' & '-(으)ㄹ 겸'

문법 설명	**-는 김에** 어떤 일을 하거나 이미 일어난 상황을 이용하여 계획하지 않았던 다른 일이나 행동을 함께 할 때 쓴다. 利用做某件事或利用已经发生的某件事顺道做之前并没有计划的事情。 **-(으)ㄹ 겸** 뒤 절의 행위 목적이 두 가지 이상임을 나타낼 때 쓴다. 表示后句中行为的目的有两个以上。
공통점	**두 가지 이상의 동작이나 행위이 발생함을 나타낸다는 점에서 비슷하다.** 两个语法都表示两个以上的动作或行为发生。 ㉐ 청소하는 **김에** 빨래도 하러 며느리 집에 왔다. (O) 청소할 **겸** 빨래도 하러 며느리 집에 왔다. (O) 来儿媳家一方面是打扫卫生，一方面是洗衣服。 쇼핑 하는 **김에** 친구를 만나러 시내에 갈 것이다. (O) 쇼핑 **할 겸** 친구를 만나러 시내에 갈 것이다. (O) 去市中心一是去购物，二是去见朋友。
차이점	**'-(으)ㄴ/는 김에'는 어떤 일이 일어난 상황을 이용하여 계획하지 않았던 일을 함께 한다는 의미가 있다. '-(으)ㄹ 겸'은 두 가지 이상의 동작이나 행위를 아울러 한다는 의미가 있다.** '-(으)ㄴ/는 김에'表示借着做某事的机会顺便一起做了当初并没有计划的事情，'-(으)ㄹ 겸'表示一起做两个以上的动作或行为。 ㉐ 이왕 사는 **김에** 좋은 것을 사세요. (O) 이왕 **살 겸** 좋은 것을 사세요. (X) 既然要买，就买些好的吧。

시간도 떼우는 **김에** 영어도 배우는 **김에** 영국 드라마를 봤다. (X)
시간도 떼울 **겸** 영어도 배울 **겸** 영국 드라마를 봤다. (O)
也为了顺便打发时间, 也为了学习学英语, 看起了英国电视剧。

'-(으)ㄴ/는 김에'는 과거를 나타내는 '-은/ㄴ 김에' 형태가 있는 반면 '-(으)ㄹ 겸'은 '-은/ㄴ 겸'의 형태가 없다.
'-(으)ㄴ/는 김에'有表示过去的'-은/ㄴ 김에'形态, 但是"-(으)ㄹ 겸'没有表示过去或现在的'-(으)ㄴ/는 겸'形态。

㉠ 친구를 만**난 김에** 시내에 갔다. (O)
친구를 만**난 겸** 시내에 갔다. (X)
见了朋友, 顺道去了市中心。

마트에 **간 김에** 생필품을 좀 샀다. (O)
마트에 **간 겸** 생필품을 좀 샀다. (X)
去超市顺道买了生活用品。

연습해 보세요.

(1) (일어나는 김에/일어날 겸) 물 한 잔만 가져 와라.

(2) 책도 (사는 김에/살 겸) 서점에 갔다.

119. '-(으)ㄴ/는 동안에' & '-(으)ㄴ/는 사이에'

문법 설명	**-(으)ㄴ/는 동안에** 어떤 행위나 상태가 계속되는 시간임을 나타낸다. 表示某一行为或状态持续的时间。 **-(으)ㄴ/는 사이에** 어떤 행위나 상태가 일어나는 중간 어느 짧은 시간임을 나타낸다. 表示发生某种行为或状态的中间很短的时间。
공통점	**두 문법이 모두 어떤 행위를 하는 계속되는 시간이라는 의미를 나타 낸다.** 表示做某种行为的持续时间。 ⑩ 영수가 집을 비운 **동안에** 친구가 와 있었다. (O) 　영수가 집을 비운 **사이에** 친구가 왔다가 갔다. (O) 　英洙不在家的时候, 朋友来了又走了。 　줄리아 씨가 **씻는 동안에** 제가 식사를 준비할게요. (O) 　줄리아 씨가 **씻는 사이에** 제가 식사를 준비할게요. (O) 　我趁朱丽娅洗澡的时候准备饭菜。
차이점	**'-(으)ㄴ/는 동안에'는 어떤 행위가 계속되는 전체 시간에 걸쳐 다른 일이 행해짐을 의미한다. '-(으)ㄴ/는 사이에'는 어떤 행위가 일어나는 시간의 중간이나 짧은 시간의 사이에 다른 일이 행해짐을 의미한다.** '-(으)ㄴ/는　동안에'意味着在某项行为持续的整个时间内会发生 其他事情'-(으)ㄴ/는　사이에'意味着在某一行为发生的中间或短 时间内发生了其他事情。 ⑩ 방심하는 **동안에** 사고는 생길 수 있다. (?) 　방심하는 **사이에** 사고는 생길 수 있다. (O) 　放松警惕的时候可能会发生事故。 　내가 잠시 가게를 비운 **동안에** 도둑이 들어왔다.(?)

내가 잠시 가게를 비운 **사이에** 도둑이 들어왔다. (O)
我稍微离开了店铺一会, 小偷进就进来了。

'-(으)ㄹ 동안에' 형태로 사용되지만 관용적 표현 외에는 '-(으)ㄹ 사이에' 형태로 사용되지 않는다.
可以有'-(으)ㄹ 동안에'的形态, 但是除了惯用表现外, 没有'-(으)ㄹ 사이에'的形态。

⑩ 내가 밥 먹을 **동안에** 수지가 청소를 했다. (O)
내가 밥 먹을 **사이에** 수지가 청소를 했다. (X)
我吃饭的时候, 秀智打扫了卫生。

내가 밥을 먹을 **동안** 잠시 쉬고 있어라. (O)
내가 밥을 먹을 **사이** 잠시 쉬고 있어라. (X)
我吃饭的时候你稍微休息一下吧。

연습해 보세요.

(1) 우리는 서울에 머무르는 (동안에/사이에) 여러 관광지를 돌아보았다.

(2) 선생님을 기다릴 (동안에/사이에) 책을 보세요.

120. '-을/ㄹ 때' & '-을/ㄹ 적'

문법 설명	**-을/ㄹ 때** 어떤 행위나 상황이 계속되는 동안이나 시간, 또는 어떤 행위나 상황이 일어난 경우를 나타낸다. 表示某种行为或状况持续期间，时间，或某种行为或状况发生的情况。 **-을/ㄹ 적** 그 동작이 진행되거나 그 상태가 나타나 있는 때, 또는 지나간 어떤 때를 나타낸다. 表示某一行为进行的时间，或过去的某一时间。
공통점	**'어떤 행위나 상태가 나타나는 시간의 순간이나 동안'이라는 의미를 나타낸다.** 都表示"某一行为或状态出现的瞬间或期间"的意思。 ㉠ 수지는 어릴 **때**도 예뻤다. (O) 수지는 어릴 **적**에도 예뻤다. (O) 秀智小的时候很漂亮。 밥을 먹을 **때** 친구가 왔어요. (O) 밥을 먹을 **적**에 친구가 왔어요. (O) 吃饭的时候朋友来了。
차이점	**·'-을/ㄹ 때'는 주로 조사 '-에'를 붙이지 않고 사용한다. '-을/ㄹ 적'은 주로 조사 '-에'를 붙여 사용한다.** '-을/ㄹ 때'一般后面不与助词'-에'一起使用，但是 '-을/ㄹ 적'一般后面与助词'-에'一起使用。 ㉠ 나는 학교에 **갈 때** 도시락을 싸 간다. (O) 나는 학교에 **갈 적** 도시락을 싸 간다. (X) 我去学校时打包了饭盒。

대학교를 졸업할 **때** 지도교수님과 사진을 찍었다. (O)
대학교를 졸업할 **적** 지도교수님과 사진을 찍었다. (X)
大学毕业时，和指导教师拍照了。

'-을/ㄹ 때'는 보조사와 결합할 때 '-에'를 생략할 수 있고 간혹 반드시 생략해야 한다. '-을/ㄹ 적'은 보조사와 결합할 때 '-에'를 생략할 수 없다.
'-을/ㄹ 때'与补助词一起使用时，通常省略助词'-에'，但是'-을/ㄹ 적'与补助词一起使用时，不省略助词'-에'。

㉖ 수지는 어릴 **때**만 예뻤다. (O)
수지는 어릴 **적**만 예뻤다. (X)
秀智只是小的时候漂亮。

아이가 사탕을 먹을 **때**만 기분이 좋아요. (O)
아이가 사탕을 먹을 **적**만 기분이 좋아요. (X)
孩子只有吃糖的时候心情好。

연습해 보세요.

(1) 수지는 어릴 (때/적)에 인형같이 예뻤다.

(2) 시간이 있을 (때/적) 뭘 해요?

121. '-자마자' & '-자'

문법 설명	**-자마자** 어떤 상황이 일어나고 바로 그 다음에 잇따라 또 다른 상황이 일어남을 나타낸다. 表示前面的状况一发生，紧接着就出现后面的动作。 **-자** 앞의 행위가 끝난 후 곧 뒤의 행위가 시작됨을 나타낸다. 表示前面的行为一发生，紧接着后面的动作就开始。
공통점	**앞 절의 동작이 이루어지고 곧 다음 절의 동작이 일어남을 나타낸다는 점에서 비슷하다.** 两个语法都表示前句动作已结束马上就发生了后句中的动作。 ㉔ 내가 집에 도착하**자마자** 강아지가 달려 나왔다. (O) 　　내가 집에 도착하**자** 강아지가 달려 나왔다. (O) 　　我一到家小狗就跑了出来。 　　어머니의 목소리를 듣**자마자** 눈물이 왈칵 쏟아졌어요. (O) 　　어머니의 목소리를 듣**자** 눈물이 왈칵 쏟아졌어요. (O) 　　一听到妈妈的声音，眼泪就喷涌而出。
차이점	**'-자'는 앞의 상황이 뒤 상황의 원인이나 계기, 동기임을 나타내는 의미도 있는데 '-자마자'는 그런 의미가 없고 잇따라 다른 상황이 일어남을 나타내는 의미만 있다.** '-자'还有表示前面的状况是后面状况的原因、契机和动机的意思，但是'-자마자'就只有表示两个动作接连紧密发生的意思。 ㉔ 겨울이 되**자마자** 난방 시설이 잘 팔린다. (X) 　　겨울이 되**자** 난방 시설이 잘 팔린다. (O) 　　到了冬季，取暖设备开始畅销。 　　날이 더워지**자마자** 냉방 기계가 잘 팔리고 있다. (X)

날이 더워지**자** 냉방 기계가 잘 팔리고 있다. (O)
天气一热，冷气机就卖得很好。

'-자' 뒤에는 명령이 나 권유의 문장이 올 수 없지만 '-자마자' 뒤에는 올 수 있다.
'-자'后面的句子不能使用命令或共同句式，'-자마자'没有此限制，可以使用在任何句式中。

㉠ 수업이 끝나**자마자** 마트에 가자. (O)
　수업이 끝나**자** 마트에 가자. (X)
　一下课我们就去超市吧。

　회의가 끝나**자마자** 연락하세요. (O)
　회의가 끝나**자** 연락하세요. (X)
　会议一结束就联系吧。

'-자마자'는 앞 절의 주어와 뒤 절의 주어가 같아도 되고 달라도 되지만 '-자'는 앞 절의 주어와 뒤 절의 주어가 달라야 한다.
'-자마자'前后句的主语可以一致，也可以不一致，但是'-자'前后句主语不一致。

㉠ 나는 집에 가**자마자** (나는) 손을 씻었다. (O)
　나는 집에 가**자**(나는) 손을 씻었다. (X)
　我一到家就洗了手。

　전 집에 들어가**자마자** (전) 에어컨부터 켜요. (O)
　전 집에 들어가**자** (전) 에어컨부터 켜요. (X)
　我一到家先开空调。

연습해 보세요.

(1) 날이 추워지(자마자/자) 난방 시설이 잘 팔리기 시작했다.

(2) 학생들은 수업이 끝나(자마자/자) 매점으로 달려갑니다.

발견 인식　发现 认识

'발견 인식'은 어떤 일을 하는 과정에서 혹은 하고 나서 어떤 사실을 발견함을 나타내는데 '발견 인식'의 의미를 가진 문법으로 '-(으)니'가 대표적인데 '배경'의 의미를 가진 문법 '-(으)ㄴ/는데'와 구별하지 못할 경우가 많다.

'배경'의 의미를 갖는 '-(으)ㄴ/는데'는 과거를 나타낼 때 앞 문장과 뒤 문장에 각각 '-았/었-'을 사용하여야 하고 미래를 나타낼 때 '-겠-'을 사용하면 어색한 경우가 많다. 그러나 '발견 인식'의 의미를 가진 '-(으)니'는 아래와 같이 '-았/었-'이나 '-겠-'과 함께 사용할 수 없다.

> (70) 가. 지난주에 학회가 열렸는데 참석한 사람은 별로 없었다. (O)
> 나. 지난주에 학회가 열리는데 참석한 사람은 별로 없었다. (X)
> 다. 다음 주에 학회가 열리겠는데 참석한 사람은 별로 없을 것 같다. (X)

> (71) 가. 잠에서 깨어 일어났으니 벌써 12시가 넘었더라. (X)
> 나. 잠에서 깨어 일어나겠으니 벌써 12시가 넘을 거야. (X)
> 다. 잠에서 깨어 일어나니 벌써 12시가 넘었더라. (O)

'배경'의 의미를 갖는 '-(으)ㄴ/는데'는 모든 문장과 잘 어울리나, '발견 인식'의 의미를 가진 '-(으)니'는 청유문이나 명령문과 어울려 쓰이지 못한다.

> (72) 가. 백화점에 가려고 하는데 같이 가자. (O)
> 나. 우리가 집에 돌아와 보니 너는 자자. (X)

'배경'의 의미를 갖는 '-(으)ㄴ/는데'는 아래와 같이 부정문과 어울릴 수 있으나, '발견 인식'의 의미를 가진 '-(으)니'는 부정문과 잘 어울리지 못한다.

> (73) 가. 영수는 안 온다는데 어떻게 할까? (O)
> 나. 집에 안 들어와 보니 집이 엉망이더라. (X)

'발견 인식' 부분에서는 '-다 보면'과 '-고 보면', '-다 보면'과 '-아/어 보면', '-다(가) 보니'와 '-다(가) 보면', '-다(가) 보니'와 '-아/어 보니', '-다(가) 보니'와 '-고 보니', '-다가는'와 '-다(가) 보면', '-더니'와 '-았/었더니', '-았/었더니'와 '-(으)니까'에 대해서 살펴보겠다.

122. '-다 보면' & '-고 보면'

문법 설명	**-다 보면** 어떠한 행위를 계속하거나 그러한 상태가 지속되면, 새로운 행위나 상태가 나타날 때 쓴다. 表示某一行为或者状态持续的话，会出现新的行为或状态。 **-고 보면** 어떠한 행위를 하고 나면 새로운 행위나 상태가 나타날 때 쓴다. 表示做完了某一行为后出现了新的行为或状态。
공통점	**앞의 내용을 함으로써 뒤의 내용을 알게 된다는 의미에서 비슷하다.** 两个语法都是通过做前面的内容发现了后面的内容。 ⑩ 운동하**다 보면** 평일에 쌓인 스트레스가 땀의 배출을 통해 해소될 거야. (O) 운동하**고 보면** 평일에 쌓인 스트레스가 땀의 배출을 통해 해소될 거야. (O) 运动了会发现平时积攒的压力通过汗的排除而消除。 듣**다 보면** 이전의 이해가 많이 틀렸을 거야. (O) 듣**고 보면** 이전의 이해가 많이 틀렸을 거야. (O) 听了可能会发现以前的理解大错特错。
차이점	**행위의 과정에 초점이 놓이는 '-다 보면'과 달리 '-고 보면'은 그 행위의 이후 혹은 결과에 더 초점이 놓인다.** '-다 보면'强调的是做的过程，但是'-고 보면'强调的是行为结束后的结果。 ⑩ 그 사람의 이야기를 다 듣**다 보면** 상황이 이해가 될 거예요. (X) 그 사람의 이야기를 다 듣**고 보면** 상황이 이해가 될 거예요. (O) 听完那人的话，就会明白是个什么情况了。 아이들의 요구를 일일이 들어주**다 보면** 그런 과정에서 버릇이 나

빠질 수도 있어요. (O)
아이들의 요구를 일일이 들어주**고 보면** 그런 과정에서 버릇이 나
빠질 수도 있어요. (X)
如果孩子的要求总是全都接受的话，在那个过程中会把孩子惯
坏的。

연습해 보세요.

(1) 오늘처럼 연습을 꾸준히 열심히 하(다 보면/고 보면) 공연을 잘 할 수 있을
    것이다.

(2) 연습을 완전히 다 하(다 보면/고 보면) 예상보다 쉬울 거야.

123. '-다 보면' & '-아/어 보면'

문법 설명	**-다 보면** 어떠한 행위를 계속하거나 그러한 상태가 지속되면, 새로운 행위나 상태가 나타날 때 쓴다. 表示某一行为或者状态持续的话，会出现新的行为或状态。 **-아/어 보면** 어떠한 행위를 해 보고 나면 새로운 행위나 상태가 나타날 때 쓴다. 表示尝试做了某一行为后出现了新的行为或状态。
공통점	**동사 뒤에 붙어 앞의 행동을 통해 뒤의 내용을 알게 된다는 점에서 비슷하다.** 两个语法都用在动词后面，表示通过做前面的动作而发现了后面的内容。 ㉔ 운동하**다 보면** 기분이 상쾌해질 것이다. (O) 　운동**해 보면** 기분이 상쾌해질 것이다. (O) 　如果运动的话，心情会变舒畅的。 　이 책을 읽**다 보면** 다 이해할 거야. (O) 　이 책을 읽**어 보면** 다 이해할 거야. (O) 　读一下这本书的话，会理解的。
차이점	**'-다 보면'은 같은 동작을 반복적으로 함을 나타내지만 '-아/어 보면'은 시도의 의미로 어떤 동작을 처음으로 하거나 한 번만 함을 나타낸다.** '-다 보면'指的是一个动作反复进行，但是'-아/어 보면'有试图的意思指的是某一动作初次发生或者只做一次。 ㉔ 그 사람에 대해서 지금은 아무것도 모르겠지만 한 번 만나**다 보면** 괜찮은 사람이라는 걸 알게 될 거야. (X) 　그 사람에 대해서 지금은 아무것도 모르겠지만 한 번 만나 **보면**

괜찮은 사람이라는 걸 알게 될 거야. (O)
虽然现在对于那人一无所知, 但是试着见一次会发现是很不错的一个人呢。

지금은 어렵게 생각할지도 모르겠지만 한 번 **하다 보면** 쉽다고 느껴질 거야. (X)
지금은 어렵게 생각할지도 모르겠지만 한 번 **해 보면** 쉽다고 느껴질 거야. (O)
可能现在你觉得很难, 但是尝试做一次会发现是很简单的。

연습해 보세요.

(1) 그 사람과 한 번 이야기(하다 보면/해 보면) 마음이 따뜻한 사람인 것을 알게 될 거야.

(2) 한 번 먹(다 보면/어 보면) 그 맛을 좋아할 거야.

124. '-다(가) 보니' & '-다(가) 보면'

문법 설명	**-다(가) 보니** 어떠한 행위를 계속하거나 그러한 상태가 지속되는 과정에서 새로운 사실을 깨닫게 되었음을 나타낸다. 表示在继续某种行为或这种状态持续的过程中，领悟到了新的事实。 **-다(가) 보면** 어떠한 행위를 계속하거나 그러한 상태가 지속되면, 새로운 행위나 상태가 나타날 때 쓴다. 表示某一行为或者状态持续进行的话，将会出现新的行为或状态。
공통점	**두 문법이 모두 앞에 나타내는 행동을 하는 과정에서 뒤의 사실을 새로 깨닫게 됨을 나타낸다.** 两个语法都表示在做前面所表示的行动的过程中，对后面的事实有新的感悟。 ㉑ 길을 따라 걷**다 보니** 연못이 하나 나왔다. (O) 길을 따라 걷**다 보면** 연못이 하나 나올 거야. (O) 沿着路走，出现了一个莲花池。 세상을 살**다 보니** 원래 뜻대로 되는 일보다는 안 되는 일이 더 많더라. (O) 세상을 살**다 보면** 원래 뜻대로 되는 일보다는 안 되는 일이 더 많단다. (O) 活在这个世界上，不如意的事情比尽如人意的事情多。
차이점	**'-다(가) 보니'는 앞의 행동을 하는 과정에서 뒤의 사실을 알게 되었음을 나타내는데 뒤 문장은 항상 과거 어미 '-았/었'과 같이 쓰이는 반면에 '-다(가) 보면'은 가정의 뜻으로 어떤 행동을 계속하면 앞으로 어떤 행동이나 상태가 나타날 거라고 예측함을 나타내는데 뒤 문장은 항상 추측을 뜻하는 '-겠-', '-을/ㄹ 것'과 같이 쓰인다.** '-다(가)　보니'主要指在做前面行动的过程中明白了后面的事实，

后句常为'-았/었'过去时态，'-다(가) 보면'主要是假设如果再继续做下去的话，将会出现怎样的结果，后句常为'-겠-'，'-을/ㄹ 것'将来时态。

㉑ 무슨 일이든 한평생 열심히 하**다 보니** 어떤 경지에 오를 수 있다. (X)

무슨 일이든 한평생 열심히 하**다 보면** 어떤 경지에 오를 수 있다. (O)

不管什么事情，一辈子都努力去做的话，一定能达到某一高度。

지수는 초콜릿을 한둘 먹**다 보니** 동생 몫까지 몽땅 먹어 버리고 말았다. (O)

지수는 초콜릿을 한둘 먹**다 보면** 동생 몫까지 몽땅 먹어 버리고 말았다. (X)

智秀一个两个地吃着巧克力，　吃着吃着发现连弟弟的那份也吃光了。

연습해 보세요.

(1) 지금은 너무 어려운 줄 알았지만 하다 보(니/면) 하나도 안 어려울 거라고는 알게 될 거야.

(2) 살다 보(니/면) 내 마음대로 될 게 별로 없더라.

125. '-다(가) 보니' & '-아/어 보니'

문법 설명	**-다(가) 보니** 어떠한 행위를 계속하거나 그러한 상태가 지속되는 과정에서 새로운 사실을 깨닫게 되었음을 나타낸다. 表示在继续某种行为或这种状态持续的过程中，领悟到了新的事实。 **-아/어 보니** 어떠한 행위를 해 보고 나서 새로운 사실을 알게 되었음을 나타낸다. 表示通过尝试做了某一行为后发现了新的事实。
공통점	**동사 뒤에 붙어 앞의 행동을 함으로써 뒤의 내용을 알게 되었다는 점에서 비슷하다.** 两个语法都用在动词后面，都表示通过做前面的动作而发现了后面的内容。 ⑩ 필라테스 하**다 보니** 기분이 상쾌해 졌다. (O) 필라테스 **해 보니** 기분이 상쾌해질 졌다. (O) 做普拉提，心情变得舒畅了。 이 책을 읽**다 보니** 글쓴이의 의도를 이해하게 되었다. (O) 이 책을 읽**어 보니** 글쓴이의 의도를 이해하게 되었다. (O) 读这本书的话，理解了作者的写作意图。
차이점	**'-다 보니'는 같은 동작을 반복적으로 함을 나타내지만 '-아/어 보니'는 시도의 의미로 어떤 동작을 처음으로 하거나 한 번만 함을 나타낸다.** '-다 보면'指的是一个动作反复进行，但是'-아/어 보면'有试图的意思指的是某一动作初次发生或者只做一次。 ⑩ 그 사람에 대해서 잘 몰랐는데 한 번 만나**다 보니** 참 따뜻한 사람이라는 걸 알게 되었다. (X) 그 사람에 대해서 잘 몰랐는데 한 번 만나 **보니** 참 따뜻한 사람이

라는 걸 알게 되었다. (O)

虽然过去对于他不太了解， 但是试着见了一次后发现他是个很暖心的人呢。

예전에 어렵게 생각했지만 한 번 **하다 보니** 참 쉽다고 느껴졌어. (X)

예전에 어렵게 생각했지만 한 번 **해 보니** 참 쉽다고 느껴졌어. (O)

虽然过去觉得很难，但是尝试做了一次发现其实挺简单的呢。

연습해 보세요.

(1) 그 사람과 한 번 이야기(하다 보니/해 보니) 마음이 따뜻한 사람인 것을 알게 됐어요.

(2) 맛없는 줄 알았는데 우연히 한 번 먹(다 보니/어 보니) 그 맛을 좋아하게 됐다.

126. '-다(가) 보니' & '-고 보니'

문법 설명	**-다(가) 보니** 어떠한 행위를 계속하거나 그러한 상태가 지속되는 과정에서 새로운 사실을 깨닫게 되었음을 나타낸다. 表示在继续某种行为或这种状态持续的过程中，领悟到了新的事实。 **-고 보니** 어떠한 행위를 다 하고 나서 새로운 사실을 알게 되었음을 나타낸다. 表示做完了某一行为后发现了新的事实。
공통점	**앞의 내용을 함으로써 뒤의 내용을 알게 되었다는 의미에서 비슷하다.** 两个语法都是通过做前面的内容发现了后面的内容。 ⑩ 운동하**다 보니** 평일에 쌓인 스트레스가 땀 배출을 통해 해소됐네요. (O) 운동하**고 보니** 평일에 쌓인 스트레스가 땀 배출을 통해 해소됐네요. (O) 运动了发现平时积攒的压力通过汗的排除而消除了。 듣**다 보니** 이전의 이해가 많이 틀렸다. (O) 듣**고 보니** 이전의 이해가 많이 틀렸다. (O) 听了发现以前的理解大错特错。
차이점	**행위의 과정에 초점이 놓이는 '-다 보니'와 달리 '-고 보니'는 그 행위의 이후 혹은 결과에 더 초점이 놓인다.** '-다 보니'强调的是做的过程，但是'-고 보니'强调的是行为结束后的结果。 ⑩ 그 사람의 이야기를 다 듣**다 보니** 상황이 이해가 됐네요. (X) 그 사람의 이야기를 다 듣**고 보니** 상황이 이해가 됐네요. (O) 听完那人的话，明白是个什么情况了。

아이들의 요구를 일일이 다 들어주**다 보니** 그런 과정에서 버릇이 나빠졌다. (X)

아이들의 요구를 일일이 다 들어주**고 보니** 그런 과정에서 버릇이 나빠졌다. (O)

在不断满足孩子要求的过程中发现把孩子给惯坏了。

연습해 보세요.

(1) 선생님이 지도해 주신 대로 연습을 꾸준히 하(다 보니/고 보니) 실력이 많이 늘었다.

(2) 시험 문제를 모두 다 풀(다 보니/고 보니) 예상보다 쉬웠다.

127. '-다가는' & '-다(가) 보면'

문법 설명	**-다가는** 앞 절의 내용과 같은 이미 일어난 사실이 계속되면 뒤 절의 내용과 같이 원하지 않는 결과를 가져오게 됨을 나타낼 때 쓴다. 表示如果前句中已经发生的事情持续下去的话，就会导致后句中不好的结果。 **-다(가) 보면** 어떠한 행위를 계속하거나 그러한 상태가 지속되면, 새로운 행위나 상태가 나타날 때 쓴다. 表示某一行为或者状态持续的话，会出现新的行为或状态。
공통점	앞선 행위나 상태가 하나의 원인과 근거로서 계속 행동을 하는 과정에서 뒷말이 뜻하는 상태로 됨을 나타낸다는 점에서 비슷하다. 两个语法都表示在前一行为或状态作为一个原因或根据，在其持续进行的过程中出现了后面的状态。 ㉔ 매일 그 약을 먹**다가는** 큰 문제가 생길 수 있어요. (O) 매일 그 약을 먹**다 보면** 큰 문제가 생길 수 있어요. (O) 每天吃那种药的话，会出大问题。 게으름을 계속 피우**다가는** 큰 일 날 거야. (O) 게으름을 계속 피우**다 보면** 큰 일 날 거야. (O) 如果继续偷懒的话，会出大事。
차이점	'-다가는' 뒤에는 부정적인 상황이나 상태가 나타나지만 '-다 보면' 뒤에 는 좋은 결과와 나쁜 결과가 모두 나타날 수 있다. '-다가는'后句一般为不好的结果、消极意义的行为或状态。'-다 보면'后句可以出现好的结果，也可以出现不好的结果。 ㉔ 매일 그 약을 먹**다가는** 건강해질 거예요. (X) 매일 그 약을 먹**다 보면** 건강해질 거예요. (O)

每天吃那种药的话，会变得很健康。

꾸준히 운동하**다가는** 다이어트에 큰 도움이 될 거야. (X)
꾸준히 운동하**다 보면** 다이어트에 큰 도움이 될 거야. (O)
坚持运动会对减肥有很大的帮助的。

'-다가는'은 '-았/었-'과 같이 쓸 수 있지만 '-다 보면'은 쓸 수 없다.
'-다가는'前面可以与表示过去的'-았/었-'一起使用，但是'-다 보면'却不行。

㉮ 이렇게 계속 텔레비전을 가까이 봤**다가는** 눈을 버리기 쉬워. (O)
이렇게 계속 텔레비전을 가까이 봤**다 보면** 눈을 버리기 쉬워. (X)
继续像这样这么近距离看电视话的眼睛很容易会坏掉。

아침부터 찬 물을 마**셨다가는** 배탈이 나기 쉬울 것이다. (O)
아침부터 찬 물을 마셨**다 보면** 배탈이 나기 쉬울 것이다. (X)
一大早就喝凉水的话很容易闹肚子。

연습해 보세요.

(1) 이대로 열심히 공부하(다가는/다 보면) 시험을 통과할 거야.

(2) 자꾸 거짓말을 했(다가는/다 보면) 선생님한테 혼나겠다.

128. '-더니' & '-았/었더니'

문법 설명	**-더니** 과거에 보거나 들은 사실이 이유와 원인이 되어 어떠한 결과를 낳았다는 것을 서술할 때 쓴다. 表示过去亲眼看到、亲耳听到的事实作为原因和理由，叙述产生了怎样的结果时使用。 **-았/었더니** 앞 절의 행위를 완료한 후에 뒤 절의 결과가 나타난 것을 회상하여 서술할 때 쓴다. 前面句子中的行为结束后，回想并叙述后句中出现的结果。
공통점	**모두 과거에 발생한 사실에 대해 이은 반응이나 상황이나 결과를 나타낸다.** 两个语法都表示对于过去发生事实的后续反应、状况或是结果。 ⑩ 전화를 받**더니** 사무실 밖으로 나갔다. (O) 　 전화를 받**았더니** 사무실 밖으로 나갔다. (O) 　 接了电话后走出了办公室。 　 냉장고 문을 열**더니** 물을 꺼내 마셨다. (O) 　 냉장고 문을 열**었더니** 물을 꺼내 마셨다. (O) 　 打开冰箱门后取出了水喝了。
차이점	**'-았/었더니'는 앞 절의 주어가 보통 말하는 사람이지만 '-더니'는 앞 절의 주어가 보통 제3자이다.** '-았/었더니'前面句子的主语一般为说话人，但是'-더니'的主语一般为第三人称。 ⑩ 아침에 날씨가 춥**더니** 오후에 비가 왔다. (O) 　 아침에 날씨가 추**웠더니** 오후에 비가 왔다. (X) 　 早上天气很冷，下午下雨了。

내가 공부를 열심히 하**더니** 성적이 올랐다. (X)
내가 공부를 열심히 **했더니** 성적이 올랐다. (O)
我认真学习后成绩提高了。

연습해 보세요.

(1) 제가 날짜 지난 우유를 먹(더니/었더니) 배탈이 났다.

(2) 동생이 몇 달 동안 저녁을 굶(더니/었더니) 살이 많이 빠졌어요.

129. '-았/었더니' & '-(으)니까'

문법 설명	**-았/었더니** 앞 절의 행위를 완료한 후에 뒤 절의 결과가 나타난 것을 회상하여 서술할 때 쓴다. 前面句子中的行为结束后，回想并叙述后句中出现的结果。 **-(으)니까** 앞의 행위를 한 결과 뒤의 사실을 발견하게 되었음을 나타낸다. 通过做前面的事情发现了后面的事实。
공통점	**두 문법 모두 1인칭 주어가 앞 절의 행위를 완료한 후에 뒤 절의 결과가 나타난 다는 의미가 있다.** 两个语法都有第一人称的主语在做完了前面的事情之后发现了后句事情的意思。 ㉑ 그의 말을 들**었더니** 참 불쌍하다는 생각이 들었다. (O) 　그의 말을 들**으니까** 참 불쌍하다는 생각이 들었다. (O) 　听了他的话，感觉他真的很可怜。 　솔직하게 얘기해 **봤더니** 서로 통하는 데가 많더라. (O) 　솔직하게 얘기해 보**니까** 서로 통하는 데가 많더라. (O) 　坦率地交流之后发现，互相之间有很多共同点呢。
차이점	**'-았/었더니'는 회상의 뜻이 더 강하다. 또한, 이때 '-(으)니까' 앞에는 '-았/었-'이 오지 못하는 반면 '-더니' 앞에는 꼭 '-았/ 었'이 와야 된다.** '-았/었더니' 更加具有说话者回想的意味，且此时'-(으)니까'不能与表示过去时态的'-았/ 었-'连接使用，但是'-더니'必须要与'-았/었-'一起使用。 ㉑ 학교에 가**니까** 아무도 없었다. (O) 　학교에 가**더니** 아무도 없었다. (X)

到了学校一看，一个人都没有。

학교에 **갔으니까** 아무도 없었다. (X)
학교에 **갔더니** 아무도 없더라고요. (O)
到了学校一看，一个人都没有。

연습해 보세요.

(1) 영화관에 와 봤(으니까/더니) 사람이 이미 꽉 차 있더라.

(2) 엄마 말을 귀 기울이게 들어 봤(으니까/더니) 내가 잘못했다는 걸 깨달았다.

수식 소유 修饰 所有

관형사형 '-더-'에 관형사형 전성어미 '-ㄴ'을 붙인 '-던'의 형태로 이때 '-던'은 동사와 함께 쓰이는 과거시제 관형사형 '-은'이 단순히 과거의 사실을 나타내는 것과 달리 과거 회상의 의미와 함께 행위나 상태가 완료되지 않고 중단되거나 지속적이고 반복적인 경우를 나타낸다.

> (74) 가. 여기가 내가 전에 살던 집이다.
> 나. 조금 전까지 많던 사람이 다 사라져 버렸다.
> 다. 초등학생이던 선우가 벌써 대학생이 되었다.

(74가)의 '살던 집'은 과거에 산 적이 있는 집이란 의미를 나타내고 있다. 그리고 (74나), (74다)처럼 형용사나 '명사-이다'에 결합한 '-던'은 과거에는 그랬으나 현재는 상태가 달라졌음을 뜻한다. 그러므로 (74나)는 지금은 사람이 많지 않다는 의미를 (74다)는 더 이상 초등학생이 아니라는 의미를 나타낸다.

다음의 예는 '-던'이 지속적으로 반복적으로 이루어진 사실을 나타내는 경우이다.

> (75) 가. 이것이 내가 어릴 때 쓰던 책상이다.
> 나. 여기가 내가 다니던 초등학교이다.

(75가)는 과거의 어느 시기에 지속적이고 반복적으로 사용한 책상을 나타내고, (75나)는 과거에 일정 기간 지속적이고 반복적으로 다닌 학교를 나타낸다.

'-던'이 갖는 이러한 특성 때문에 순간적인 행위, 특정한 시점의 행위나 상태, 되풀이되지 않는 일회적인 행위를 나타내는 동사나 형용사 뒤에는 '-던'을 연결해 쓸 수 없다.

(76) 가. 감기에 걸리던 사람이 저예요. (X)

　　　나. 감기에 걸린 사람이 저예요.(O)

(77) 가. 이것이 어제 사던 책이다. (X)

　　　나. 이것이 어제 산 책이다. (O)

(78) 가. 이곳이 내가 결혼하던 곳이다. (X)

　　　나. 이곳이 내가 결혼한 곳이다. (O)

(76)에서는 '감기에 걸리'는 사건이 순간적으로 일어나는 일이므로 '감기에 걸린'으로 표현해야 옳다. 또 (77)처럼 '어제'라는 시점이 분명히 밝혀진 문장에서 '사다'는 '사던'이 아니라 '산'으로 표현해야 하며, (78)의 예문과 같이 이곳에서 결혼한 일이 한 번뿐이라면 '결혼하던 곳'이라는 표현은 부적절하고 '결혼한 곳'으로 써야 한다. 물론 이곳에서 여러 차례 결혼한 사실을 회상해 말한다면 '결혼하던'이라는 표현도 사용할 수 있다.

'-던'은 과거의 동작이나 상태가 완료되지 않고 남아 있음을 회상해 나타낼 때도 사용한다.

(79) 가. 내가 먹던 사과 어디 갔니?

　　　나. 내가 읽던 신문 누가 가져갔어?

(79)에서 '내가 먹던 사과'나 '내가 읽던 신문'은 아직 다 먹지 않은 사과나 다 읽지 않은 신문을 의미한다. 만약 사과를 모두 다 먹었거나 신문을 완전히 다 읽었다면 '내가 먹은 사과'나 '내가 읽은 신문'으로 써야 한다.

한편 '-았/었던'은 이미 행위가 완료된 사실이나 과거에 반복적으로 발생한 일을 회상해 나타낼 때 사용한다.

(80) 가. 내가 먹었던 사과 어디 갔어? (X)

　　　나. 내가 먹었던 사과는 참 맛이 좋았다.(O)

(81) 가. 이 제품이 전에 내가 샀던 것이다.

　　　나. 대학 다닐 때 자주 만났던 친구를 오랜만에 다시 만났다.

(80가)에서는 먹다가 남은 사과를 찾는 것으로 '-았/었던'을 쓸 수 없으나, (80나)는 이미 먹은 사과의 맛을 나타내므로 '-았/었던'을 쓸 수 있다. (81 가)는 과거에 완료된 사실을, (81나)는 과거에 반복적으로 발생한 일을 회상하여 나타내는 문장으로 모두 올바른 문장이다.

130. '-던' & '-았/었던'

문법 설명	**-던** 명사를 수식하며 과거의 사건이나 행위, 상태를 다시 떠올리거나 그 사건이나 행위, 상태가 완료되지 않고 중단되었다는 미완의 의미를 나타낸다. 修饰名词，重新回想过去的事件或行为、状态，表示事件或行为、状态没有结束而中断的未完的意义。 **-았었던** 명사를 수식하며 과거의 사건이나 행위, 상태를 다시 떠올리거나 그 사건이나 행위, 상태가 완료되지 않고 중단되었다는 단절, 미완의 의미를 나타낸다. 修饰名词，表示重新回想过去的事件或行为、状态，或表示事件或行为、状态没有结束而中断的断绝、未完成的意义。
공통점	**과거 회상의 어미로 명사를 수식하며 과거의 사실을 이야기한다는 점에서 비슷하다.** 两个语法作为回想过去的语尾，都修饰后面的名词，讲述的是过去发生的事情。 例 여기가 내가 살**던** 동네예요. (O) 여기가 내가 살**았던** 동네예요. (O) 这里是我住过的小区。 그 사람은 제가 만나**던** 사람이에요. (O) 그 사람은 제가 만**났던** 사람이에요. (O) 那人是我见过的人。
차이점	**'-던'은 과거에 완료되지 않은 행위나 과거에 반복적으로 일어난 일에 사용하는데 '-았/었던'은 과거에 이미 완전히 끝난 일에 사용한다.** '-던'表示的是过去中断的行为，或者过去反复发生的事情，'-았/었던'表示的是过去已经完全终结的行为。

예 이곳은 제가 예전에 자주 가**던** 카페예요. (O)
이곳은 제가 예전에 자주 **갔던** 카페예요. (X)
这里是我过去经常去的咖啡店。

그 옷이 내가 결혼할 때 입**었던** 옷이다. (O)
그 옷이 내가 결혼할 때 입**던** 옷이다. (X)
那件衣服是我结婚时穿的衣服。

연습해 보세요.

(1) 이 옷은 언니가 결혼식 때 입(던/었던) 옷이에요.

(2) 10년 전 중학생이(던/었던) 철수가 벌써 결혼을 한다고 해요.

131. '-던' & '-은/ㄴ'

문법 설명	**-던** 명사를 수식하며 과거의 사건이나 행위, 상태를 다시 떠올리거나 그 사건이나 행위, 상태가 완료되지 않고 중단되었다는 미완의 의미를 나타낸다. 修饰名词， 重新回想过去的事件或行为、状态， 表示事件或行为、状态没有结束而中断的未完的意义。 **-은/ㄴ** 동사를 수식하며 그 동사로 표현되는 사건이나 행위가 과거에 일어났음을 나타내거나 사건이나 행위가 완료되어 그 상태가 유지되고 있음을 나타낸다. 修饰名词，表示以该动词表现的事件或行为发生在过去，或事件或行为结束后维持其状态。
공통점	**명사를 수식하며 과거의 사실을 이야기한다는 점에서 비슷하다.** 两个语法都修饰后面的名词，讲述的是过去发生的事情。 ㉠ 어제 읽**던** 책을 어디에 놓았는지 모르겠어요. (O) 　어제 읽**은** 책을 어디에 놓았는지 모르겠어요. (O) 　昨天看的书不知道放哪了。 　이곳은 제가 예전에 자주 **간** 카페예요. (O) 　이곳은 제가 예전에 자주 **간** 카페예요. (O) 　这个地方是我过去经常去的咖啡厅。
차이점	**'-던'은 과거에 완료되지 않은 행위를 나타낸다. '-은/ㄴ'는 과거에 완료된 행위를 나타낸다.** '-던' 表示过去未完成中断的行为。'-은/ㄴ'表示过去结束了的行为。 ㉠ 그는 다른 사람이 먹**던** 걸 아무렇지도 않게 먹어요. (O) 　그는 다른 사람이 먹**은** 걸 아무렇지도 않게 먹어요. (X)

他若无其事地吃起别人吃过的东西。

작년에 학원에서 배우**던** 기술로 이 기계를 잘 수리했다. (X)
작년에 학원에서 배운 기술로 이 기계를 잘 수리했다. (O)
用去年在学院学的技术把这台机器修好了。

'-던'은 과거에 반복적으로 일어난 일에는 사용하지만 한 번만 일어
난 일에는 사용하지 않는다. '-은/ㄴ'는 과거에 반복적으로 일어난
일에도 사용을 하고 한 번만 일어난 일에도 사용한다.
'-던'只用在过去反复发生的事情上, 不用在只发生一次的事情上,
但是'-은/ㄴ'反复发生的或是只发生一次的事情上都可以使用。

㉑ 이곳은 제가 결혼하**던** 곳이에요. (X)
　이곳은 제가 결혼한 곳이에요. (O)
　这个地方是我结婚的地方。

　어제 **산** 사과가 달지 않아요. (O)
　어제 사**던** 사과가 달지 않아요. (X)
　昨天买的苹果不甜。

연습해 보세요.

(1) 아까 (마시던/마신) 커피를 어디에 두었지?

(2) 재미있게 (보던/본) 드라마가 끝나서 아쉬워요.

부여 수용 给予 接受

'부여 수용'은 구체적인 물건을 주고받는 것은 물론이고 추상적인 영향을 주고받는 것, 말을 하고 듣는 것까지도 포함된다. 상대편에게 물건을 주거나 추상적인 영향을 줄 때 그리고 말을 할 때는 아래 예문 (41)에서와 같이 '-에게, -한테'를 사용하고, 이들을 높여 말할 때는 '-께'를 사용한다. 한편, 상대편으로부터 물건을 받거나 추상적인 영향을 받을 때 그리고 말을 들을 때는 (42)에서와 같이 '-에게서, -한테서' 또는 '-(으)로부터'를 사용한다.

(82) 가. 나는 민수에게 선물을 주었다.
　　　나. 나는 민수한테 좋아한다고 말했다.
　　　다. 나는 민수에게 연필을 던졌다.
　　　라. 나는 할머니께 선물을 드렸다.
　　　마. 도산 안창호 선생은 우리 민족에게 큰 영향을 미쳤다.

(83) 가. 나는 민수에게서 선물을 받았다.
　　　나. 나는 미수한테서 좋아한다는 말을 들었다.
　　　다. 나는 민수로부터 맞았다.
　　　라. 우리는 그분에게서 많은 영향을 받았다.

그런데 '부여 수용'의 경우에는 서술어 대부분이 '주다, 받다, 전하다, 얻다, 말하다, 듣다' 등이어서 '주는/말하는 사람'과 '받는/듣는 사람'이 분명한 경우가 많다. 이 때문에 말에서는 '-에게, -한테'와 '-에게서, -한테서'의 구별 없이 '-에게, -한테'로만 표현하곤 한다.

(84) 가. 철수에게 전화가 왔다.
　　　나. 철수한테 전화가 왔다.
　　　다. 철수에게서 전화가 왔다.
　　　라. 철수한테서 전화가 왔다.

'부여 수용'의 대상이 사람이나 동물이 아니고 사물이나 장소일 때는 '-에, -에서, -(으)로부터'를 사용한다.

(85) 가. 그분은 우리 학교에 장학금을 전달했다.
　　　나. 나는 학교에서 장학금을 받았다.
　　　다. 내가 아까 꽃에 물을 주었다.
　　　라. 벌은 꽃에서 꿀을 얻는다.

132. '-더러' & '-에게'

문법 설명	**-더러** 묻거나 청하는 행위가 미치는 사람임을 나타내거나 어떠한 행위를 하도록 시킴을 받는 대상임을 나타낸다. 表明发问或请求的行为影响到的人，或者是被指示做某种行为的对象。 **-에게** 어떤 행위의 영향을 받는 대상임을 나타낸다. 表示受某一行为影响的对象。
공통점	**행위의 영향을 받는 사람임을 나타낸다.** 都用在表示接受行为影响的人的后面。 ⑩ 철수가 친구**더러** 같이 등산을 가자고 했다. (O) 철수가 친구**에게** 같이 등산을 가자고 했다. (O) 哲洙对朋友说一起去登山吧。 사장은 비서**더러** 신문을 가져오게 했다. (O) 사장은 비서**에게** 신문을 가져오게 했다. (O) 经理让秘书把报纸拿过来。
차이점	**'-에게'는 특별한 제약 없이 행위의 영향을 받는 사람임을 나타낸다. 그러나 '-더러'는 주로 인용 구문에서 말하는 행위와 관계된 '말하다, 묻다, 요청하다, 권하다' 등의 동사나 '-게 하다, -도록 하다' 등의 일부 표현과 사용된다.** '-에게'没有特殊的限制，可以用在所有受动作影响的人后面。但是'-더러'主要用在引用文中与说话行为有关的'말하다, 묻다, 요청하다, 권하다'动词后面，或是用在'-게 하다, -도록 하다'句中。 ⑩ 수지가 앤디**더러** 전화를 걸었다. (X) 수지가 앤디**에게** 전화를 걸었다. (O)

秀智给安迪打了电话。

철수**더러** 애인이 생겼다. (X)
철수**에게** 애인이 생겼다. (O)
哲洙有女朋友了。

연습해 보세요.

(1) 선생님은 학생들(더러/에게) 노래와 춤을 가르쳤다.

(2) 아이가 그 얘기를 친구(더러/에게) 모두 다 털어놓았다.

133. '-보고' & '-더러'

문법 설명	**'-보고'** 행위의 영향이 미치는 대상임을 나타낸다. 表示受行为影响的对象。 **'-더러'** 행위의 영향을 받는 사람임을 나타낸다. 表示受行为影响的人。
공통점	**두 문법이 모두 '말하다, 시키다' 등 동사와 같이 쓰이며 행위의 영향을 받는 사람임을 나타내고 모두 구어에 쓰인다.** 两个语法都与"말하다, 시키다"等动词一起使用，表示是受行为影响的人，都用于口语。 ⑩ 엄마가 너**보고** 청소하라고 했어. (O) 엄마가 너**더러** 청소하라고 했어. (O) 妈妈让你打扫卫生。 그 여자가 나**보고** 누구냐고 묻더군. (O) 그 여자가 나**더러** 누구냐고 묻더군. (O) 她问我是谁。
차이점	**'-보고'는 선행명사가 사람이나 동물이어야 한다. '-더러'는 선행명사가 언제나 사람이어야 한다.** '-보고'先行名词必须是人或动物。'-더러'先行名词必须是人。 ⑩ 아기가 말**보고** 소라고 했다. (O) 아기가 말**더러** 소라고 했다. (X) 孩子管马叫牛。 아기가 호랑이**보고** 사자라고 했다. (O) 아기가 호랑이**더러** 사자라고 했다. (X) 孩子管老虎叫狮子。

연습해 보세요.

(1) 아이가 원숭이(보고/더러) 오랑우탄이라고 해요.

(2) 아이가 고양이(보고/더러) 고슴도치라고 해요.

134. '-아/어 달라고 하다' & '-아/어 주라고 하다'

문법 설명	**-아/어 달라고 하다** 말하는 사람이 듣는 사람에게 앞말이 뜻하는 행동을 해 줄 것을 요구함을 나타낸다. 表示说话者让听者为其做某一事情。 **-아/어 주라고 하다** 말하는 사람이 듣는 사람에게 다른 사람을 위해 어떤 행동을 하게 함을 나타낸다. 表示说话者让听者为他人做某事。
공통점	**두 문법은 모두 앞의 어떤 것을 요구하는 의미가 있다.** 两个语法都有要求某人做某事的意思。 ⑩ 엄마가 책을 **사 달라고 하셨다.** (O) 엄마가 책을 **사 주라고 하셨다.** (O) 妈妈让买书。 선생님이 오는 길에 커피 한 잔만 **사 달라고 했다.** (O) 선생님이 오는 길에 커피 한 잔만 **사 주라고 했다.** (O) 老师让在来的路上买杯咖啡。
차이점	**'-아/어 달라고 하다'는 말하는 사람이 상대방에게 자기 자신을 위해 어떤 일을 하게 함을 나타나지만 '-아/어 주라고 하다'는 말하는 사람이 상대방에게 제3자를 위해 어떤 행위를 하게 함을 나타낸다.** '-아/어 달라고 하다'表示说话者让对方为自己做某事，而'-아/어 주라고 하다'是说话者让对方为第三人做某事。 ⑩ 영수가 (자기에게) 책을 **사 달라고 해요.** (O) 영수가 (자기에게) 책을 **사 주라고 해요.** (X) 英洙让我给他买书。

엄마가 동생에게 바지를 **사 달라고 해요.** (X)
엄마가 동생에게 바지를 **사 주라고 해요.** (O)
妈妈让我给弟弟买裤子。

연습해 보세요.

(1) 미선 씨가 친구에게 전화해 자기 집에 한 번 와 (달라고/주라고) 했다.

(2) 선생님이 노트북을 영수한테 가졌다 (달라고/주라고) 하더라.

출처 도달 出処 到达

장소의 이동에는 출발점과 도달점이 전제되어야 하므로 두 가지 조사가 필요하다. 먼저, 이동의 출발점을 나타내는 데에는 '-에서'를 사용한다. 이때 출발점을 정확하게 밝히고자 할 때에는 '-에서부터'를 사용하기도 한다.

(86) 가. 어디에서 오셨습니까?
　　　나. 프랑스에서 편지가 왔다.
　　　다. 큰길에서 빠져나와 오른쪽으로 가세요.
　　　라. 제주도에서부터 여행을 시작했다.

한편, 이동의 도달점을 나타내는 데 사용되는 조사에는 '-에, -(으)로'가 있다. 아래 예문에서 보는 바와 같이 이 두 조사는 의미가 조금 다르다.

(87) 가. 드디어 우리는 서울에 도착했다.
　　　나. 이쪽으로 오십시오.

조사 '-에'는 목표점 또는 도달점을 말할 때 사용하는 조사이고, '-(으)로'가는 '-을/를 향하다'의 의미인 방향을 나타낼 때 사용하는 조사이다. 이때 조사 '-로'는 모음으로 끝난 말이나 'ㄹ' 받침의 단어 다음에 사용하고, '-으로'는 'ㄹ'이 아닌 자음으로 끝난 말 다음에 사용한다.

(88) 가. 바닷가로 오십시오.
　　　나. 이 길로 가십시오.
　　　다. 우리 집으로 오십시오.

아래와 같이 동사에 따라서는 도달점을 나타내는 조사를 선택하거나 방향을 나타내는 조사를 선택하거나 한다.
도달점을 나타내는 조사를 선택하는 동사: 도착하다, 이르다, 도달하다, 미치다, ……

방향을 나타내는 조사를 선택하는 동사: 떠나다, 향하다, 출발하다, 옮기다, 이사하다, ⋯⋯

두 조사를 모두 선택할 수 있는 동사: 가다, 오다, 오르다, ⋯⋯

'출처와 도달' 부분에서 '-에'와 '-을/를', '-에서'와 '-부터', '-에서부터'와 '-(으)로부터', '-(으)로'와 '-에' 등의 공통점과 차이점에 대해서 살펴보겠다.

135. '-에' & '-을/를'

문법 설명	**-에** 행위의 진행 방향이나 목적지를 나타낸다. 表示行为的进行方向或目的地。 **-을/를** 이동하는 출발지나 도착지 또는 경유지나 움직임이 진행되는 장소를 나타낸다. 表示出发地或到达地，或经由地，移动的场所。
공통점	**두 문법이 모두 행동의 목표가 되는 장소를 나타낸다.** 两个语法都表示行动的目标地点。 ㉠ 내가 학교**에** 갑니다. (O) 　내가 학교**를** 갑니다. (O) 　我要去学校。 　민수가 병원**에** 가요. (O) 　민수가 병원**을** 가요. (O) 　民秀去医院。
차이점	**'-에'는 명사가 목적이 되는 행위일 때 쓸 수 없다. '-을/를'은 명사가 목적이 되는 행위일 때 쓸 수 있다.** 名词作为目的的行为时后面不能用'-에'。 但是'-을/를'可以用在作为目的的行为名词后面。 ㉠ 철수가 목욕/구경/등산/여행/소풍/낚시/일**에** 갔다. (X) 　철수가 목욕/구경/등산/여행/소풍/낚시/일**을** 갔다. (O) 　哲洙去洗澡/观光/爬山/旅行/郊游/钓鱼/工作。

연습해 보세요.

(1) 수업이 끝나자마자 아르바이트(를/에) 갈 거예요.

(2) 내일 비가 오더라도 등산(을/에) 가겠습니다.

136. '-에서' & '-부터'

문법 설명	**-에서** 그 대상이 어떤 행위나 상태의 출발점이나 시작점임을 나타낸다. 表示对象是某种行为或状态的出发点或起点。 **-부터** 어떤 동작이나 상태가 시작되는 지점임을 나타낸다. 表示某种动作或状态开始的地点。
공통점	**'-까지'와 함께 사용되어, 어떤 동작이나 상태의 시간과 장소의 시작 점을 나타낸다.** 都与'-까지'一起使用，表示某种动作、状态的时间和地点的起点。 ⑩ 저는 6월**부터** 9월까지 미국을 여행할 거예요. (O) 　저는 6월**에서** 9월까지 미국을 여행할 거예요. (O) 　我要在6月到9月去美国旅行。 　수지는 서울**부터** 부산까지 자전거 여행을 했습니다. (O) 　수지는 서울**에서** 부산까지 자전거 여행을 했습니다. (O) 　秀智骑自行车从首尔到釜山。
차이점	**'-부터'는 시간의 시작점만을 나타낼 때 쓸 수 있지만 장소의 시작점 만을 나타낼 때에는 쓸 수 없거나 쓰기 어렵다. '-에서'는 장소의 시작 점만을 나타낼 때 쓸 수 있지만 시간의 시작점만을 나타낼 때에는 쓸 수 없다.** '-부터'只表示时间的起点时可以使用，但只表示地点的起点时就 不能使用或很难使用，'-에서'可以只表示地点的起点，但不能只 表示时间的起点。 ⑩ 수지는 집**부터** 걸어왔어요. (?) 　수지는 집**에서** 걸어왔어요. (O) 　秀智从家走来了。

오늘**부터** 일기를 쓰기로 결심했다. (O)
오늘**에서** 일기를 쓰기로 결심했다. (X)
决定从今天开始写日记。

연습해 보세요.

(1) 수업이 9시(부터/에서) 시작합니다.

(2) 학교 쪽(부터/에서) 걸어 오고 있는 사람이 우리 엄마예요.

137. '-에서부터' & '-(으)로부터'

문법 설명	**-에서부터** 어떤 상황이 일어나는 장소나 시간의 시작점임을 나타내는 조사. 表示某一情况发生的地点或时间的起点。 **-(으)로부터** 그 대상이 어떤 행위나 상태의 출발점이나 시간 명사에 붙어 시작하는 시간임을 나타낸다. 表示对象是根据某种行为或状态的出发点或时间名词开始的时间。
공통점	**어떤 행위의 출발점이나 어떤 행위가 비롯되는 대상임을 나타낸다.** 表示某种行为的出发点或某种行为引发的对象。 ⓔ 중국**으로부터** 종이가 들어왔다. (O) 　중국**에서부터** 종이가 들어왔다. (O) 　纸是从中国传入的。 　수지는 집**에서부터** 걸어왔어요. (O) 　수지는 집**으로부터** 걸어왔어요. (O) 　秀智从家里走过来的。
차이점	**'-(으)로부터'는 출처를 나타내며, 앞에 오는 명사에 특별한 제약이 없이 사람, 동물, 장소, 기관, 시간 등이 올 수 있다. '-에서부터'는 출처를 나타내며, 앞에 사람이나 동물이 올 수 없고 장소나 기관 등이 온다.** '-(으)로부터'表示出处，前面的名词没有特别的限制，人、动物、场所、机构、时间等都可以。'-에서부터'也表示出处，但是前面不能与人或者动物一起使用。 ⓔ 사장님**에서부터** 월급을 받았어요. (X) 　사장님**으로부터** 월급을 받았어요. (O)

从老板那里领了工资。

미선**에서부터** 그 소식을 들었다. (X)
미선**으로부터** 그 소식을 들었다. (O)
从美善那里听到的消息。

연습해 보세요.

(1) 그 소식은 저도 어제 친구(로부터/에서부터) 들었어요.

(2) 선생님(으로부터/에서부터) 이메일이 왔어요.

138. '-(으)로' & '-에'

문법 설명	**-(으)로** 장소나 방향을 뜻하는 명사에 붙어 그 지점이나 방향을 목적지로 하거나 그곳을 통하여 이동하거나 향함을 나타낸다. 附在表示地点或方向的名词上，表示该地点或方向是目的地或通过那里移动或方向。 **-에** 행위의 진행 방향이나 목적지를 나타낸다. 表示行为的进行方向或目的地。
공통점	**행위의 진행 방향이나 목적지를 나타낸다는 의미에서 비슷하다.** 在表示行为的进行方向或目的地的意义上是相似的。 ⑩ 일이 끝나면 길 건너에 있는 카페**로** 오세요. (O) 일이 끝나면 길 건너에 있는 카페**에** 오세요. (O) 工作结束后，请到街对面的咖啡厅来。 철수는 공부하러 미국**에** 간다. (O) 철수는 공부하러 미국**으로** 간다. (O) 哲洙去美国学习。
차이점	**'-(으)로'는 방향을 목적지로 하는데 '-에'는 구체적인 장소를 목적지로 한다.** '-(으)로'主要指的是方向，而'-에'主要是将具体的地点作为目的地。 ⑩ 사장실에 가려면 위**로** 올라가세요. (O) 사장실에 가려면 위**에** 올라가세요. (X) 想去社长室的话请往上走。 선생님이 지시를 내리자 학생들이 밖**으로** 뛰어 갔다. (O) 선생님이 지시를 내리자 학생들이 밖**에** 뛰어 갔다. (X) 老师一下达指示，学生们就跑了出去。

'-에'는 '도착하다, 이르다, 다다르다'와 같은 서술어와 함께 도착점을 나타내는 데에는 쓸 수 있다. 그러나 '-(으)로'는 '도착하다, 이르다, 다다르다'와 같은 서술어와 함께 도착점을 나타내는 데에는 쓸 수 없다.

'-에'可与'도착하다, 이르다, 다다르다'等表示到达的动词一起使用, 但是'-(으)로'却不能与表示到达的动词一起使用。

㉐ 나는 서울**에** 도착했다. (O)
　　나는 서울**로** 도착했다. (X)
　　我到达了首尔。

　　오후 8시에 약속 장소**에** 이르렀다. (O)
　　오후 8시에 약속 장소**로** 이르렀다. (X)
　　晚上8点到达了约定地点。

'-에'는 지향점, 방향, 경유지를 나타낼 때 쓸 수 없다. 그러나 '-(으)로'는 지향점, 방향, 경유지를 나타낼 때 쓸 수 있다.

'-에'不能表示指向、方向、经由地, 但是'-(으)로'可以表示指向、方向、经由地。

㉐ 나는 부산**에** 떠났다.(지향점) (X)
　　나는 부산**으로** 떠났다.(지향점) (O)
　　我出发去釜山了。

　　시청역에 도착해서 1번 출구**에** 나와 주세요. (X)
　　시청역에 도착해서 1번 출구**로** 나와 주세요. (O)
　　请到市厅站后到1号出口出来。

연습해 보세요.

(1) 3번 출구(로/에) 나오세요.

(2) 서울(로/에) 오니 사람도 많고 공기도 탁해 답답하군.

대상 근거 对象 根据

'대상 근거'는 뒤 내용의 대상으로 함을 나타낸다. 이 부분에서는 '-기'와 '-(으)ㅁ', '-에 대해'와 '-에 관해', '-에 따라'와 '-에 의하여', '-은/는'과 '-(이)란', '-이/가'와 '-은/는', '-(이)라고는'과 '-(이)란', '-(이)야말로'와 '-(이)야'를 다루어 살펴보고자 한다.

(89) 가. 그가 한국을 떠났음이 분명하다.
　　나. 초등학생이 이 문제를 풀기는 어렵다.
　　다. 나는 야구에 관해 전혀 아는 바가 없다.
　　라. 동요란 어린이를 위해서 만든 로래예요.
　　마. 그가 가진 거라고는 천 원짜리 한 장뿐이란다.
　　바. 청소야 이따가 하면 되지.

(가)는 '-(으)ㅁ'에 의한 명사절이고, (나)는 '-기'에 의한 명사절인데 '그가 한국을 떠났음'은 '분명하다'라는 서술어의 주어이고 '초등학생이 이 문제를 풀기'는 '어렵다'라는 서술어의 주어이다. (다)는 아는 것의 대상이 되는 것이 야구임을 나타나고 (라)는 동요를 정의한 것이고 (마)의 '-(이)라고는' 그가 가진 것이 겨우 천 원짜리 한 장임을 강조할 때 쓰이며 (바)는 청소를 강조함을 나타낸다.

139. '-기' & '-(으)ㅁ'

문법 설명	**-기** 그 말이 문장 내에서 주어, 목적어 등의 명사 구실을 하게 하는 어미이다. 使其前面的成分在句子中起到主语、宾语等名词作用。 **-(으)ㅁ** 그 말이 문장 내에서 주어, 목적어 등의 명사 구실을 하게 하는 어미이다. 使其前面的成分在句子中起到主语、宾语等名词作用。
공통점	**두 문법은 모두 동사나 형용사 등을 명사의 성격으로 바꾸는 기능을 가진다.** 两个语法都具有将动词或形容词等转换成名词性质的功能。 ㉘ 배움**은** 평생 동안 지속적으로 해야 하는 일이다. (O) 배우**기는** 평생 동안 지속적으로 해야 하는 일이다. (O) 学习是一辈子都要做的事。 청소년 때 무엇보다 친구와 어울려 놀**기**가 가장 중요한 일이다. (O) 청소년 때 무엇보다 친구와 어울려 놀**음**이 가장 중요한 일이다. (O) 青少年时期最重要的是和朋友一起玩。
차이점	**'-음'은 종결형으로 쓰여 공고문이나 메모처럼 어떤 사실을 간단하게 기록하거나 알릴 때 쓴다.** '-음'作为终结语尾使用，表示像公告文或留言一样，简单地记录或告知某一事实。 ㉘ 내일 하루 동안 **쉼**. (O) 내일 하루 동안 쉬**기**. (X)

明天休息一天。

6월15일 회의가 최소**됨**. (O)
6월15일 회의가 최소되**기**. (X)
6月15日会议取消。

'-음'은 '-기'에 비해 이미 알고 있거나 일어난 사실에 많이 쓰여 사실성이 강하다. '옳다, 나쁘다, 이롭다, 분명하다, 확실하다, 틀림없다, 드러나다, 알려지다, 밝혀지다, 발견하다, 깨닫다, 알다, 주장하다, 보고하다, 알리다' 등은 앞에 각각 주어와 목적어로 쓰이는 형태로서 '-음'이 이끄는 구성을 요구한다.
'-음'与'-기'相比, 因为多用于已知或发生的事实, 所以具有很强的事实性。'옳다, 나쁘다, 이롭다, 분명하다, 확실하다, 틀림없다, 드러나다, 알려지다, 밝혀지다, 발견하다, 깨닫다, 알다, 주장하다, 보고하다, 알리다'等在前面作为主语或宾语使用时, 后面通常需要'-음'。

㉠ 철수가 학생**임**이 틀림없다. (O)
　철수가 학생이**기**가 틀림없다. (X)
　哲洙肯定是学生。

　내가 틀렸**음**을 뒤늦게 깨달았다. (O)
　내가 틀렸**기**를 뒤늦게 깨달았다. (X)
　我过后才醒悟过来是我做错了。

그러나 '쉽다, 어렵다, 힘들다, 좋다, 싫다, 즐겁다', '좋아하다, 싫어하다, 두려워하다, 바라다, 희망하다, 기원하다, 시작하다, 계속하다, 그치다, 멈추다, 명령하다, 약속하다' 등은 앞에 각각 주어와 목적어로 쓰이는 형태로서 '-기'가 이끄는 구성을 요구한다.
但是, '쉽다, 어렵다, 힘들다, 좋다, 싫다, 즐겁다', '좋아하다, 싫어하다, 두려워하다, 바라다, 희망하다, 기원하다, 시작하다, 계속하다, 그치다, 멈추다, 명령하다, 약속하다'等在前面作为主语或宾语使用时, 后面通常需要'-기'。

⑩ 김치는 만들**기**가 쉽다. (O)
김치는 만**듦**이 쉽다. (X)
做泡菜很容易。

나는 올해부터 한국어를 배우**기**를 시작했다. (O)
나는 올해부터 한국어를 배**움**을 시작했다. (X)
我从今年开始学习韩国语。

연습해 보세요.

(1) 나는 네가 성공(함을/하기를) 바란다.

(2) 이 음식은 (만듦이/만들기가) 쉽지 않다

140. '-에 대해' & '-에 관해'

문법 설명	**-에 대해** 뒤 내용의 대상으로 함을 나타낸다. 表示后面内容的对象。 **-에 관해** 뒤 내용의 대상으로 함을 나타낸다. 表示后面内容的对象。
공통점	**앞의 내용을 대상으로 하여 뒤의 상황이나 행동이 이루어짐을 나타낸다.** 表示以前面的内容为对象，叙述与其有关的后面的情况或行动。 ⑩ 백화점과 시장의 가격 차이**에 대하여** 조사해 오세요. (O) 백화점과 시장의 가격 차이**에 관하여** 조사해 오세요. (O) 请调查一下百货商店和市场的价格差异。 오늘 숙제는 한국의 식사 예절**에 대하여** 조사해 오는 것이에요. (O) 오늘 숙제는 한국의 식사 예절**에 관하여** 조사해 오는 것이에요. (O) 今天的作业是关于韩国饮食礼仪的调查。
차이점	**'-에 대해'는 행위의 방향성을 나타낼 수 있다. '-에 관해'는 행위의 방향성을 나타낼 수 없다.** '-에 대해' 可以表示行为的方向性，但是'-에 관해' 不能表示行为的方向性。 ⑩ 사람들은 다른 사람**에 대해서는** 엄격하지만 자신**에 대해서는** 너그러운 경향이 있다. (O) 사람들은 다른 사람**에 관해서는** 엄격하지만 자신**에 관해서는** 너그러운 경향이 있다. (X) 人们对别人很严格，但对自己却很宽容。

부모님에 **대한** 효도는 많으면 많을수록 좋다. (O)
부모님에 **관한** 효도는 많으면 많을수록 좋다. (X)
对父母的孝道越多越好。

연습해 보세요.

(1) 올해부터 한부모 가정에 (대한/관한) 지원을 강화할 예정이다.

(2) 부정 행위를 한 학생에 (대하여/관하여) 경고 조치를 했다.

141. '-에 따라' & '-에 의하여'

문법 설명	**-에 따라** 앞 절의 상황이나 기준에 의해서 뒤 절의 결과가 나타나게 되었을 때 쓴다. 表示根据前句的状况或基准，而出现后句的结果。 **-에 의하여** 뒤의 상황이 이루어지게 하는 방법이나 수단, 경로 혹은 상황이나 기준임을 나타낸다. 表示使后句出现的方法、手段、途径或基准。
공통점	**어떤 상황이나 기준에 기댐을 나타낸다는 점에서 비슷하다.** 两个语法都表示依靠某一状况或基准而出现。 ⑩ 박 선생님 말씀**에 따르면** 다음 시험은 좀 어려울 거예요. (O) 　박 선생님 말씀**에 의하면** 다음 시험은 좀 어려울 거래요. (O) 　依照朴老师的话，下次考试会比较难。 　보고서**에 따르면** 올 상반기 제품 판매량이 작년보다 10% 늘었대요. (O) 　보고서**에 의하면** 올 상반기 제품 판매량이 작년보다 10% 늘었대요. (O) 　据报告显示，今年上半年产品销售量比去年增长了10%。
차이점	**'-에 따라'는 어떤 사람이나 행위가 뒤 절의 주체가 되거나 수단 또는 방법이 될 경우에 사용할 수 없다. '-에 의하여'는 어떤 사람이나 행위가 뒤 절의 주체가 되거나 수단 또는 방법이 됨을 나타낸다.** '-에　따라'不能用在当某人或其行为成为后句的主体、手段或方法，但是'-에 의하여'可以用在当某人或其行为成为后句的主体、手段或方法。 ⑩ 철수**에 따라** 모든 문제가 해결되었다. (X)

철수에 **의하여** 모든 문제가 해결되었다. (O)
所有的问题都被哲洙解决掉了。

대한민국 대통령은 국민의 직접 투표에 **따라** 선출된다. (X)
대한민국 대통령은 국민의 직접 투표에 **의하여** 선출된다. (O)
韩国总统是根据民众直接投票选出的。

'-에 따라'의 뒤 절은 피동의 형태로만 사용되는 것은 아니다. '-에 의하여'의 뒤 절은 주로 피동의 형태가 사용된다.

'-에 따라'后句不一定必须是被动句, 但是'-에 의하여'的后句一般为被动句。

㉾ 시험 결과에 **따라** 유학 여부를 결정하겠다. (O)
시험 결과에 **의하여** 유학 여부를 결정하겠다. (X)
将根据考试结果决定是否留学。

국력이 신장함에 **따라** 국제적 지위도 향상하였다. (O)
국력이 신장함에 **의하여** 국제적 지위도 향상하였다. (X)
随着国力的增强, 国家地位也随之上升。

연습해 보세요.

(1) 지역에 (따라/의하여) 집값 차이가 많이 난다.

(2) 그 사건은 경찰에 (따라/의하여) 해결되었다.

142. '-은/는' & '-(이)란'

문법 설명	**-은/는** 그 성분이 문장에서 주제임을 나타내거나 대조 및 강조의 뜻을 나타 내는 조사이다. 助词，表示其成分在句子中作为主题或对照及强调之意。 **-(이)란** 어떤 대상을 특별히 지정하여 화제로 삼아 설명하거나 강조함을 나타 낸다. 特别指定某一对象，作为话题加以说明或强调。
공통점	**문장의 주제를 나타낼 때 사용되며 주어의 위치에 온다.** 两个语法都用于表示句子的主题，位于主语的位置。 ⑩ 책**은** 마음의 양식이다. (O) 　책**이란** 마음의 양식이다. (O) 　书是心灵的食粮。 　생신**은** 생일의 높임말이다. (O) 　생신**이란** 생일의 높임말이다. (O) 　生辰是生日的尊敬语。
차이점	**'-은/는'은 주어 자리 뿐 아니라 목적어, 부사어 자리에도 온다.** '-은/는'不仅可以用在主语位置，宾语和副词位置也会出现 ⑩ 사랑**이란** 아낌없이 주는 것이다. (O) 　爱情是毫无保留地给予。 　영희**는** 오늘 학교**는** 안 간다. (O) 　英姬今天不去学校。 **'-은/는'은 대조의 기능이 있다. '-(이)란'은 대조의 기능이 없다.** '-은/는'有对照的用法，但是'-(이)란'没有对照的用法。

ⓔ 철수가 농구를 잘 못하지만 축구**는** 잘한다. (O)
철수가 농구를 잘 못하지만 축구**란** 잘한다. (X)
哲洙足球很棒。

'-은/는'은 앞에 오는 주제에 특별한 제약이 없다. '-(이)란'은 단순한 지정을 나타내는 문장에는 사용할 수 없다.
'-은/는' 对前面的主题没有限制, 但是 '-(이)란' 不用在单纯指定的句子中。

ⓔ 여기**는** 학교입니다. (O)
여기**란** 학교입니다. (X)
这里是学校。

연습해 보세요.

(1) 저기(는/란) 도서관입니다.

(2) 그 학생이 영어를 잘 못하지만 국어(는/란) 잘한다.

143. '-이/가' & '-은/는'

문법 설명	**-이/가** 문장의 주어임을 나타내는 조사이다. 助词，表示句子主语。 **-은/는** 그 성분이 문장에서 주제임을 나타내거나 대조 및 강조의 뜻을 나타 내는 조사이다. 助词，表示其成分在句子中作为主题或对照及强调之意。
공통점	**모두 문장의 주어 위치에 온다.** 两个语法都可以出现在主格助词的位置上。 ㉠ 선생님**이** 강의를 하고 있다. (O) 　선생님**은** 강의를 하고 있다. (O) 　老师正在上课。 　꽃**이** 너무 예쁘다. (O) 　꽃**은** 너무 예쁘다. (O) 　花很漂亮。
차이점	**분포의 차이 :** 分布差异 : **주격조사인 '-이/가'는 주격에 해당하는 자리의 체언 뒤에만 나타날 수 있지만, 보조사 '-은/는'은 목적어 뒤, 부정형 술어 사이 등 다양 한 자리에 나타날 수 있다.** 主格助词'-이/가'只能用在主格位置的体词后面，但是补助词'-은 /는'可以用在在宾语后面，不定形谓语之间等多种位置。 ㉠ 영희**가** 오늘 학교에 안 간다. (O) 　영희**는** 오늘 학교**는** 안 간다. (O) 　英姬今天不去学校。

내가 빵을 안 먹어요. (O)
나는 빵은 안 먹어요. (O)
我不吃面包。

'-이/가'는 내포절에 사용될 수 있다. '-은/는'은 내포절에는 사용되지 않는다.

'-이/가'可以用在包孕句中，但是'-은/는'不能用在包孕句中。

⑩ 그 과자는 {철수가 먹던} 것이다. (O)
　그 과자는 {철수는 먹던} 것이다. (X)
　那饼干是哲洙吃过的。

　그 교과서는 {학생들이 배우는} 것이다. (O)
　그 교과서는 {학생들은 배우는} 것이다. (X)
　这本教材是学生们学的。

'-이/가'는 격조사이므로 다른 격조사와 결합하지 않는 경우가 많다. '-은/는'은 보조사이므로 격조사와의 결합이 비교적 자유롭다.

'-이/가'因为是格助词，因此通常不能与其他格助词一起使用，但是'-은/는'因为是补助词，所以一般可以比较自由地与其他格助词结合使用。

⑩ 교실에서가 조용히 해야 해요. (X)
　교실에서는 조용히 해야 해요. (O)
　在教室里要安静。

　버스로가 빨리 갈 수 있었을 텐데. (X)
　버스로는 빨리 갈 수 있었을 텐데. (O)
　坐公共汽车的话应该能很快达到。

'-이/가'는 다른 부사, 어미와 결합하지 않는다. '-은/는'은 다른 부사, 어미와 결합한다.

'-이/가'不能与其他副词、语尾一起使用，但是'-은/는'可以与其他副词、语尾一起使用。

ⓔ 조금**이** 알겠습니다. (X)
　조금**은** 알겠습니다. (O)
　稍微知道点了吗？

　많**이가** 못 먹으니까 조금만 주시면 돼요. (X)
　많**이는** 못 먹으니까 조금만 주시면 돼요. (O)
　吃不了很多，给我一点就可以了。

기능의 차이 :
功能差异 :

'-이/가'의 경우 앞 말인 체언이 주격임을 표기해주는 형식적인 기능만 가지고 있고, '-은/는'의 경우 '대조' '화제' '강조'등의 특수한 의미를 더하는 기능을 가지고 있다.
'-이/가'只具有将前面的体词标识为主语的形式上的功能，'-은/는'则有"对照、话题、强调"等特殊的意义。

ⓔ **대조:**
　어머니**는** 전업주부이고 아버지**는** 회사원이다. (O)
　어머니**가** 전업주부이고 아버지**가** 회사원이다. (X)
　妈妈是全职主妇，爸爸是公司职员。

화제임 :
　친구**는** 어려울 때 서로 도와 주는 사람이다. (O)
　친구**가** 어려울 때 서로 도와 주는 사람이다. (X)
　朋友，时在困难的时候互相帮助的人。

강조:
　그 여자가 예쁜데 눈**은** 조금 작아요. (O)
　그 여자가 예쁜데 눈**이** 조금 작아요. (X)
　那个女孩很漂亮，就是眼睛有点小。

의미 초점의 차이 :
意义聚焦差异 :

질문의 초점이 의문사 '누구, 무엇, 언제, 어디'에 놓일 경우, 그리고 '이다'문장의 경우 '-이/가'를 사용한다.

说话人将重点放在疑问词"谁、什么、什么时候、那里"时，以及'이다'陈述句中使用'-이/가'。

ㄱ) 여러분, 이 일을 누**가** 할래요? (O)
　　여러분, 이 일을 누구**는** 할래요? (X)
　　大家好，这次事情谁来做呢？

새로운 정보에 대해서 이야기할 때는 '-이/가'를 쓰고, 이미 알고 있는 주어에 대해서 이야기할 때는 '-은/는'을 쓴다.

在谈论主语为新的信息的时候使用'-이/가'，谈论已知的主语时用'-은/는'。

ㄱ) 옛날 옛적에 한 호랑이**가** 살았습니다. (O)
　　很久以前，生活着一只老虎。

　　가: 이름**이** 무엇입니까?
　　나: 제 이름**은** 마이클입니다. (O)
　　　　名字叫什么？
　　　　我的名字时迈克儿。

주어 부분이 관심의 초점이 될 때는 주격조사 '-이/가', 술어만이 관심의 초점이 되면 보조사 '-은/는'를 사용한다.

如果关注的重点在主语上，使用'-이/가'，如果关注的重点在谓语上，使用'-은/는'

ㄱ) 제**가** 김진수입니다. (O)
　　(저 사람이 김진수가 아니라, 제가 김진수입니다.)
　　我是金振洙。
　　(不是那个人，而是我是金振洙。)

　　저**는** 김진수입니다. (O)
　　(저 사람은 박아영이고 저는 김진수입니다.)

我是金振洙。
（那个人是朴阿英，我是金振洙。）

연습해 보세요.

(1) 밥(이/은) 먹었어요.

(2) 어디(가/는) 아파요?

144. '-(이)라고는' & '-(이)란'

문법 설명	**-(이)라고는** 앞 명사를 지정하여 강조할 때 쓴다. 일반적으로 뒤에는 부정의 뜻을 가지는 말이 와 그 상황을 부정적으로 인식하고 있음을 나타낸다. 强调前面名词时使用。一般来说，后面带有否定之意的词语和对其状况的否定认识。 **-(이)란** 어떤 대상을 특별히 지정하여 화제로 삼아 설명하거나 강조함을 나타낸다. 特别指定某一对象，作为话题加以说明或强调。

공통점	**앞 명사를 지정하여 강조할 때 쓴다는 점에서 비슷하다.**
	两个语法都表示指定并强调前名词。
	
	⑩ 예의**라고는** 모든 사람이 다 갖춘 것이 아니다. (O)
	  예의**란** 모든 사람이 다 갖춘 것이 아니다. (O)
	  礼仪不是每个人都具备的。
	
	  돈**이라고는** 쓸 때가 없다. (O)
	  돈**이란** 쓸 때가 없다. (O)
	  钱到用时方恨少。

차이점	**'-(이)란'은 앞 명사에 대하여 정의하여 설명하거나 일반적인 형상, 사실, 이치를 설명할 때 쓰고, '-(이)라고는'은 일반적으로 뒤에는 부정의 뜻을 가지는 말이 와 그 상황을 부정적으로 인식하고 있음을 나타낸다.** '-(이)란'主要用于对前面名词下定义、说明或是说明一些一般性的现象、事实、道理时使用，而'-(이)라고는'一般在后面接否定意义的句子，表示说话者对这种情况持否定的态度。 ⑩ 친구**라고는** 어려울 때 서로 도와 주는 사람이다. (X)

친구**란** 어려울 때 서로 도와 주는 사람이다. (O)
朋友是在困难的时候互相帮助的人。

가족**이라고는** 필요할 때 하나도 없더라. (O)
가족**이란** 필요할 때 하나도 없더라. (X)
所谓家人，需要时竟然找不到一个人。

연습해 보세요.

(1) 좋은 구석(이란/이라고는) 찾아 볼 수 없다.

(2) 동요(란/라고는) 어린이를 위해서 만든 노래이다.

145. '-(이)야말로' & '-(이)야'

문법 설명	**-(이)야말로** 강조하여 확인하는 뜻을 나타낸다. 表示强调确认的意思。 **-(이)야** 앞 말을 강조할 때 쓴다. 表示强调前面的话。
공통점	**두 문법이 모두 강조하는 뜻을 나타낸다.** 两个语法都有强调的意思。 ⓔ 라면**이야말로** 내가 제일 잘 끓이지. (O) 　라면**이야** 내가 제일 잘 끓이지. (O) 　拉面属我煮得最好。 　바다**야** 마음을 탁 트이게 해 주는 공간이지. (O) 　바다**야말로** 마음을 탁 트이게 해 주는 공간이지. (O) 　大海才是使人心胸开阔的地方。
차이점	**두 문법이 모두 앞 말을 강조하는 뜻을 나타내는데 '-(이)야말로'는 부사나 일부 연결어미와 연결되지 못하지만 '-(이)야'는 연결할 수 있다.** 两个语法都有强调前面名词的意思，'-(이)야말로'不与副词或一部分连接语尾连接使用，但是'-(이)야'可以与副词或连接语尾连接使用。 ⓔ 돈이 별로 없으니 많이**야말로** 줄 수 없다. (X) 　돈이 별로 없으니 많이**야** 줄 수 없다. (O) 　我也没有很多钱，所以给不了你很多。 　한 달이 지나서**야말로** 소식이 왔다. (X) 　한 달이 지나서**야** 소식이 왔다. (O) 　过了一个月才有消息。

연습해 보세요.

(1) 우리 집이 영희네보다(야/야말로) 부자겠지.

(2) 많이(야/야말로) 못 드리겠지만 제가 가진 것이라면 얼마든지 가져가셔도 됩니다.

능력 방법 能力 方法

'능력과 방법' 부분에서 '-(으)ㄹ 수 있다'와 '-(으)ㄹ 줄 알다' 두 문법을 다루었는데 모두 동작주의 능력의 유무에 대해 나타낼 때 쓴다는 점에서 의미상 공통점이 있다. 첫째, 이들은 모두 동작이나 행동에 대한 동작주의 능력의 유무를 나타내기 때문에 주로 유정성이 있는 주어와 함께 쓰인다. 둘째, 이들은 주로 동사와 결합하며 형용사와 결합하기 어렵다는 특징이 있다. 셋째, 모두 청유문이나 명령문으로 사용될 수 없다는 문장 유형 제약이 있다. 즉 이들 문법을 사용해서 동작주의 능력의 유무에 대하여 진술하거나 질문할 수는 있지만 청유나 명령을 하는 것은 가능하지 않다.

그러나 두 문법 간 의미적인 차이도 있다. '-(으)ㄹ 수 있다'는 타고난 능력이나 배우거나 익혀서 갖춘 능력, 상황적인 가능성 모두를 폭넓게 의미할 수 있지만 '-(으)ㄹ 줄 알다'는 주로 타고난 능력보다는 배우거나 익혀서 갖추게 된 능력의 유무를 나타낸다. 이러한 차이는 예문(90가, 나)를 비교해 보면 알 수 있다.

(90) 가. 미키는 한국 음식을 만들 줄 알아요.
나. 이 정도라면 아이도 들 수 있어요.

(90가)는 미키가 한국 음식을 만들 수 있는 능력이 있거나 한국 음식을 만드는 방법을 알고 있다는 것이고 (90나)는 아이가 이 일을 할 가능성에 대해 판단을 나타낸다.

'-(으)ㄹ 수 있다' & '-(으)ㄹ 줄 알다' 두 문법은 바꿔 쓸 수 있는 경우가 많은데 그러지 못할 경우도 있다. 다음으로 이 두 문법의 공통점과 차이점에 대해 자세히 살펴보겠다.

146. '-(으)ㄹ 수 있다' & '-(으)ㄹ 줄 알다'

문법 설명	**-(으)ㄹ 수 있다** 어떤 일을 할 능력이나 가능성을 나타낸다. 表示做某事能力或可能性。 **-(으)ㄹ 줄 알다** 어떤 일을 할 능력이나 방법을 나타낸다. 表示会做某事的能力或方法。
공통점	**기능이나 능력을 나타낸다는 점에서 두 문법이 비슷하다.** 在表示有技能或者能力方面两个语法相似。 ⑩ 철수는 한국음식을 만들 **수 있어요**. (O) 　철수는 한국음식을 만들 **줄 알아요**. (O) 　哲洙会做韩国料理。 　동생은 자전거를 **탈 수 있어요**. (O) 　동생은 자전거를 **탈 줄 알아요**. (O) 　弟弟会骑自行车。
차이점	**'-(으)ㄹ 줄 알다'는 자신이 가지고 있는 능력에 대한 객관적인 판단 으로서 의지에 따라 바꿀 수 없다. 그러나 '-(으)ㄹ 수 있다'는 주관 적인 판단으로서 의지와 상황에 따라 바꿀 수 있다.** '-(으)ㄹ 줄 알다'主要是对自己拥有的能力进行客观的判断，是不 以人的意志而改变的。但是'-(으)ㄹ 수 있다'主要是从主观上判 断可不可以做此事，是可以随着状况和意志进行改变的。 ⑩ 우리 회사는 지금 영어를 **할 수 있는** 사람이 필요해요. (X) 　우리 회사는 지금 영어를 **할 줄 아는** 사람이 필요해요. (O) 　我们公司现在需要会说英语的人。 　운전**할 줄 아는** 사람을 구합니다. (O) 　운전**할 수 있는** 사람을 구합니다. (X) 　招聘会开车的人。

연습해 보세요.

(1) 난 한국어를 (할 수 있/할 줄 알)지만 오늘 회의장에 한국 사람이 없어서 (할 수 없어요/할 줄 몰라요).

(2) 난 수영을 (할 수 있/할 줄 알)고 오늘 수영장의 수온도 적당해서 수영(할 수 있어요/할 줄 알아요).

참고문헌

국립국어원, 외국인을 위한 한국어 문법 2『용법』편, 커뮤니케이션북스, 2005

김민영, 대학 한국어 문법, 박이정, 2022

이봉원, 언어치료사를 위한 한국어 문법, 학지사, 2015

陈艳平, 韩国语常用相似语法辨析146例, 北京燕山出版社, 2010

董栋, TOPIK Ⅱ韩国语中高级能力考试语法解析, 延边大学出版社, 2021

부 록

1. 연습 문제 답안

1. (1) 이거니와   (2) 했거니와
2. (1) 거니와   (2) 거니와
3. (1) 지만   (2) 미안하지만
4. (1) 건만   (2) 건만
5. (1) 지만   (2) 지만
6. (1) 도록   (2) 게
7. (1) 까지   (2) 까지
8. (1) 만큼   (2) 만큼
9. (1) 정도로   (2) 정도로
10. (1) 을 것이다   (2) 겠다
11. (1) 텐데   (2) 텐데
12. (1) 말할 텐데   (2) 못할 텐데
13. (1) 것 같아요   (2) 것 같아요
14. (1) 고 나서   (2) 고
15. (1) 서   (2) 아서
16. (1) 자마자   (2) 자마자
17. (1) 자마자   (2) 자마자
18. (1) 다가   (2) 서
19. (1) 는 동시에   (2) 면서
20. (1) 며   (2) 며
21. (1) 려고 합니까   (2) 려고
22. (1) 기 위해서   (2) 기 위해서
23. (1) 푸느라고   (2) 서
24. (1) 도록   (2) 도록
25. (1) 했   (2) 했
26. (1) 마실게요   (2) 게
27. (1) 러   (2) 려고

28. (1) 해   (2) 해
29. (1) 갈 거예요   (2) 을 거예요
30. (1) 라고   (2) 라고
31. (1) 곤 했어요   (2) 곤 했어요
32. (1) 마련이다   (2) 일쑤이다
33. (1) 십상이야   (2) 십상이야
34. (1) 곤 했어요   (2) 어 대서
35. (1) 말할 것도 없고   (2) 말할 것도 없고
36. (1) 뿐   (2) 뿐
37. (1) 뿐만 아니라   (2) 뿐만 아니라
38. (1) 과   (2) 이랑
39. (1) 조차   (2) 조차
40. (1) 고 있   (2) 닫혀 있다
41. (1) 어 가   (2) 온
42. (1) 어 가지고   (2) 어다가
43. (1) 어서야   (2) 여서야
44. (1) 으면   (2) 오면
45. (1) 한다고 해도   (2) 는다고 해도
46. (1) 헤어질 바에   (2) 될 바에
47. (1) 으면   (2) 으면
48. (1) 예쁘다 하더라도 (2) 어리다고 하더라도
49. (1) 어도   (2) 해도
50. (1) 다면   (2) 다 하면
51. (1) 했다 하면   (2) 했다 하면
52. (1) 더라면   (2) 더라면
53. (1) 는데도   (2) 고도
54. (1) 어도   (2) 해도
55. (1) 는다면   (2) 다면
56. (1) 이라도   (2) 라도
57. (1) 기에   (2) 기에

58.	(1) 기에	(2) 기에
59.	(1) 기에	(2) 기에
60.	(1) 아름답다고	(2) 불어서
61.	(1) 온 통에	(2) 실수하는 바람에
62.	(1) 잘못해서	(2) 일어나서
63.	(1) 어서	(2) 어서
64.	(1) 초대해 주셔서	(2) 니까
65.	(1) 무뚝뚝한 탓에	(2) 일어난 탓이다
66.	(1) 봤기 때문에	(2) 기 때문에
67.	(1) 때문에	(2) 때문에
68.	(1) 으므로	(2) 으므로
69.	(1) 해	(2) 해
70.	(1) 도록	(2) 도록
71.	(1) 쉬게 하세요	(2) 보게 하세요
72.	(1) 버리	(2) 해 버렸다
73.	(1) 버렸다	(2) 버렸다
74.	(1) 두세요	(2) 놓았
75.	(1) 버렸다	(2) 버리
76.	(1) 결과	(2) 결과
77.	(1) 결과	(2) 결과
78.	(1) ㄴ다면서요	(2) 다고요
79.	(1) 다지	(2) 다면서
80.	(1) 어요	(2) 에요
81.	(1) 돼	(2) 가
82.	(1) 래요	(2) 을까
83.	(1) 고 싶어 해요	(2) 고 싶어요
84.	(1) 기 위해	(2) 기 위해
85.	(1) 고자	(2) 려고
86.	(1) 어야지요	(2) 어야지요
87.	(1) 게	(2) 게

88.	(1) 았으면	(2) 왔으면
89.	(1) 그랬어	(2) 그래
90.	(1) 닫게 됐어요	(2) 가졌다
91.	(1) 다 못해	(2) 다 못해
92.	(1) 올라갔다가	(2) 었다가
93.	(1) 다가	(2) 다가
94.	(1) 었었	(2) 았었
95.	(1) 고	(2) 며
96.	(1) 하거나	(2) 있거나 말거나
97.	(1) 거나	(2) 든지/
98.	(1) 으나마나	(2) 나마나
99.	(1) 할 둥 말 둥	(2) 닿을락 말락
100.	(1) 게	(2) 게
101.	(1) 다는 듯이	(2) 맵다는 듯
102.	(1) 듯이	(2) 듯이
103.	(1) 착한 듯이	(2) 쓰듯이
104.	(1) 에 비해	(2) 보다
105.	(1) 셈	(2) 편
106.	(1) 양	(2) 듯
107.	(1) 것 같아요	(2) 것 같아요
108.	(1) 더라	(2) 더라
109.	(1) 얘기하더라고요	(2) 비싸더라고요
110.	(1) 시던데요	(2) 는데
111.	(1) 던데	(2) 더라
112.	(1) 군요	(2) 군요
113.	(1) 만나다니	(2) 라니
114.	(1) 를 통해	(2) 을 통해
115.	(1) 도중에	(2) 도중에
116.	(1) 가운데	(2) 가운데
117.	(1) 김에	(2) 김에

118.	(1) 일어나는 김에	(2) 살 겸
119.	(1) 동안에	(2) 동안에
120.	(1) 적	(2) 때
121.	(1) 자	(2) 자마자
122.	(1) 다 보면	(2) 고 보면
123.	(1) 해 보면	(2) 어 보면
124.	(1) 면	(2) 니
125.	(1) 해 보니	(2) 어 보니
126.	(1) 다 보니	(2) 고 보니
127.	(1) 다 보면	(2) 다가는
128.	(1) 었더니	(2) 더니
129.	(1) 더니	(2) 더니
130.	(1) 었던	(2) 었던
131.	(1) 마시던	(2) 보던
132.	(1) 에게	(2) 에게
133.	(1) 보고	(2) 보고
134.	(1) 달라고	(2) 주라고
135.	(1) 를	(2) 을
136.	(1) 부터	(2) 에서
137.	(1) 로부터	(2) 으로부터
138.	(1) 로	(2) 에
139.	(1) 하기를	(2) 만들기가
140.	(1) 대한	(2) 대하여
141.	(1) 따라	(2) 의하여
142.	(1) 는	(2) 는
143.	(1) 은	(2) 가
144.	(1) 이라고는	(2) 란
145.	(1) 야	(2) 야
146.	(1) 할 줄 알, 할 수 없어요	(2) 할 줄 알, 할 수 있어요

2. 가나다순으로 배열된 근의 문법 검색